MenschenRechtsZentrum

Dominik Steiger

Die CIA, die Menschenrechte und der Fall *Khaled el-Masri*

Zugleich ein Beitrag zur Frage der Anwendbarkeit des gemeinsamen Art. 3 der Genfer Konventionen auf den „Krieg gegen den Terror"

Studien zu Grund- und Menschenrechten | 14

Bibliografische Information Der Deutschen Nationalbibliothek
Die Deutsche Nationalbibliothek verzeichnet diese Publikation in der Deutschen
Nationalbibliografie; detaillierte bibliografische Daten sind im Internet über
http://dnb.ddb.de abrufbar.

Studien zu Grund- und Menschenrechten | 14

© MenschenRechtsZentrum der Universität Potsdam, 2007

Herausgeber:	Prof. Dr. iur. Eckart Klein (klein@uni-potsdam.de)
	Prof. Dr. phil. Christoph Menke (menkec@uni-potsdam.de)
	MenschenRechtsZentrum der Universität Potsdam
Redaktion:	Dr. iur. Norman Weiß (weiss@uni-potsdam.de)
Anschrift:	MenschenRechtsZentrum der Universität Potsdam
	August-Bebel-Straße 89, 14482 Potsdam
	Fon +49 (0)331 977 3450 / Fax 3451
	e-mail: mrz@uni-potsdam.de
	URL: www.uni-potsdam.de/u/mrz
Verlag:	Universitätsverlag Potsdam
	Am Neuen Palais 10, 14469 Potsdam
	Fon +49 (0) 331 977 4517 / Fax 4625
	e-mail: ubpub@uni-potsdam.de
	http://info.ub.uni-potsdam.de/verlag.htm
Druck:	Audiovisuelles Zentrum der Universität Potsdam
	und GS Druck und Medien GmbH Potsdam
ISBN	978-3-939469-63-6
ISSN	1435-9154

Dieses Manuskript ist urheberrechtlich geschützt. Es darf ohne vorherige
Genehmigung der Herausgeber nicht vervielfältigt werden.

Vorwort

Das vorliegende Heft 14 der Reihe Studien zu Grund- und Menschenrechten enthält die bisher umfassendste und intensivste Darstellung, rechtliche Analyse und Bewertung des Falles *Khaled el-Masri*. Die sorgsam begründeten Überlegungen bereiten in jedem Fall das Fundament einer fruchtbaren, möglicherweise streitigen Diskussion. Richtig ist gewiß – und dies durchzieht die Ausführungen wie ein roter Faden –, daß der Kampf gegen den internationalen Terrorismus nicht zur Aufgabe der Werte und Normen führen darf, die gegen den Terrorismus gerade verteidigt werden sollen. Bei aller Schwierigkeit, die bei der Definition der damit bestehenden staatlichen Handlungsbandbreite besteht, muß hierüber im Kreis der demokratischen Rechtsstaaten Einigkeit bestehen oder noch hergestellt werden.

Potsdam, 5. Februar 2007

Eckart Klein
Direktor des MenschenRechtsZentrums
der Universität Potsdam

Inhaltsverzeichnis

Abkürzungen 9

A. Einleitung 13
B. Das Extraordinary-renditions-Programm 17
C. Menschenrechtliches Schutzsystem 26
 I. Allgemein 26
 II. Anwendungsbereich 30
  1. Territorium 32
   a. Zivilpakt 32
   b. Antifolterkonvention 38
   c. Regionale Menschenrechtsverträge 39
  2. Jurisdiktion 41
  3. Espace juridique 45
 III. Überwachungsmechanismen 47
  1. Zivilpakt 47
  2. Antifolterkonvention 51
  3. Interamerikanisches Menschenrechtsschutzsystem 53

D. Humanitäres Völkerrecht 57
 I. Einleitung 58
 II. Internationaler bewaffneter Konflikt 60
 III. Nicht-internationaler bewaffneter Konflikt 63
  1. Anwendbarkeit ratione materiae 64
   a. „keinen internationalen Charakter" 64
   b. „bewaffneter Konflikt" 65
  2. Anwendbarkeit ratione personae 70
  3. *Hamdan*-Entscheidung des US-Supreme Court 73

IV. Anwendbarkeit de lege ferenda 76
   1. Erweiterter Schutz durch (parallele) Anwendung des Kriegsvölkerrechts 77
      a. Derogation von Menschenrechten 78
      b. Bindung an Menschenrechte 93
      c. Territorialer Anwendungsbereich 94
      d. Überwachungsmechanismen 95
      e. Nichtbeachtung menschenrechtlicher Normen 104
   2. Gefahren der Anwendbarkeit 105

E. **Verhältnis Humanitäres Völkerrecht und Menschenrechte** 110
   I. Parallele Anwendbarkeit? 110
   II. Ausgestaltung des Verhältnisses 112

F. **Normverstoß** 116
   I. Recht auf Sicherheit und Freiheit 116
      1. Verbot willkürlicher Freiheitsentziehung (Art. 9 Abs. 1 IPbpR, Art. XXV Abs. 1 AMRD) 116
      2. Aufklärung über Gründe der Festnahme (Art. 9 Abs. 2 IPbpR) 120
      3. Recht auf rechtliches Gehör (Art. 9 Abs. 3 IPbpR, Art. XXV Abs. 3 S. 1 Alt. 1 AMRD) 120
      4. Recht auf Habeas corpus (Art. 9 Abs. 4 IPbpR, Art. XXV Abs. 3 S. 1 Alt. 1 AMRD) 121
      5. Recht auf Entschädigung (Art. 9 Abs. 5 IPbpR) 122
   II. Zusammenhang zwischen Habeas corpus und Freiheit von Folter 123
   III. Folterverbot 126
      1. Vorbehalte 128
      2. Interpretationserklärungen 136

3. Abgrenzung Folter / grausame, unmenschliche oder 141
   erniedrigende Behandlung
4. Verstoß gegen das Folterverbot 142
   a. Abflughafen 143
   b. Zielflughafen 145
   c. Haftbedingungen 146
   d. Verhöre 149
   e. Hungerstreik und Zwangsernährung 150
   f. Zurück in Europa 154
   g. Fazit 154
5. Verbot des Refoulement bei drohender Folter 156
   a. Einleitung 156
   b. Zivilpakt und Antifolterkonvention 158
   c. Genfer Flüchtlingskonvention 164
6. Bestrafungs- und Wiedergutmachungspflichten 167
   a. Bestrafungspflichten 167
   b. Wiedergutmachungspflichten 169
IV. Weitere Menschenrechte 170

G. Zusammenfassung und Schluß 171

Literaturverzeichnis 181

Abkürzungen

AGMR	Interamerikanischer Gerichtshof für Menschenrechte
AJIL	American Journal of International Law
AKMR	Interamerikanische Kommission für Menschenrechte
AMRD	Amerikanische Deklaration über die Rechte und Pflichten des Menschen
AMRK	Amerikanische Konvention über Menschenrechte
Anm.	Anmerkung/en
Art.	Artikel
Aufl.	Auflage
Bd.	Band
BGBl.	Bundesgesetzblatt
bzw.	beziehungsweise
CAT	Übereinkommen gegen Folter und andere grausame, unmenschliche oder erniedrigende Behandlung oder Strafe; Ausschuß gegen die Folter
CIA	Central Intelligence Agency
CTS	Consolidated Treaty Series
d.h.	das heißt
daß.	dasselbe
ders.	derselbe
dies.	dieselbe/n
Doc./Dok.	Dokument
DR	European Commission of Human Rights, Decisions and Reports
Ebd.	Ebenda
EGMR	Europäischer Gerichtshof für Menschenrechte
EJIL	European Journal of International Law
EKMR	Europäische Kommission für Menschenrechte
EMRK	(Europäische) Konvention zum Schutze der Menschenrechte und Grundfreiheiten
et al.	et alter(a/ae/i)
ETS	European Treaty Series
EuGRZ	Europäische Grundrechtezeitschrift

f./ff.	folgende
FBI	Federal Bureau of Investigation
Fn.	Fußnote
GA	Genfer Abkommen
GA III	III. Genfer Abkommen über die Behandlung der Kriegsgefangenen
GA IV	IV. Genfer Abkommen zum Schutze der Zivilpersonen in Kriegszeiten
GFK	Genfer Flüchtlingskonvention
HLKO	Ordnung der Gesetze und Gebräuche des Landkrieges (1907)
HRLJ	Human Rights Law Journal
Hrsg.	Herausgeber(in/nen)
i.S.d.	im Sinne de(r/s)
i.V.m.	in Verbindung mit
i.Ü.	im übrigen
ICJ Reports	International Court of Justice, Reports of Judgments, Advisory Opinions and Orders
ICTY	Internationaler Strafgerichtshof für das ehemalige Jugoslawien
IGH	Internationaler Gerichtshof
IKRK/ICRC	Internationales Komitee vom Roten Kreuz/International Committee of the Red Cross
ILC-E	Entwurf der Völkerrechtskommission zur Verantwortlichkeit der Staaten für völkerrechtswidriges Handeln
ILM	International Legal Materials
IPbpR	Internationaler Pakt über bürgerliche und politische Rechte
IStGH	Internationaler Strafgerichtshof
LNTS	League of Nations Treaty Series
m.w.N.	mit weiteren Nachweisen
MRA	Menschenrechtsausschuß (Zivilpakt)
MRM	MenschenRechtsMagazin
NATO	Nordatlantikvertragsorganisation
No./Nr.	Nummer/n
OAS	Organization of American States

Res.	Resolution
Rev./rev.	Revision/revised
RGBl.	Reichsgesetzblatt
Rn.	Randnummer/n
RJD	European Court of Human Rights, Reports of Judgments and Decisions
S.	Seite
s.o./s.u.	siehe oben/siehe unten
Ser.	Series
Series A	European Court of Human Rights, Series A: Judgments and Decisions
Series A/C No.	Inter-American Court of Human Rights, Series A: Advisory Opinions; C: Decisions and Judgments
sog.	sogenannte(n/r)
SR	Sicherheitsrat
SVN	Satzung der Vereinten Nationen
u.a.	unter anderem
UN	Vereinte/n Nationen
UNTS	United Nations Treaty Series
US	United States
USA	Vereinigte Staaten von Amerika
v.	versus
VfO AMRK	Verfahrensordnung der Interamerikanischen Menschenrechtskommission
vgl.	vergleiche
Vol.	Volume
WVK	Wiener Vertragsrechtskonvention
z.B.	zum Beispiel
z.T.	zum Teil
ZaÖRV	Zeitschrift für ausländisches öffentliches Recht und Völkerrecht

A. Einleitung

Der Deutsche *Khaled el-Masri* wurde im Jahre 2004 in Mazedonien verschleppt und wurde daraufhin in Afghanistan fast sechs Monate lang gefangengehalten und mißhandelt. Agenten der US-amerikanischen Central Intelligence Agency (CIA) werden der Tat verdächtigt, sein Fall wurde in Deutschland von einem Bundestags-Untersuchungsausschuß behandelt und in den USA ist eine Klage u.a. gegen den damaligen CIA-Chef *George Tenet* anhängig. El-Masris Geschichte ist exemplarisch für ein Programm, das Menschen ohne jegliche externe, unabhängige Kontrolle in (Geheim-) Gefängnisse rund um den Globus verbringt. Dieses Programm ist als Extraordinary-renditions-Programm oder auch als „die CIA-Flüge" bekannt. Neben *Khaled el-Masri* sind mehr als 100 weitere Personen betroffen.

Renditions sind Überstellungen von Gefangenen, ohne daß die dafür vorgesehenen Regeln befolgt werden.[1] Diese Praxis entstand nicht etwa erst mit der Regierung *George W. Bush*, sondern wurde bereits 1995 von *Bill Clinton* nach den ersten Anschlägen auf das World Trade Center im Jahre 1993 ins Leben gerufen. Überstellt wurden dabei allerdings nur solche (mutmaßlichen) Terroristen, nach denen entweder per Haftbefehl gesucht wurde oder die schon in absentia verurteilt waren.[2] Diese Überstellungen waren in der Regel nicht mit Folter verbunden.

Das Wesen der heutigen Art von Renditions – die sog. Extraordinary renditions – macht die Verknüpfung zwischen Überstellungen außerhalb der vom Recht dafür vorgesehenen Verfahren und Mißhandlungen aus.[3] Zweck des Programms ist es, Informationen zu erlangen, wenn nötig unter Einsatz (fast) aller Mittel:[4] "there was a

---

[1] *Center for Human Rights and Global Justice*, Torture by Proxy: International and Domestic Law Applicable to "Extraordinary renditions", 2004, modified 2006, S. 5, abrufbar unter: www.nyuhr.org/docs/TortureByProxy.pdf (10. Februar 2007).

[2] *Thomas Kleine-Brockhoff,* „Die CIA hat das Recht, jedes Gesetz zu brechen", Interview mit *Michael Scheuer*, in: Die Zeit, 29. Dezember 2005.

[3] *Center for Human Rights and Global Justice* (Fn. 1), S. 4.

[4] *Amnesty International*, United States of America, Below the radar: Secret flights to torture and „disappearance", 2006, S. 3. Abrufbar unter: http://web.amnesty.org/library/pdf/AMR510512006ENGLISH/$File/AMR5105106.pdf (10. Februar 2007).

before 9/11 and there was an after 9/11. After 9/11 the gloves came off. [...] 'No Limits' aggressive, relentless, worldwide pursuit of any terrorist who threatens us is the only way to go."[5] Diese Ansicht wurde im Oval Office geteilt. *Richard Clarke*, Mitglied des US-National Security Council, zitiert *George W. Bush* mit den Worten: "I don't care what the international lawyers say, we are going to kick some ass."[6] Es wird geschätzt, daß die CIA zwischen 2001 und 2005 über 2.600 Flüge absolviert hat, die im Zusammenhang mit den Extraordinary renditions stehen.[7] Insgesamt geht man davon aus, daß seit dem 11. September 2001 mehr als 100 Menschen im Rahmen dieses Programms an dritte Staaten überstellt worden sind.[8] Schon ein halbes Jahr nach den Anschlägen berichtet die Washington Post über die Extraordinary renditions und gibt die Zahl der Betroffenen mit mehreren Dutzend an.[9] Der Raison d'être dieses Programms liegt darin, daß in anderen Ländern nach Aussage eines US-Diplomaten „Informationen in einer Art und Weise beschafft werden, wie sie nicht auf US-Boden beschafft werden" konnten.[10] Der ehemalige CIA-Direktor *George Tenet* wurde in einer geheimen Lagebesprechung mit Senatoren gefragt, ob es geplant sei, Terrorverdächtige, die in Ländern, die für ihre Brutalität bekannt seien, gefangengehalten werden, in die USA zu transferieren. *Tenet* antwortete auf diese Frage, daß es manchmal besser sei, wenn

---

[5] *Cofer J. Black*, zum Zeitpunkt der Äußerung Direktor des CIA Counterterrorist Center. *Black* äußerte sich im Rahmen einer Anhörung vor den Geheimdienstkomitees des House of Representatives und des US-Senats, Amnesty International (Fn. 4), S. 6.

[6] *Richard A. Clarke*, Against All Enemies. Inside America's War on Terror, 2004, S. 24.

[7] *Alfred McCoy*, The Outcast of Camp Echo: The Punishment of David Hicks, in: The Monthly, Juni 2006, abrufbar unter: www.themonthly.com.au/excerpts/issue13_excerpt_001.html (10. Februar 2007).

[8] *James Sturcke*, Senate to investigate renditions abuses, in: The Guardian Unlimited, 14. November 2006, abrufbar unter: www.guardian.co.uk/usa/story/0,,1947647,00.html (10. Februar 2007).

[9] *Rajiv Chandrasekaran/Peter Finn*, US Behind Secret Transfer of Terror Suspects, in: The Washington Post, 11. März 2002, S. A01.

[10] "It allows us to get information from terrorists in a way we can't do on US-soil.", *Duncan Campbell*, US sends suspects to face torture, in: The Guardian, 12. März 2002, S. 4.

diese Verdächtigen dort blieben, da die dortigen Behörden in der Lage seien, aggressivere Verhörmethoden anzuwenden.[11] Weniger vornehm drückte es ein CIA-Beamter aus: "We don't kick the shit out of them, we send them to other countries so they can kick the shit out of them."[12] Das Besondere an den Extraordinary renditions im Vergleich zu dem Renditions-Programm der 90er Jahre ist also gerade der Nexus zwischen außerrechtmäßiger Überstellung und Mißhandlungen.

Der grundsätzliche Ablauf der Verschleppungen sieht wie folgt aus: Ohne gesetzliche Grundlage wird eine Person in Gewahrsam genommen oder sie wird ohne gesetzliche Grundlage nach ordnungsgemäßer Festnahme weiterhin festgehalten. Dies geschieht entweder durch die nationalen Behörden oder durch US-Agenten. Anschließend bringt die CIA sie, ohne sie jemals einem Richter oder einer anderen unabhängigen Person vorgeführt zu haben, in ein fremdes Land, vorzugsweise nach Syrien, Ägypten, Marokko, Jordanien, Jemen, Libanon,[13] aber auch nach Afghanistan. Dort werden sie in Geheimgefängnisse verbracht. Nach Angaben der Washington Post gibt es zwei verschiedene Arten: Zum einen solche, die für die Top-Terrorverdächtigen vorgesehen sind, von der CIA selbst geführt werden[14] und vor allem in Osteuropa zu finden sind. Dann gibt es solche, die von dritten Ländern mit CIA-Unterstützung geführt werden und in denen weniger wichtige Verdächtige sitzen.[15] In den Geheimgefängnissen werden Menschen gefangen

---

[11] *John Barry/Michael Hirsh/Michael Isikoff*, The Roots of Torture, in: Newsweek, 24. Mai 2004, S. 16-24, 22.

[12] *Dana Priest/Barton Gellman*, U.S. Decries Abuse but Defends Interrogations, in: The Washington Post, 26. Dezember 2002, S. A01.

[13] Diese Staaten werden bezeichnenderweise auch alle vom US-State Departement der Folter in Verhörsituationen beschuldigt. Dies gilt für jeden einzelnen Staat zumindest für die letzten drei Jahre. Siehe dazu die verschiedenen Länderberichte des State Departement, abrufbar unter: www.state.gov/g/drl (10. Februar 2007).

[14] Bevor das Extraordinary-renditions-Programm ins Leben gerufen wurde, durfte die CIA selber keine Gefängnisse leiten. *Amnesty International* (Fn. 4), S. 6.

[15] *Dana Priest*, CIA Holds Terror Suspects in Secret Prisons, in: The Washington Post, 2. November 2005, S. A01. Inwiefern diese Unterscheidung so trennscharf getroffen werden kann, ist aber fraglich, da z.B. das Gefängnis *el-Masris* in Afghanistan von einem US-Amerikaner geleitet wurde, *Dominik Cziesche et al.*,

gehalten, von denen weder die Öffentlichkeit noch internationale Hilfsorganisationen wußten und z.T. auch heute noch nicht wissen. Ihre Existenz wurde inzwischen von *George W. Bush* selbst eingeräumt.[16] Leiten lokale Behörden die Gefängnisse, gibt es hinsichtlich der Beteiligung von US-Amerikanern an den Verhören unterschiedliche Herangehensweisen. So wird berichtet, daß in Saudi-Arabien die US-Ermittler mittels einer einseitig verspiegelten Scheibe die Verhöre mitansehen und mitanhören konnten. In anderen Staaten kann es sein, daß der US-amerikanische Kontaktmann morgens Fragen den Verhörspersonen übergibt und abends die Antworten abholt.[17]

Im Rahmen der Studie wird sowohl untersucht, inwiefern die USA durch ihre Behandlung von *Khaled el-Masri* als auch durch das Extraordinary-renditions-Programm gegen Völkerrecht verstoßen haben. In Betracht kommen vor allem Verstöße gegen grundlegende Menschenrechte einerseits und gegen das humanitäre Völkerrecht (Kriegsvölkerrecht) andererseits. Im folgenden Kapitel B werden neben dem Fall *Khaled el-Masri* weitere Fälle dargestellt. Kapitel C beschäftigt sich mit dem menschenrechtlichen Schutzsystem. Es wird untersucht, welche Verträge Anwendung finden und wie die vertraglichen Überwachungsmechanismen und Klagemöglichkeiten aussehen. Anschließend wird in Kapitel D die Frage gestellt, ob nicht (auch) das humanitäre Völkerrecht auf die Extraordinary renditions Anwendung findet bzw. finden müßte, da das Programm Teil des „Kriegs gegen den Terror" ist und das Wort „Krieg" die Anwendung von Kriegsvölkerrecht, also humanitärem Völkerrecht, impliziert.[18] Nach der sich anschließenden Diskussion des Verhältnisses zwischen menschenrechtlichen und kriegesvöl-

---

„Die machen, was sie wollen", in: Der Spiegel, 12. Dezember 2005, S.126-131, 129.

[16] CIA betreibt Geheimgefängnisse, Spiegel-Online, 7. September 2006, abrufbar unter: www.spiegel.de/politik/ausland/0,1518,435604,00.html (10. Februar 2007).

[17] *Ken Coates*, A Season of Cruelty, in: Morning Star, 10. März 2003, S. 7.

[18] Den Begriff Krieg („war against terrorism") benutzte US-Präsident *George W. Bush* schon in seiner Rede am Abend des 11. September 2001. Statement by the President in His Address to the Nation, 11. September 2001, abrufbar unter: www.whitehouse.gov/news/releases/2001/09/20010911-16.html (10. Februar 2007).

kerrechtlichen Regeln in Kapitel E werden in Kapitel F sowohl der Fall *el-Masri* im speziellen als auch die Extraordinary renditions im allgemeinen anhand der einschlägigen materiell-rechtlichen Normen überprüft. Dabei wird vor allem der Frage nachgegangen, ob die USA gegen das Recht auf Freiheit und Sicherheit, zu dem u.a. das Verbot der willkürlichen Verhaftung und das Recht auf Habeas corpus gehört, sowie gegen das Folterverbot verstoßen haben und bei Aufrechterhaltung des Programms weiterhin verstoßen werden. Im abschließenden Kapitel G wird neben einer Zusammenfassung auch die Beteiligung europäischer Staaten zur Sprache kommen.

B. Das Extraordinary-renditions-Programm

Neben *Khaled el-Masri* sind mehr als 100 weitere Menschen im Rahmen des Extraordinary-renditions-Programms verschleppt worden. Einige dieser Fälle sollen zur Illustration dargestellt werden, bevor ausführlich der Fall *Khaled el-Masri* vorgestellt wird. An den Beispielsfällen soll auch deutlich werden, daß es Abweichungen von dem oben beschriebenen Verfahren gab; so wurde z.B. eine Person in New York festgesetzt, andere mutmaßliche Terroristen wurden nach Guantánamo Bay verbracht.

Besonders bekannt ist der Fall des *Abu Omar*, der in Mailand am 17. Februar 2003 von der CIA entführt wurde. Dem ägyptischen Imam wurde u.a. vorgeworfen, Kämpfer für den Krieg im Irak rekrutiert zu haben. Die Mailänder Staatsanwaltschaft geht anhand der Rekonstruktion von Handy-Daten davon aus, daß ihn zwölf CIA-Agenten am hellichten Tag auf offener Straße in einen Lieferwagen gezerrt und auf den amerikanischen Luftwaffenstützpunkt Aviano verbracht haben, worauf er ins Ausland – Destination unbekannt – verschleppt wurde.[19] Gegen diese Agenten wurde in Italien Haftbefehl erlassen. Inzwischen gibt es gesicherte Erkenntnisse, wonach der italienische Militärgeheimdienst bei der Entführung selbst involviert gewesen ist und die CIA unterstützt hat. Der zweithöchste Mitarbeiter des Militärgeheimdienstes und sein ehemaliger Chef

---

[19] *Paul Kreiner*, Einsatz in Freundesland – US-Agenten verschleppen Islamisten aus Italien, in: Der Tagesspiegel, 4. März 2005, S. 7.

wurden inzwischen wegen „Zusammenwirken zur Entführung einer Person" und „Mißbrauch der Amtsgewalt" in Haft genommen.[20] *Jamil Qasim Aseed Mohammed*, Student der Mikrobiologie aus dem Jemen, wurde vom pakistanischen Geheimdienst festgesetzt und in Karachi, Pakistan, den US-Amerikanern übergeben. Im Oktober 2001 wurde er in einem Gulfstream-V-Flugzeug von Pakistan nach Jordanien verbracht. Dieser Flugzeugtyp sowie Flugzeuge des Typs Boeing 737 wurden von der CIA typischerweise für diese Zwecke eingesetzt. *Mohammed* wird vorgeworfen, daß er den Anschlag auf die USS Cole im Jahre 2000 mitunterstützt hat.[21]

Ein weiterer bekannter Fall betrifft den Deutschen *Muhammad Zammar*. Er wurde Anfang Dezember 2001 in Marokko festgenommen und nach Verhören durch marokkanische und US-amerikanische Sicherheitsbehörden Ende Dezember in einer Gulfstream V nach Syrien verbracht. Dort wurde er mißhandelt und in einer 185 cm langen, 90 cm breiten und unter zwei Meter hohen Zelle untergebracht.[22] Inzwischen steht er in Damaskus vor Gericht.[23]

Muhammad Saad Iqbal Madni wird vorgeworfen, mit *Richard Reid*, dem „Schuhbomber", zusammengearbeitet zu haben. Er wohnte in Indonesien und ist Inhaber sowohl der indonesischen als auch der ägyptischen Staatsangehörigkeit. Nachdem er auf Druck der CIA verhaftet wurde, wurde er im Januar 2002 nach Ägypten verbracht. Ein hochrangiger Beamter Indonesiens äußerte sich zu der Involvierung der CIA: "This was a US deal all along, Egypt just provided the formalities."[24] Nach vier Monaten in Ägypten wurde er nach Afghanistan verbracht, weitere 13 Monate später nach Guantánamo

---

[20] Paul Kreiner, Beihilfe zur Verschleppung?, in: Der Tagesspiegel, 7. Juli 2006, S. 5.

[21] Chandrasekaran/Finn (Fn. 9): "The hand-over of the shackled and blindfolded student, Jamil Qasim Saeed Mohammed, who was alleged to be an al Qaeda operative, occurred in the middle of the night at a remote corner of the airport without extradition or deportation procedures, the sources said."

[22] *Amnesty International* (Fn. 4), S. 18.

[23] *Alexander Richter*, Zammar in Damaskus vor Gericht, 19. Oktober 2006, abrufbar unter: www.tagesschau.de/aktuell/meldungen/0,,OID6015442_REF1,00.html (10. Februar 2007).

[24] *Rajiv Chandrasekaran/Peter Finn*, US-Bypasses Law in Fight against Terrorism, in: The International Herald Tribune, 12. März 2002.

Bay. Nach seiner Aussage war der Grund für seine Festnahme, daß gehört wurde, wie er spaßeshalber über eine neue Art und Weise des „Schuhbombens" gesprochen habe.[25]

Auch der folgende Fall wird des öfteren genannt, wenn von Extraordinary renditions die Rede ist, obgleich es sich hierbei – wie bei den folgenden Fällen – um einen atypischen Fall handelt. Am 18. Dezember 2001 wurden die ägyptischen Staatsangehörigen *Ahmed Agiza* und *Mohammed al-Zari* von Schweden an Ägypten überstellt. Der Antifolterausschuß hat diese Auslieferung als rechtswidrig angesehen und deshalb Schweden wegen eines Verstoßes gegen die Antifolterkonvention verurteilt.[26] An sich wurde hier das normale Auslieferungsverfahren durchlaufen. So hat ein Gericht die Ausweisung beschlossen. Bemerkenswert ist aber, daß die Betroffenen wenige Stunden nach der Mitteilung, ihrem Asylantrag werde nicht entsprochen, nach Ägypten verbracht wurden. Weder wurde ihr Anwalt informiert, noch hatten sie die Möglichkeit, einen Einspruch gegen die Entscheidung einzulegen. Nach Ansicht des Ausschusses verstieß Schweden dadurch gegen die Antifolterkonvention.[27] Vor der Überstellung unterzogen US-amerikanische Beamte die Betroffenen einem Sicherheitscheck, der dem von *el-Masri* in erstaunlicher Art und Weise ähnelt (dazu s. S. 2).[28] Anschließend wurden sie in einer Gulfstream V unter Aufsicht der CIA, und nicht etwa Schwedens, nach Ägypten verbracht.[29]

Ein weiterer atypischer Fall ist der des *Maher Arar*, ein Kanadier, der in Syrien geboren wurde. Er wurde am 26. September 2002 in New York verhaftet und von dort aus – ohne je einen Anwalt gesehen zu haben – nach Syrien gebracht. Dort blieb er zehn Monate, wurde geschlagen, mißhandelt und gezwungen, ein falsches Geständnis

---

[25] *Dana Priest*, Wrongful Imprisonment: Anatomy of a CIA Mistake, in: The Washington Post, 4. Dezember 2005, S. A01.

[26] CAT, *Agiza ./. Schweden* (233/2003), Entscheidung v. 20. Mai 2005, UN-Dok. CAT/C/34/D/233/2003.

[27] CAT, *Agiza ./. Schweden* (Fn. 26), Nr. 13.9.

[28] S. dazu CAT, *Agiza ./. Schweden* (Fn. 26), Nr. 12.29.

[29] *Craig Whitlock*, A Secret Deportation of Terror Suspects. Two Men Reportedly Tortured in Egypt, in: The Washington Post, 25. Juli 2004, S. A01.

zu unterschreiben.[30] In keinem der beiden Länder wurde gegen ihn Anklage erhoben.[31] Inzwischen hat eine kanadische Untersuchungskommission im Auftrag der Regierung festgestellt, daß *Arar* aufgrund schwerer Fehler der Royal Canadian Mounted Police auf einer schwarzen Liste von Terrorverdächtigen auftauchte.[32]

Auch aus dem Irak ist zumindest ein Terrorverdächtiger in ein anderes Land überstellt worden. Im Sommer 2003 wurde *Hiwa Abdul Rahman Rashul* von kurdischen Soldaten festgenommen, der CIA übergeben und nach Afghanistan verbracht. Hier allerdings wurde aufgrund des Drängens von Regierungsjuristen der Transfer wieder rückgängig gemacht. *Rashul* wurde nach seiner Rückkehr im Irak in seinem Gefängnis auf Bitte von *George Tenet* und auf Befehl von US-Verteidigungsminister *Donald Rumsfeld* vor dem Internationalen Komitee vom Roten Kreuz versteckt.[33]

Besonders kraß ist der Fall von fünf Algeriern und einem Jemeniten. Das oberste bosnische Gericht ordnete aufgrund Mangels an Beweisen am 17. Januar 2002 ihre Freilassung an. Trotz dieses Richterspruchs setzte die bosnische Polizei sie wieder fest und übergab sie an die USA, worauf sie nach Guantánamo Bay – hier ausnahmsweise also nicht in einen fremden Staat, aber zumindest auf fremdes Territorium – verbracht wurden.[34] Die Menschenrechtskammer für Bosnien-Herzegowina entschied, daß die Übergabe an die US-amerikanischen Behörden eine Verletzung der Ver-

---

[30] *Dana Priest/Joe Stephens*, Secret World of US-Interrogation: Long History of Tactics in Overseas Prisons Is Coming to Light, in: The Washington Post, 11. Mai 2004, S. A01.

[31] *Klageschrift, Arar ./. Ashcroft et al.*, vom 22. Januar 2004, abrufbar unter: www.ccr-ny.org/v2/legal/september_11th/docs/ArarComplaint.pdf (10. Februar 2007).

[32] *Michelle Shephard*, RCMP wrong on Arar-Report, in: The Toronto Star, 19. September 2006. Der Bericht der "Commission of Inquiry into the Actions of Canadian Officials in Relation to Maher Arar" ist unter www.ararcommission.ca/ abrufbar (10. Februar 2007).

[33] *Dana Priest*, Memo lets CIA take Detainees out of Iraq: Practice is called Serious Breach of Geneva Conventions, in: The Washington Post, 24. Oktober 2004, S. A01.

[34] *Jane Mayer*, Outsourcing Torture. The secret History of America's "extraordinary rendition" program, in: The New Yorker, 14. Februar 2005.

pflichtung des Staates Bosnien darstelle, seine Bürger gegen die willkürliche Verhaftung durch dritte Staaten zu beschützen.[35]
Die Geschichte des *Khaled el-Masri* wird wie folgt rekonstruiert:[36] Am 31. Dezember 2003 fuhr *el-Masri* von München in Richtung Mazedonien. An der serbisch-mazedonischen Grenze holten ihn mazedonische Grenzbeamte aus dem Reisebus. Drei bewaffnete Männer brachten ihn in ein Hotel und hielten ihn dort 23 Tage lang fest. Am 24. Tage führten sie ihn mit verbundenen Augen und gefesselt zum Flughafen. Dort wurde er CIA-Agenten übergeben, die ihn mit Faust- und Stockschlägen traktierten. Seine Kleidung wurde aufgeschnitten, seine Unterwäsche mit Gewalt ausgezogen. Sie warfen ihn auf den Boden und führten ein festes Objekt in seinen Anus ein. Dann legten sie ihm Fußfesseln an, an denen eine Kugel befestigt war, die in schmerzhafter Weise gegen seine Knöchel schlug. Die ganze Zeit über wurde *el-Masri* fotografiert. Kurz wurde seine Augenbinde abgenommen, so daß er sieben bis acht Männer mit Skimasken und schwarzer Bekleidung sehen konnte. Diese zerrten ihn in ein Flugzeug, das ihn – wie er später herausfand – nach Kabul flog. Sie fixierten ihn mit Gurten und stellten ihn mit einer Spritze ruhig. Dort angekommen, wurde er von mehreren Vermummten mit amerikanischem Akzent auf den Kopf und in das Kreuz getreten und geschlagen. Anschließend wurde er in sein Gefängnis gebracht. Die Zelle war ein schmutzig-kaltes Betonloch, dessen Wände mit Kritzeleien in Arabisch, Urdu und Farsi bedeckt waren. Er war in der „Salzgrube" angekommen, einem berüchtigten Geheimgefängnis.[37]

Als Bett diente eine Militärdecke auf dem nackten Boden, das Kissen war ein mit alten Kleidungsstücken gefüllter Sack. Frisches

---

[35] Menschenrechtskammer Bosnien-Herzegowina, *Boudellaa et al. ./. Bosnien-Herzegowina und die Föderation von Bosnien-Herzegowina* (CH/02/8679), Entscheidung v. 11. Oktober 2002, eine deutsche Zusammenfassung von *Birte Kaspers* ist abgedruckt in MenschenRechtsMagazin 2003, S. 36-43.

[36] Die nachstehende Fakten beruhen vor allem auf der Klageschrift *el Masri ./. Tenet et al.*, vom 6. Dezember 2005, abrufbar unter: www.aclu.org/images/extraordinary rendition/asset_upload_file829_22211.pdf (10. Februar 2007), aus persönlichen Gesprächen mit seinem Anwalt *Manfred Gnjidic* und aus den unter Fn. 1, 4, 15, 37, 40, 43, 45, 48, 50 und 55 der zitierten Quellen.

[37] *Priest* (Fn. 16), S. A01.

Wasser gab es nicht, nur eine brackige Brühe, die laut *el-Masri* „stank wie ein seit Wochen nicht gereinigtes Aquarium". Er durfte diese ca. sechs Quadratmeter große Einzelzelle kein einziges Mal verlassen. Insgesamt wurde er dreimal in eine andere, aber vergleichbare Zelle auf selber Höhe verlegt. Diese Zellen waren im Souterrain gelegen, es gab keine direkte Sonnenlichteinstrahlung, zumal das Fenster noch mit einem schrägen Vorbau abgedunkelt war.[38] Das Essen, das er bekam, bestand zum Teil aus abgenagten Hühnerknochen ohne Fleisch, Reis, der mit Sand oder Insekten versetzt war und verfaultem Gemüse. Nächtens war es so kalt, daß er oft nicht schlafen konnte. Außerdem hatte er weder zu lesen, noch zu schreiben. Kontakt zur deutschen Botschaft oder zu einem Richter wurde ihm verweigert.

Bei seinem ersten Verhör wurde ihm eröffnet: „Du bist in einem Land, in dem keine Gesetze für dich gelten." Verhört wurde *el-Masri* die ganz Zeit über nur drei oder vier Mal, jeweils auch von US-Amerikanern.[39] Von ihnen wurde während jedes Verhörs bedroht, beleidigt und gestoßen. Da *el-Masri* nicht wie gewünscht Kontakt zu Terroristen eingestand, hieß es: „Sie sind nicht kooperativ, wir werden Sie einfach in Ihrer Zelle vergessen."[40] Aufgrund all dieser Erniedrigungen begann *el-Masri* einen Hungerstreik. Seine Gesundheit wurde von Tag zu Tag schlechter, gleichwohl erhielt er keine medizinische Behandlung. Am 27. Tag seines Hungerstreiks traf er mit dem Gefängnisdirektor, einem US-Amerikaner, zusammen. Hiernach bekam er immerhin für den Rest seines Aufenthalts frisches Wasser. Am 37. Tag seines Hungerstreiks banden ihn mehrere maskierte Männern gewaltsam an einen Stuhl, fixierten seinen Körper und schoben eine Röhre durch seine Nase in den Magen, durch die Flüssigkeit in den Magen gepumpt wurde. Die Folgen dieser Prozedur waren, daß *el-Masri* nach eigener Aussage so starke Schmerzen erlitt, wie er sie noch nie erlitten hatte, krank wurde, und

---

[38] Für eine Skizze des Gefängnisses und der Zellen s. www.aclu.org/rendition/bagramsketch.pdf (10. Februar 2007).

[39] Die Information in *Cziesche et al.* (Fn. 15), daß El-Masri öfter verhört wurde, ist falsch.

[40] *Cziesche et al.* (Fn. 15), S. 129.

mehrere Tage sein Lager nicht verlassen konnte. Immerhin erhielt er dann Medikamente und ordentliches Essen.

Schließlich wurde er Ende Mai 2004 freigelassen, allerdings unter der Auflage, niemandem von seinen Erlebnissen zu berichten. Auch die Art und Weise der Freilassung fügt sich in die vorhergehende Geschichte ein: *el-Masri* wurde nach Europa verbracht, ihm wurde aber nicht gesagt wohin. Nachdem sie gelandet waren, wurde er – immer noch mit verbundenen Augen und mit Handschellen – stundenlang in einem Auto über bergige Straßen gefahren. Schlußendlich wurde er freigelassen, er bekam seine Sachen zurück, Handschellen und Augenbinde wurden ihm abgenommen und ihm wurde gesagt, er solle ohne sich umzuschauen eine dunkle, menschenleere Straße entanggehen. Obwohl *el-Masri* Angst davor hatte, erschossen zu werden, ging er die Straße entlang. Nach der der ersten Kurve traf er auf albanische Sicherheitskräfte, die ihn zum Flughafen brachten. Erst als das Flugzeug abhob, glaubte *el-Masri*, daß er wirklich nach Deutschland zurückkehren würde. Zuhause angekommen, mußte er feststellen, daß seine Familie nicht mehr in Neu-Ulm lebte, sondern zur Familie seiner Frau in den Libanon gegangen war. Sie dachte, sie und die Kinder seien von Ehemann und Vater verlassen worden. Inzwischen leben alle wieder in Deutschland.

Noch heute ist *el-Masri* traumatisiert von den Ereignissen, in deren Verlauf er ständig Todesangst verspürte. In seiner Klageschrift vor einem US-amerikanischen Gericht gegen den CIA-Chef *George Tenet et al.* heißt es, daß er starke Seelenpein erlitt und heute noch erleidet. Diese Klage wurde in erster Instanz abgewiesen, da das sog. „state secrets privilege" höher einzuschätzen sei.[41] Es bleibt abzuwarten, ob die nächsthöhere Instanz dies ebenso beurteilen wird.

Der Grund der Festnahme liegt noch immer im Unklaren. Zwei Versionen sind im Umlauf. Nach der einen handelte es sich um eine simple Verwechslung zweier Personen. Einer der Attentäter des 11. September erklärte, daß ein gewisser *Khalid al-Masri* ihnen geholfen

---

[41] US-District Court for the Eastern District of Virginia, *Khaled el-Masri ./. George Tenet et al.*, Entscheidung v. 12. Mai 2006, Case No. 1:05cv1417, abrufbar unter: www.aclu.org/pdfs/safefree/elmasri_order_granting_motion_dismiss_051206.pdf (10. Februar 2007).

hätte.[42] Allerdings hatten die US-Amerikaner sehr profunde Kenntnisse über den „richtigen" *el-Masri*, und *el-Masri* selbst hatte aufgrund der an ihn gerichteten Fragen nicht den Eindruck, als ob eine Verwechslung vorlag. So wurde *el-Masri* kein einziges Mal nach der Hamburger Zelle um den Todespiloten des 11. September 2001 *Mohammed Atta* gefragt.[43] Der zweiten, plausibleren Version der Geschichte zufolge ist davon auszugehen, daß die CIA schon von Beginn an wußte, daß *el-Masri* selbst kein Terrorist war, sondern in einer Moschee und einem angeschlossenen Gemeindezentrum verkehrte. Dort sollen auch Terrorverdächtige Gemeindemitglieder gewesen sein. Über diese sollten Informationen erlangt werden.[44] Allerdings wurde *el-Masri* erst im März über befreundete Terrorverdächtige aus Neu-Ulm befragt.[45] Möglicherweise wurde aus dem Kontakt zu Terrorverdächtigen selbst ein Terrorverdacht abgeleitet.[46] Beide Antworten sind unbefriedigend. Für die Geschehnisse um *Khaled el-Masri* müsse es doch – so denkt man – einen tieferen Grund geben. Dieser wird bis heute nicht genannt und scheint zu fehlen. Auch dies macht den Fall exemplarisch für den sog. „Krieg gegen den Terror" und das Programm der Extraordinary renditions: zuviele Unschuldige[47] geraten in dessen Mühlen.

Jede Studie, die sich mit Vorgängen im Geheimdienstmilieu beschäftigt, ist vor das Problem gestellt, daß viele der zu beurteilenden Tatsachen der Sache nach geheim sind. Oft gibt es keine Beweise, nur Vermutungen. In diesem Fall sind diese Vermutungen so überzeugend, daß immer mehr Regierungsinstitutionen und organi-

---

[42] *Cziesche et al.* (Fn. 15), S. 127.

[43] *Nicolas Richter/Christian Wernicke*, El-Masri versus Tenet, in: Süddeutsche Zeitung, 7. Dezember 2005, S. 8.

[44] *Cziesche et al.* (Fn. 15), S. 128.

[45] *Nicolas Richter*, „Ich bin ein Unschuldiger", Interview mit el-Masri, in: Süddeutsche Zeitung, 9. Dezember 2005, S. 2.

[46] Vgl. BKA-Spur 0800679 zu Masri, in: Der Spiegel, 30. Oktober 2006, S. 15.

[47] Wobei festzuhalten gilt, daß Menschenrechte für alle gelten: „Der verhaftete Tatverdächtige, der Angeklagte und der verurteilte Straftäter sind typischerweise besonders der Staatsgewalt ausgeliefert und bedürfen aufgrund der besonderen Schutzbedürftigkeit besonders gut abgesicherter menschenrechtlicher Vorkehrungen. *Stefan Oeter*, Terrorismus und Menschenrechte, in: 40 Archiv des Völkerrechts 2002, S. 422-453, 433.

sationen sich mit ihnen beschäftigen. Neben einem Untersuchungsausschuß des Deutschen Bundestages wurden u.a. das Europaparlament und der Europarat tätig. *Dick Marty*, der Chefermittler des Europarats für diesen Komplex, hat einen Bericht verfaßt, in dem Hunderte von CIA-Flügen dokumentiert sind, die alle mutmaßlich der Verbringung Gefangener in die genannten Länder dienten.[48] Die US-Amerikaner dementierten die Berichte darüber nicht. Die Angaben, die *el-Masri* selbst bisher gemacht hat, wurden – soweit überprüft – allesamt von der zuständigen deutschen Staatsanwaltschaft bestätigt. Der Reporter *Stephen Grey* und das ZDF-Magazin Frontal 21 haben unabhängig voneinander bestätigt, daß der Flugplan einer Boeing 737, die von der CIA gechartert wurde, mit den (Flug-)Angaben von *el-Masri* übereinstimmen.[49] Durch die Staatsanwaltschaft München wurde eine Isotopenanalyse der Haare *el-Masris* veranlaßt, die zweifelsfrei ergab, daß er in der besagten Zeit in Afghanistan gewesen ist.[50] Im Januar 2007 wurden Haftbefehle gegen 13 mutmaßliche Entführer erlassen.[51] Im Bundestagsuntersuchungsausschuß sagten die beiden mit dem Fall befaßten Staatsanwälte aus, daß es keine Zweifel an der Geschichte el-Masris gäbe.[52] Dies sehen die Mitglieder des Ausschusses genau-

---

[48] *Europarat*, Committee on Legal Affairs and Human Rights, Alleged secret detentions and unlawful inter-state transfers involving Council of Europe member states, Draft Report – Part II (Explanatory memorandum by *Dick Marty*), AS/Jur (2006) 16 Part II, vom 7. Juni 2006, abrufbar unter: http://assembly.coe.int/Committee Docs/2006/20060606_Ejdoc162006PartII-FINAL.pdf (10. Februar 2007).

[49] *Centre for Human Rights and Global Justice*, Torture by Proxy: International Law Applicable to "Extraordinary renditions", Briefing Paper prepared for the All Party Parliamentary Group on Extraordinary Rendition, 2005, S. 7, abrufbar unter: www.nyuhr.org/docs/APPG-NYU%20Briefing%20Paper.pdf (10. Februar 2007). Vgl. auch *Stephen Grey*, Das Schattenreich der CIA. Amerikas schmutziger Krieg gegen den Terror, 2006.

[50] *Nicholas Richter*, „Wichtiger Zeuge wurde nicht gehört", in: Süddeutsche Zeitung, 13. Dezember 2005, S. 5.

[51] *Mark Landler*, German Court Challenges C.I.A. over Abduction, in: The New York Times, 31. Januar 2007.

[52] hib-Meldung (heute im Bundestag) 194/2006, Staatsanwälte: Keine Zweifel an der Entführung el-Masris, 22. Juni 2006, abrufbar unter: www.bundestag.de/aktuell/hib/ 2006/2006_194/01.html (10. Februar 2007).

so.[53] Selbst der SPD-Obmann im Ausschuß, *Thomas Oppermann*, immerhin Mitglied der Fraktion, die damals die Regierungsverantwortung trug, erklärte, daß die Aussagen *el-Masris* stimmen.[54] Das Europaparlament verurteilte in einem Zwischenbericht zu dem Extraordinary-renditions-Programm ausdrücklich die Entführung *el-Masris*.[55] Es gibt demenstprechend keine Zweifel an dem Wahrheitsgehalt der Geschichte des *Khaled el-Masri*.

C. Menschenrechtliches Schutzsystem

I. Allgemein

Menschenrechte sind Normen, die dem Menschen allein aufgrund seines Menschseins zukommen. Sie sind dem Staat vorgeordnet. Deshalb kann dieser auch nicht über sie verfügen, denn sie gehören zum Menschen und nicht zum Staat. Dieser muß sie lediglich garantieren. Das erste völkerrechtliche relevante Dokument, dessen (alleiniger) Gegenstand die Menschenrechte sind, ist die Allgemeine Erklärung der Menschenrechte von 1948, eine rechtlich unverbindliche Resolution der Generalversammlung.[56] Trotz ihrer Unver-

---

[53] „Al-Masri ist Unrecht geschehen", www.tagesschau.de/aktuell/meldungen/0,,OID 5643188_REF1,00.html. Der Ausschuß hat noch keinen Bericht verfaßt. Auf Anfrage beim Bundestag wurde mitgeteilt, daß es noch unklar sei, ob ein Zwischenbericht veröffentlicht wird oder ob ein Bericht erst nach der Behandlung der beiden anderen Untersuchungskomplexe (Fall *Murat Kurnaz* und die Beteiligung deutscher Stellen im Irak-Krieg) angefertigt wird.

[54] *Peter Blechschmidt*, Zweifel, aber keine Beweise, in: Süddeutsche Zeitung, 25./26. November 2006, S. 7.

[55] Entschließung des Europäischen Parlaments zur behaupteten Nutzung europäischer Staaten durch die CIA für die Beförderung und das rechtswidrige Festhalten von Gefangenen – Halbzeitbilanz des Nichtständigen Ausschusses (2006/2027(INI)): „Das Europäische Parlament verurteilt die Entführung des deutschen Staatsangehörigen Khaled El-Masri durch die CIA, der von Januar bis Mai 2004 in Afghanistan gefangen gehalten und dabei in erniedrigender und unmenschlicher Weise behandelt wurde."

[56] Universal Declaration of Human Rights, vom 10. Dezember 1948. UN-Dok. A/RES/217 (III). Der rechtlichen Unverbindlichkeit der Allgemeinen Erklärung der Menschenrechte steht nicht entgegen, daß sie teilweise geltendes Völkergewohnheitsrecht kodifiziert, vgl. *Andreas Haratsch*, Die Allgemeine Erklärung der Menschenrechte – ein Ideal für alle Völker und Nationen, in: MRM Themenheft – 50 Jahre Allgemeine Erklärung der Menschenrechte, 1998, S. 23-33, 29f.

bindlichkeit war sie der Startschuß für eine Entwicklung, die eine inzwischen schon als umfassend zu bezeichnende Normentwicklung (sog. standard setting) hervorgebracht hat.[57] Seitdem wurden insgesamt acht universelle Menschenrechtsverträge verfaßt.[58] Neben materiellen Rechten enthalten sie auch Vorschriften, die die Einhaltung der Rechte garantieren sollen. Ebenso existieren inzwischen zahlreiche regionale Menschenrechtsverträge, die vergleichbar aufgebaut sind. Einige dieser Verträge garantieren eine Vielzahl von Menschenrechten, wie die Europäische Konvention zum Schutze der Menschenrechte und Grundfreiheiten (EMRK)[59], andere sind Spezialkonventionen, wie die UN-Kinderrechtskonvention[60]. Viele Normen sind inzwischen auch Teil des Völkergewohnheitsrechts,[61] manche sogar des Ius cogens, also des zwingenden, nicht abdingbaren Rechts.[62]

---

[57] "[T]he United Nations has largely completed the task of standard-setting.", *Alfred-Maurice de Zayas*, United Nations High Commissioner for Human Rights, in: Rudolf Bernhardt (Hrsg.), Encyclopedia of Public International Law, Bd. IV, 2000, S. 1129-1132, 1130.

[58] Der jüngste Vertrag in dieser Reihe ist die Konvention über die Rechte von Menschen mit Behinderungen. Sie wurde am 13. Dezember 2006 von der UN-Generalversammlung im Konsens angenommen und liegt nun zur Unterzeichnung aus. Vgl. dazu *Norman Weiß*, Die UN-Konvention über die Rechte von Menschen mit Behinderungen – weitere Präzisierung des Menschenrechtsschutzes, in: MenschenRechtsMagazin 2006, S. 293-300.

[59] Convention for the Protection of Human Rights and Fundamental Freedoms, vom 4. November 1950, in Kraft getreten am 3. September 1953, ETS Nr. 5, in der zuletzt durch Protokoll Nr. 11 geänderten Fassung; Neufassung: BGBl. 2002 II S. 1055, die heute 46 Konventionsstaaten – nämlich alle Europaratsmitglieder – zählt. Im Verlauf der gesamten Studie wird immer wieder auch auf sie zurückgegriffen. Zwar findet sie auf die USA keine Anwendung, jedoch sind die Normen der jeweiligen Menschenrechtsverträge vergleichbar und z.T. sogar identisch, zum anderen beeinflussen sich die Jurisdiktionsorgane der jeweiligen Verträge gegenseitig.

[60] Übereinkommen über die Rechte des Kindes. Convention on the Rights of the Child, vom 20. November 1989, 1577 UNTS 3, BGBl. 1992 II S. 122.

[61] Völkergewohnheitsrecht ist Recht, das auf einer von Rechtsüberzeugung (opinio iuris) getragenen allgemeinen Übung (consuetudo) beruht. Es gilt, sofern keine spezielleren Vertragsvorschriften greifen.

[62] Vgl. dazu Art. 53 des Wiener Übereinkommen über das Recht der Verträge (WVK), vom 23. Mai 1969, in Kraft getreten am 27. Januar 1980, 1155 UNTS 331, BGBl. 1987 II S. 757, von 93 Staaten ratifiziert (Stand: 10. Dezember 2006).

Unter Menschenrechten werden im Völkerrecht drei verschiedene Arten von Normen verstanden: Normen, die dem einzelnen einen Abwehranspruch gegenüber dem Staat einräumen (sog. 1. Dimension oder 1. Generation von Menschenrechten – dazu gehören z.B. die Religionsfreiheit und die Meinungsfreiheit, aber auch die Verfahrensrechte[63]); Normen, die vom Staat ein Handeln erfordern (sog. 2. Dimension oder Generation – dazu gehört z.B. das Recht auf Arbeit oder Unterkunft) und als letztes Normen, die nur in einem globalen Rahmen verwirklicht werden können, wie z.B. das Recht auf eine saubere Umwelt oder das Recht auf Entwicklung. So sind das Recht auf Freiheit und Sicherheit und das Verbot der Folter und der grausamen, unmenschlichen oder erniedrigenden Behandlung klassische Menschenrechte der 1. Generation. Teil des Folterverbots ist auch das Verbot, eine Person in einen Staat auszuweisen, abzuschieben oder auszuliefern, in dem die Gefahr für sie besteht, gefoltert zu werden (Verbot des Refoulement) sowie die Pflicht, strafrechtlich gegen Folterer vorzugehen und Folteropfern Wiedergutmachung zu leisten. Ebenso sind die anderen möglicherweise verletzten Rechte Menschenrechte der 1. Generation. Dazu gehören:

- das Diskriminierungsverbot (Gleichheitsgebot);
- das Recht, als Rechtspersönlichkeit anerkannt zu sein;
- das Recht, eine wirksame Beschwerde einlegen zu können;
- das Recht auf einen fairen Prozeß;
- das Recht auf Freizügigkeit;
- das Recht auf Privatleben;
- und das Verbot der Ausweisung von Ausländern ohne Rechtsgrundlage.

---

[63] Man sieht schon an der Einordnung der justiziellen Rechte in die Rechte der 1. Generation, daß die Bezeichnung als Abwehrrechte nicht ganz richtig ist, denn der Staat muß ein Verfahren zur Verfügung stellen, damit diese Rechte verwirklicht werden können. Die Menschenrechte der 1. Generation sind also nicht nur Abwehrrechte, sondern vielmehr die Rechte eines liberalen, freiheitlichen-demokratischen Staates. Dazu gehören inzwischen auch Schutzpflichten, die sich aus den Abwehransprüchen ableiten und diese stärken sollen, vgl. zu den Schutzpflichten unter dem Zivilpakt *Eckart Klein*, The Duty to Protect and to Ensure Human Rights Under the International Covenant on Civil and Political Rights, in: ders. (Hrsg.), The Duty to Protect and to Ensure Human Rights, 2000, S. 295-325. Vgl. auch die anderen Beiträge in diesem Band.

Auf universeller Ebene garantiert der Internationale Pakt über bürgerliche und politische Rechte (sog. Zivilpakt),[64] dessen nominelle Menschenrechtsgarantien dem Grundrechtskatalog des Grundgesetzes ungefähr vergleichbar sind, die Menschenrechte der 1. Generation. Ebenso universell angesiedelt ist die Antifolterkonvention.[65] Beide Konventionen sind von weit mehr als 100 Staaten ratifiziert worden, der Zivilpakt von 160, die Antifolterkonvention von 144 Staaten. Auf regionaler Ebene garantieren die Amerikanische Menschenrechtsdeklaration[66] sowie drei Konventionen der Organisation of American States – die Interamerikanische Menschenrechtskonvention aus dem Jahre 1978[67], die Interamerikanische Konvention zur Verhütung und Bestrafung von Folter aus dem Jahre 1985[68] und die Interamerikanische Konvention über das Verschwindenlassen von Personen aus dem Jahre 1994[69] – Rechte, die hier verletzt sein könnten. Die genannten Menschenrechte sind zwar nicht in allen, aber doch in einigen der hier erwähnten und zu untersuchenden Dokumente enthalten. Die USA haben die Interamerikanischen Konventionen jedoch nicht ratifiziert.

Zunächst soll geklärt werden, ob das Programm der Extraordinary renditions und der Fall *el-Masri* in den Anwendungsbereich dieser Verträge fallen können. Im Anschluß daran wird der Überwa-

---

[64] International Covenant on Civil and Political Rights, vom 16. Dezember 1966, in Kraft getreten am 23. März 1976; 999 UNTS 171, BGBl. 1973 II S. 1534.

[65] Übereinkommen gegen Folter und andere grausame, unmenschliche oder erniedrigende Behandlung oder Strafe. Convention against Torture and Cruel, Inhuman and Degrading Treatment or Punishment, vom 10. Dezember 1984, in Kraft getreten am 26. Juni 1987, 1465 UNTS 85, BGBl. 1990 II S. 246.

[66] Amerikanische Deklaration über die Rechte und Pflichten des Menschen. American Declaration of the Rights and Duties of Man, vom 2. Mai 1948, OAS-Dok. OEA/ Ser. L./V/11.71, S. 17 (1988).

[67] Inter-American Human Rights Convention, vom 22. November 1969, in Kraft getreten am 18. Juli 1978, OAS-Dok. OEA/Ser.L.V/II.82 doc.6 rev.1, S. 25 (1992), von 25 Staaten ratifiziert (Stand: 10. Dezember 2006).

[68] Inter-American Convention to Prevent and Punish Torture, vom 9. Dezember 1985, in Kraft getreten am 28. Februar 1987, OAS-Dok. OEA/Ser.L.V/II.82 doc.6 rev.1, S. 83 (1992), von 16 Staaten ratifiziert (Stand: 10. Dezember 2006).

[69] Inter-American Convention on the Forced Disappearance of Persons, vom 9. Juni 1994, in Kraft getreten am 28. März 1996, 1529 ILM 1994, von 12 Staaten ratifiziert (Stand: 10. Dezember 2006).

chungsmechanismus der anwendbaren Verträge dargestellt. Dadurch wird sich erschließen, ob und welche Gerichte oder Gremien auf internationaler Ebene über das Programm und dessen Einzelfälle judizieren können.

II. Anwendungsbereich

Der Anwendungsbereich einer völkerrechtlichen Norm bzw. eines völkerrechtlichen Vertrages unterteilt sich in die Anwendbarkeit ratione materiae, ratione personae, ratione temporis und ratione loci.

Unter ersterem ist die Anwendbarkeit nach der inhaltlichen Regelung der Norm bzw. des Vertrages gemeint: Die Regelung muß auf den Sachverhalt passen. Beispielsweise kann unter der Antifolterkonvention keine Verletzung des Rechts auf Habeas corpus geltend gemacht werden, da dieses sachlich nicht von ihr geregelt ist.[70] Schwierigkeiten entstehen hier nicht.

Die Anwendbarkeit ratione personae hat zwei Seiten.[71] Sie bezieht sich sowohl auf die Person, die von dem Vertrag geschützt ist, als auch auf den Staat, der die vertragliche Verpflichtung eingegangen ist. Die die Verletzung einer Vertragsnorm geltend machende Person muß von dieser Vertragsnorm geschützt werden und der betreffende Staat muß Vertragspartner geworden sein. Da die USA wie erwähnt keine der hier relevanten Interamerikanischen Konventionen ratifiziert haben, sind sie ratione personae nicht an sie gebunden. Eine Verletzung der Interamerikanischen Menschenrechtskonvention, der Interamerikanischen Konvention zur Verhütung und Bestrafung von Folter und der Interamerikanischen Konvention über das Verschwindenlassen von Personen scheidet also ratione personae aus.

Die Anwendbarkeit ratione temporis bezieht sich auf den Zeitpunkt. War der Vertrag zum Zeitpunkt der Handlung noch nicht in Kraft ge-

---

[70] Würde die Verletzung des Rechts auf Habeas corpus allerdings die Folter zur Folge haben oder selbst Folter darstellen, dann wäre die Anwendbarkeit ratione materiae wieder gegeben. Es würde aber nur ein Verstoß gegen das Folterverbot untersucht werden, nicht gegen das Recht auf Habeas corpus.

[71] Dominic McGoldrick, The Human Rights Committee, 1991, S. 168f.

treten, so findet er keine Anwendung. In dem Zusammenhang der Extraordinary renditions spielt dies keine Rolle.

Der territoriale Anwendungsbereich (ratione loci) der Menschenrechtsverträge ist höchst umstritten. Dieser Streit bezieht sich jedoch nicht auf die völkergewohnheitsrechtlich geltenden Menschenrechtsnormen. Diese gelten überall: Da die Menschenrechte dem Staat voraus liegen und sie dem Menschen zustehen, nur allein weil er Mensch ist, müssen ihm diese Rechte unabhängig von seinem Aufenthaltsort zukommen.[72]

Die praktische Relevanz des Streites um die Anwendbarkeit der Menschenrechtsverträge zeigt sich deutlich an der Geschichte des Haupt-Gefangenenlagers der US-Amerikaner im „Krieg gegen den Terror". Es wurde auf einem von den USA gepachteten Teil der Insel Kuba errichtet. Grund dafür war es, justizielle Garantien zu umgehen. Gleiches gilt für das Programm der Extraordinary renditions. Die USA wollen nicht gegen geltende völkerrechtliche Verträge und eigenes Verfassungsrecht verstoßen. Da sie annehmen, daß sowohl dem Zivilpakt, der Antifolterkonvention als auch der Amerikanischen Menschenrechtsdeklaration jedenfalls dann keine extraterritoriale Wirkung zukommen, wenn ausländische Staatsbürger im Ausland betroffen sind,[73] gehen die USA davon aus, daß durch die Verbringung Gefangener auf Gebiete außerhalb der USA die Bindung an diese Normen ausgeschlossen ist. So wird ein früherer Regierungsjurist mit den Worten zitiert, daß Guantá-

---

[72] AKMR, Report on Terrorism and Human Rights, vom 22. Oktober 2002, OAS-Dok. OEA/Ser.L/V/II.116 Doc. 5 rev. 1 corr. (2002), Nr. 44; *David Kretzmer*, Targeted Killings of Suspected Terrorists: Extra-Judicial Executions of Legitimate Means of Defence, in: 16 EJIL 2005, S. 171-212, 184f.

[73] So hat der US-Supreme Court explizit entschieden, daß der vierte Verfassungszusatz, der Folter und die grausame und unmenschliche Behandlung verbietet, nicht im Ausland gegenüber Ausländern gilt, United States ./. Verdugi-Urquidez, Urteil v. 28. Februar 1990, 494 U.S. 259 (1990). Vgl. in bezug auf die US-Verfassung auch *Sapna G. Lalmalani*, Extraordinary Rendition Meets the US-Citizen: United States' Responsibility Under the Fourth Amendment, in: 5 Connecticut Public Interest Journal 2005, S. 1-29, 6ff. Bzgl. des Zivilpaktes betont dies die US-Regierung zuletzt in ihrer „Reply of the Government of the United States of America to the Report of the Five UNCHR Special Rapporteurs on Detainees in Guantanamo Bay, Cuba", 10. März 2006, S. 25ff., abrufbar unter www.usmission.ch/Press2006/USFinalReplytoGITMOreport2006.pdf (10. Februar 2007).

namo sich in einem Bereich befände, der "the legal equivalent of outer space" sei.[74]

Im folgenden wird untersucht, ob diese drei noch in Betracht kommenden völkerrechtlich bindenden Dokumente ratione loci entgegen der Ansicht der USA Anwendung finden. Dabei ist entscheidend darauf abzustellen, ob Jurisdiktion innerhalb des eigenen Territoriums ausgeübt werden muß, oder ob dies auch außerhalb geschehen darf (1.). In einem zweiten Schritt muß dann der genaue Inhalt von Jurisdiktion (Befehlsgewalt) bestimmt werden (2.).

1. Territorium

a. Zivilpakt

Gemäß Art. 2 Abs. 1 IPbpR hat sich jeder Vertragsstaat verpflichtet, „die in diesem Pakt anerkannten Rechte zu achten und **sie allen in seinem Gebiet befindlichen** und **seiner Herrschaftsgewalt unterstehenden** Personen ohne Unterschied [...] zu gewährleisten."[75] Diese Bestimmung des Zivilpaktes könnte dahingehend verstanden werden, daß beide Voraussetzungen kumulativ vorliegen müssen. Einige Staaten, darunter die USA[76] und Belgien[77], verstehen dies auch so, andere wie die Schweiz[78] und Frankreich[79] lehnen diese

---

[74] *Barry/Hirsh/Isikoff* (Fn. 11), S. 20.

[75] Hervorhebung durch den Verfasser. Das englische Original lautet: "Each State Party to the present Covenant undertakes to respect and to ensure to all individuals within its territory and subject to its jurisdiction the rights recognized in the present Covenant, without distinction of any kind, such as race, colour, sex, language, religion, political or other opinion, national or social origin, property, birth or other status."

[76] Reply of the Government of the United States of America to the Report of the Five UNCHR Special Rapporteurs on Detainees in Guantanamo Bay, Cuba (Fn. 73), S. 25ff.

[77] MRA, Concluding Observations on the 4th report, 12. August 2004, UN-Dok. CCPR/CO/81/BEL (2004), Nr. 6.

[78] Schriftliche Stellungnahme der Schweiz im Mauergutachtenverfahren (IGH, Gutachten v. 9. Juli 2004, ICJ Rep. 2004), Nr. 35, abrufbar unter: www.icj-cij.org/icjwww/idocket/imwp/imwpstatements/iWrittenStatement_16_Switzerland_Translation.pdf (10. Februar 2007).

Sichtweise hingegen ab. Würde nur auf die Ausübung von Jurisdiktion abgestellt werden, so wäre der Schutz der Menschenrechte umfassender. Es gilt also zu klären, ob Jurisdiktion auch auf fremdem Territorium ausgebübt werden kann und so auf das Territorialitätserfordernis verzichtet werden kann.

Würde man Art. 2 Abs. 1 IPbpR tatsächlich dahingehend verstehen, daß beide Voraussetzungen kumulativ vorliegen müssen, hätte das zur Folge, daß einem Staat auf fremden Territorien Menschenrechtsverletzungen erlaubt sind, die er zu Hause nicht begehen darf. Dies erscheint widersinnig.[80] Dann hätte das Tatbestandsmerkmal „in seinem Gebiet" nur den Sinn, die Verantwortlichkeit des Staates für Taten, die er im Ausland verübt, auszuschließen. Die Folge wäre, daß Rechtsschutzlücken entstehen. Diese Lacunae würden auch dann fortbestehen, wenn alle Staaten der Welt den Zivilpakt ratifiziert hätten. Der Zivilpakt bliebe hinter dem Völkergewohnheitsrecht zurück (das sich ja aber auch aufgrund des Zivilpakts entwickelt hat[81]). Es gäbe dann Orte, an denen der Territorialstaat keine Jurisdiktion hat und deshalb Menschenrechtsverletzungen rechtlich und auch faktisch nicht verhindern kann und der Staat, der die Jurisdiktion ausübt, an den Pakt nicht gebunden ist. Es ist aber davon auszugehen, daß der Pakt solche Lacunae nicht schaffen wollte. Eine solche Begrenzung würde auch der Idee der Menschenrechte zuwiderlaufen, nach der die Menschenrechte dem Staat vorausliegen. Dann aber muß er sie auch im Ausland beachten, sofern die Menschen dort seiner Macht unterstehen.[82] Auch historische Gründe sprechen für die universelle Anwendbarkeit des Zivilpaktes: Die Staaten wollten vor allem verhindern, daß sie verantwortlich gemacht werden für Taten, die sie nicht kontrollieren können. Dazu gehört etwa, wenn eigene Staatsangehörige auf fremdem Staatsgebiet verletzt werden. Hier kann der Heimatstaat seinen Schutz-

---

[79] Schriftliche Stellungnahme Frankreichs im Mauergutachtenverfahren (Fn. 78), 30. Januar 2004, Nr. 23, abrufbar unter: www.icj-cij.org/icjwww/idocket/imwp/imwp statements/iWrittenStatement_23_France_Translation.pdf (10. Februar 2007).

[80] *Bernhard Schäfer*, „Guantánamo Bay" – Status der Gefangenen und habeas corpus (Studien zu Grund- und Menschenrechten, Bd. 9), 2003, S. 47 m.w.N.

[81] *Karl Doehring*, Völkerrecht, 2. Aufl. 2004, Rn. 976.

[82] AKMR, *Coard et al. ./. United States* (10.951), Entscheidung v. 29. September 1999, Report No. 109/99, OAS-Dok. OEA/Ser.L/V/II.106 doc rev. (1999), Nr. 37.

pflichten gegenüber seinen eigenen Staatsangehörigen faktisch nicht bzw. nur eingeschränkt im Rahmen des diplomatischen Schutzes nachkommen.[83] Auch ist es für einen Staat nicht kontrollierbar, wenn eigene Staatsangehörige, die der Befehlsgewalt internationaler Organisationen oder anderer Staaten unterstehen, auf fremdem Staatsgebiet Verletzungen begehen.[84] Vor einer solchen Verantwortlichkeit sollte die Einfügung von „in seinem Gebiet befindlichen Personen" schützen. Zudem wollten Staaten auch ihre Verantwortlichkeit für die Fälle einschränken, in denen sie ein fremdes Territorium besetzen.[85] Es ging also gar nicht darum, die Verantwortlichkeit für eigenes Handeln im Ausland auszuschließen. Hinzu kommt, daß auch die Bestimmung des Art. 12 Abs. 4 IPbpR hinfällig wäre. Dieser verbietet es einem Staat, die Einreise eines Staatsangehörigen zu verhindern. Per definitionem muß dieser Staatsangehörige sich außerhalb des eigenen Staatsgebiets aufhalten. Auch erscheint es nicht erklärbar, daß Art. 14 Abs. 3 IPbpR nur gegen In-absentia-Verfahren schützt, wenn sich der Betroffene im Land selbst aufhält.[86] Außerdem scheint es nach den Travaux préparatoires in der Diskussion hauptsächlich um die Verletzung von Personen, über die man in jedem Fall Jurisdiktion besitzt – also Staatsangehörige – gegangen zu sein, nicht aber um Staatsangehörige anderer Staaten. Die Vorstellung, gezielt auf dem Territorium eines anderen Staates unter Verletzung dessen Jurisdiktionsgewalt, Personen zu entführen, foltern oder zu töten, war wohl nicht Gegenstand der Diskussion.[87] Der aber doch auf den ersten

---

[83] S. Annotations on the text of the draft International Covenants on Human Rights, vorbereitet vom UN-Generalsekretär, UN-Dok. A/2929, S. 17, Nr. 4.

[84] *Thomas Buergenthal*, To Respect and to Ensure: State Obligations and Permissible Derogations, in: Louis Henkin (Hrsg.), The International Bill of Rights – The Covenant on Civil and Political Rights, 1981, S. 72-91, 74; MRA, *Lopez Burgos ./. Uruguay* (52/1979), Auffasung v. 29. Juli 1981, UN-Dok. CCPR/C/OP/1, Individual Opinion *Tomuschat*.

[85] MRA, *Lopez Burgos ./. Uruguay* (Fn. 84), Individual Opinion *Tomuschat*.

[86] *Buergenthal* (Fn. 84), S. 74.

[87] In der Zusammenfassung der Diskussion bei *Marc J. Bossuyt*, Guide to the „Travaux Préparatoires" of the International Covenant on Civil and Political Rights, 1987, S. 53ff. wird ausschließlich auf die Verletzung eigener Staatsangehöriger abgestellt.

Blick ziemlich eindeutige Wortlaut des Art. 2 Abs. 1 IPbpR scheint dennoch gegen diese weite Auslegung zu sprechen. Auch der Menschenrechtsausschuß, das Organ, das durch den Zivilpakt (Art. 28ff. IPbpR) mit der Überwachung der Vertragsstaaten betraut ist, allerdings den Vertrag nicht verbindlich auslegen kann,[88] vertritt die Ansicht, daß Handlungen, die außerhalb des eigenen Territoriums vorgenommen werden, gegen den Pakt verstoßen können.[89] Er stützt diese These auf die Annahme, daß Art. 5 IPbpR eine einschränkende Auslegung des Art. 2 Abs. 1 IPbpR verbietet.[90] Art. 5 IPbpR bestimmt:

„Keine Bestimmung dieses Paktes darf dahin ausgelegt werden, daß sie für einen Staat [...] das Recht begründet, eine Tätigkeit auszuüben oder eine Handlung zu begehen, die auf die Abschaffung der in diesem Pakt anerkannten Rechte und Freiheiten oder auf weitergehende Beschränkungen dieser Rechte und Freiheiten, als in dem Pakt vorgesehen hinzielt."

In der vorliegenden Konstellation geht es aber nicht um das Verbot eines Mißbrauchs der Rechte, sondern um die Frage des Anwendungsbereichs, der selbst kein Recht begründet. Auch systematisch

---

[88] Vgl. *Eckart Klein*, Die Allgemeinen Bemerkungen und Empfehlungen der VN-Vertragsorgane, in: Deutsches Institut für Menschenrechte (Hrsg.), Die „General Comments" zu den VN-Menschenrechtsverträgen, 2005, S. 19-31, 29. S. zum Ausschuß auch unten S. 47ff.

[89] MRA, General Comment Nr. 31, Nature of Legal Obligations, UN-Dok. CCPR/C/21/Rev.1/Add.13 (2004), Nr. 10. Eine deutsche Übersetzung der General Comments ist zu finden in Deutsches Institut für Menschenrechte (Hrsg.), Die „General Comments" zu den VN-Menschenrechtsverträgen, 2005. Zur Bedeutung der „General Comments" des MRA, vgl. *Eckart Klein*, General Comments, in: Jörn Ipsen/Edzard Schmidt-Jortzig (Hrsg.), Recht – Staat – Gemeinwohl, Festschrift für Dietrich Rauschning, 2001, S. 301-311.

[90] "According to article 5 (1) of the Covenant: 'Nothing in the present Covenant may be interpreted as implying for any State, group or person any right to engage in any activity or perform any act aimed at the destruction of any of the rights and freedoms recognized herein or at their limitation to a greater extent than is provided for in the present Covenant.' In line with this, it would be unconscionable to so interpret the responsibility under article 2 of the Covenant as to permit a State party to perpetrate violations of the Covenant on the territory of another State, which violations it could not perpetrate on its own territory." MRA, *Lopez Burgos ./. Uruguay* (Fn. 84), Nr. 12.3; ebenso zitiert in MRA, *Lilian Celiberti ./. Uruguay*, (56/1979), Auffassung v. 29. Juli 1981, UN-Dok. CCPR/C/OP/1, Nr. 10.3.

steht der Art. 5 IPbpR zwar direkt vor den Rechten des Paktes (Art. 6-26 IPbpR), aber hinter dem Art. 2 IPbpR. Die Argumentation des Ausschusses ist alleine am Ziel orientiert. Sie findet in Art. 5 IPbpR keine Grundlage.[91] *Thomas Buergenthal* hingegen schlägt vor, die Bestimmung alternativ zu lesen. Es muß entweder auf dem Territorium oder unter der Jurisdiktion der Vertragspartei gehandelt werden (sog. disjunktive (ausschließende) Konjunktion).[92] Zwar kann ein „und" als eigentlich kopulative Konjunktion unter bestimmten Umständen als disjunktive Konjunktion, also als „oder" gelesen werden,[93] allerdings würde das im konkreten Fall bedeuten, daß z.B. die Verantwortung für das Handeln fremder Staatsbeamter auf dem eigenen Hoheitsgebiet übernommen werden muß. Das aber sollte explizit ausgeschlossen werden. Selbst *Buergenthal* schreibt eine Seite später, daß dies nicht sein könne.[94] Somit kann auch *Buergenthals* Vorschlag nicht überzeugen.

Anders argumentiert das Ausschußmitglied *Christian Tomuschat*. Er kommt in seiner *Individual Opinion* im Zuge einer teleologischen Auslegung im Lichte der historischen Hintergründe zu einer Einschränkung des Art. 2 Abs. 1 IPbpR, allerdings entgegen dem Wortlaut, wie er auch selbst schreibt.[95] Gemäß Art. 31 Abs. 1 WVK hat zunächst eine Wortlautauslegung zu erfolgen (sog. ordinary

---

[91] Ebenso *McGoldrick* (Fn. 71), S. 181, der hierzu anmerkt: "[T]he HRC made reference to article 5 (1) only to support an interpretation it would have adopted in any event. It does not constitute the basis of that interpretation."

[92] *Buergenthal* (Fn. 84), S. 74. Danach müßte der Art. 2 Abs. 1 IPbpR so gelesen werden: „Jeder Vertragsstaat [gewährleistet die in dem Pakt anerkannten Rechte] allen in seinem Gebiet befindlichen Personen und allen seiner Herrschaftsgewalt unterstehenden Personen."

[93] Joachim *Buscha*, Lexikon deutscher Konjunktionen, 1989, S. 120f.

[94] "Measures taken against an individual within the territory of a state party by governmental or intergovernmental bodies over which the state has no jurisdiction do not in general constitute a violation by the state of its obligations under the Covenant." *Buergenthal* (Fn. 84), S. 75.

[95] "To construe the words 'within its territory' pursuant to their strict literal meaning as excluding any responsibility for conduct occurring beyond the national boundaries would, however, lead to utterly absurd results." MRA, *Lopez Burgos ./. Uruguay* (Fn. 84), Individual Opinion *Tomuschat*.

meaning rule).[96] Auch Zusammenhang und Telos finden Berücksichtigung. Wenn aber der Wortlaut nun „nachweislich fehlerhaft oder missverständlich" ist[97] oder „zu absurden, unvernünftigen Ergebnissen führt"[98], so darf die Auslegung über den Wortlaut hinausgehen. So ist auch Raum für *Tomuschats* teleologische Reduktion. Ob dies der Fall ist, ist mit Hilfe einer Interpretation zu ermitteln, die u.a. historisch, systematisch[99] und am Willen des legitimen Normschöpfers (genetische Auslegung) orientiert sein kann.[100] Wie oben aufgezeigt, passen Wille und Wortlaut des Normgebers nicht überein. Es wurde etwas anderes normiert als gewollt war. Der Wille für die Aufnahme der an sich kopulativen Konjunktion „und" war die Sorge vor der Verantwortlichkeit für nicht kontrollierbare Vorkommnisse. Lacunae sollten nicht geschaffen werden. Betrachtet man „und" als alternative Konjunktion „oder", kommt kein vernünftiges Ergebnis zustande, gerade da der völkergewohnheitsrechtliche Schutz des einzelnen bzw. die Pflicht des Staates ja weiterreicht. Wenn mit der Einführung des Territorialitätserfordernisses der Wille der Vertragsparteien, ein umfassendes Menschenrechtsschutzsystem zu installieren, durch diese Beschränkung konterkariert wird und somit der Normtext widersprüchlich ist und zu dem abstrusen Ergebnis führt, daß Menschenrechtsverletzungen wie Folterungen, Entführungen etc. im Ausland

---

[96] Zur Auslegung nach der Wiener Vertragsrechtskonvention s. allgemein *Heribert Franz Köck*, Vertragsinterpretation und Vertragsrechtskonvention, 1976. Anzumerken ist, daß die Wiener Vertragsrechtskonvention keine direkte Anwendung finden kann. Sie kann nur in bezug auf Verträge gelten, die nach dem 27. Januar 1980, dem Datum ihres Inkrafttretens abgeschlossen wurden. Allerdings kodifiziert sie zum Großteil Völkergewohnheitsrecht, weshalb sie auch auf den Zivilpakt von 1976 Anwendung findet.

[97] *Friedrich Müller/Ralph Christensen*, Juristische Methodik, Bd. I, 9. Aufl. 2004, S. 277.

[98] *Rudolf Bernhardt*, Die Auslegung völkerrechtlicher Verträge, 1963, S. 18 unter Verweis auf Hugo Grotius, De iure belli ac pacis, Lib. II Cap. XVI § 6; Emar de Vattel Liv. II Chap. XVII, § 282f. und Samuel Pufendorf, Lib. V Cap. XII § 8, 13. Art. 32 lit. a WVK enthält eine vergleichbare Regelung. Danach können ergänzende Auslegungsmittel zur Anwendung kommen, wenn die Auslegung nach Art. 31 WVK „zu einem offensichtlich sinnwidrigen oder unvernünftigen Ergebnis führt."

[99] *Müller/Christensen* (Fn. 97), S. 283.

[100] *Dirk Looschelders/Wolfgang Roth*, Juristische Methodik im Prozeß der Rechtsanwendung, 1996, S. 227.

nicht verboten sind, dann ist der Wortlaut teleologisch zu reduzieren. Telos des Zivilpaktes ist ein möglichst umfassender Menschenrechtsschutz.[101] Eine Einschränkung der Anwendbarkeit auf das eigene Territorium läßt sich damit nicht vereinbaren. Damit sind die USA in Hinblick auf die Extraordinary renditions an den Zivilpakt gebunden, sofern sie Jurisdiktion ausüben.

b. Antifolterkonvention

Art. 2 Abs. 1 CAT bestimmt, daß jeder Vertragsstaat verpflichtet ist, durch „wirksame gesetzgeberische, verwaltungsmäßige, gerichtliche oder sonstige Maßnahmen [...] Folterungen **in allen seiner Hoheitsgewalt unterstehenden Gebieten** zu verhindern."[102]

Die Formulierung ist etwas anders gewählt als die des Zivilpaktes. Es wird nicht mehr auf das eigene Gebiet abgestellt, sondern auf alle Gebiete, die der Hoheitsgewalt unterstehen. Damit sind z.B. besetzte Gebiete zweifelsfrei erfaßt.[103] Es scheinen allerdings Fälle auszuscheiden, in denen die Jurisdiktion nicht über ein Territorium ausgeübt wird, sondern nur gegenüber einer Person. Ebenso wie beim Zivilpakt hat eine restriktive Interpretation zur Folge, daß Folter in einigen Fällen – so z.B. wenn sie durch deutsche Beamte des Bundeskriminalamtes im Ausland begangen werden würde – nicht unter die Antifolterkonvention fallen würde. Es gäbe Lücken im

---

[101] "[T]he basic idea of human rights [is] to ensure that a state should respect human rights of persons over whom it exercises jurisdiction." *Theodor Meron*, Extraterritoriality of Human Rights Treaties, in: 89 AJIL 1995, S. 78-82, 82; MRA, General Comment Nr. 24, General Comment on Issues Relating to Reservations made upon Ratification or Accession to the Covenant or the Optional Protocols thereto, or in Relation to Declarations under Article 41 of the Covenant, UN-Dok. CCPR/C/21/Rev.1/Add.6 (1994), Nr. 7: "The object and purpose of the Covenant is to create legally binding standards for human rights by defining certain civil and political rights and placing them in a framework which are legally binding for those states who ratify." . Eine deutsche Übersetzung findet sich in Deutsches Institut für Menschenrechte (Hrsg.) (Fn. 89), S. 102-112.

[102] Hervorhebung durch den Verfasser. Das englische Original lautet: "Each State Party shall take effective legislative, administrative, judicial or other measures to prevent acts of torture in any territory under its jurisdiction."

[103] *Ahcene Boulesbaa*, The UN Convention on Torture and the Prospect of Enforcement, 1999, S. 74f. Im Rahmen des Zivilpaktes sollten diese explizit ausgeschlossen warden, s.o. Fn. 85.

materiellen Recht. Dies aber wollten die Staaten nicht erreichen. Ursprünglich sollte es zunächst „within its jurisdiction" heißen. Frankreich wollte dann „jurisdiction" durch „territory" ersetzen, da man befürchtete, daß ein Staat für eigene Staatsangehörige verantwortlich ist, die sich auf fremdem Staatsgebiet befinden.[104] Diese könnten ja für ihren Aufenthaltsstaat Folterungen ausüben oder das Opfer von Folterungen werden. Frankreich wollte also so seine Verantwortlichkeit für eigene Staatsdiener, die im Ausland tätig sind, z.B. Botschaftsangehörige, gar nicht ausschließen. Es ist nicht überliefert, warum der französische Vorschlag abgelehnt wurde. Jedoch wurde der ursprüngliche Wortlaut in die jetzt gültige Version abgeändert, damit auch besetzte Gebiete, Schiffe und Flugzeuge in den Anwendungsbereich miteinbezogen werden. Die Änderung entspricht damit einer Erweiterung des Anwendungsbereichs. Deshalb läßt sich aus der neuen Formulierung auch nicht eine Verkleinerung des Anwendungsbereichs ableiten. Schließlich spricht die Interpretationserklärung der Vereinigten Staaten, die sie bei Ratifikation der Antifolterkonvention abgegeben haben, für diese weite Auslegung. Hier schränkten die USA nämlich den territorialen Anwendungsbereich des Art. 14 CAT [Wiedergutmachungs- und Entschädigungspflicht bei erlittener Folter] ein.[105] Ebensowenig wie beim Zivilpakt ist folglich bei der Antifolterkonvention die Bindung an die menschenrechtlichen Normen von dem Ort der Verletzungen abhängig.

c. Regionale Menschenrechtsverträge

Neben diesen beiden universell geltenden Menschenrechtsverträgen kämen noch die regionalen Menschenrechtsverträge in Betracht, sofern die USA ratione personae an sie gebunden wären. Hier wäre eine Bindung ratione loci sogar am einfachsten zu bejahen gewesen, da die Amerikanische Menschenrechtskonvention ebenso wie die Europäische Menschenrechtskonvention das Territorium gar nicht erwähnt und alleine auf die Jurisdiktion abstellt.

---

[104] *Herman Burgers/Hans Danelius*, The United Nations Convention against Torture, 1988, S. 48.

[105] www.ohchr.org/english/countries/ratification/9.htm (10.Dezember 2006). S. dazu unten S. 140f.

Allerdings sind die USA an die zunächst unverbindliche, aber inzwischen verbindlich gewordenene Amerikanische Menschenrechtsdeklaration gebunden. Die Verbindlichkeit beruht auf der einzigartigen Konstruktion des interamerikanischen Menschenrechtssystems:

Die Interamerikanische Kommission ist sowohl ein Organ der Organisation of American States (OAS)[106] als auch ein Organ der Interamerikanischen Menschenrechtskonvention. Ihre Aufgabenbeschreibung ist nach Art. 106 Abs. 1 OAS-Charta sehr kurz. Abs. 2 delegiert die genaue Ausarbeitung der Kompetenzen der Interamerikanischen Menschrechtskommission unter der OAS-Charta auf einen anderen Vertrag:

"(1) There shall be an Inter-American Commission on Human Rights, whose principal function shall be to promote the observance and protection of human rights and to serve as a consultative organ of the Organization in these matters.

(2) An inter-American convention on human rights shall determine the structure, competence, and procedure of this Commission, as well as those of other organs responsible for these matters."

Alle OAS-Mitgliedstaaten stimmten zu, daß „Struktur, Zuständigkeit und Verfahren" der Kommission in diesem anderen Vertrag – dessen Mitglied sie nicht notwendigerweise sein müssen – geregelt werden.[107] Auf Grundlage der Interamerikanischen Menschenrechtskonvention entstand dann das Statut der Interamerikanischen Menschenrechtskommission.[108] Dieses Statut wurde von der Generalversammlung der OAS nach einer Artikel-für-Artikel-Prüfung angenommen.[109] Folgerichtig unterscheidet die Konvention ebenso

---

[106] Charter of the Organization of American States, vom 30. April 1948, 119 UNTS 3; in der Fassung des Protokolls von Managua, 1-F Rev. OAS-Dok. OEA/Ser.A/2 Add.4 (SEPF), 33 ILM 1009, in Kraft getreten am 29. Januar 1996.

[107] *Thomas Buergenthal*, Menschenrechtsschutz im inter-amerikanischen System, in: EuGRZ 1984, S. 169-189, 184.

[108] Statute of the Inter-American Commission on Human Rights, OAS Res. 447 (IX-0/79), OAS-Dok. OEA/Ser.P/IX.0.2/80, Vol. 1, S. 88, Annual Report of the Inter-American Commission on Human Rights, OAS-Dok. OEA/Ser.L/V/11.50 doc.13 rev. 1, S. 10 (1980).

[109] *Buergenthal* (Fn. 107), S. 184.

wie das Statut streng zwischen Vertragsstaaten und Mitgliedsstaaten. Gemäß Art. 1 Abs. 2 lit. b des Statuts finden „die in der Amerikanischen Erklärung der Rechte und Pflichten des Menschen aufgeführten Rechte in bezug auf die anderen Mitgliedstaaten" Anwendung. Gemäß Art. 20 des Statuts muß den Menschenrechten aus den Art. I, II, III, IV, XVIII, XXV, XXVI der Amerikanischen Menschenrechtsdeklaration besondere (aber nicht ausschließliche) Aufmerksamkeit gewidmet werden. Dazu gehören der Schutz vor Folter (Art. XXV AMRD), das Recht auf Gleichheit vor dem Gesetz (Art. II AMRD), das Recht auf ein faires Verfahren (Art. XVIII und XXVI AMRD) und das Recht auf Freiheit und Sicherheit (Art. XXV AMRD). Die völkerrechtliche Verbindlichkeit der Amerikanischen Menschenrechtsdeklaration für OAS-Staaten steht somit außer Zweifel.

Die Amerikanische Menschenrechtsdeklaration enthält keine Territorialitätsklausel. Jedoch wird die Regel der Amerikanischen Menschenrechtskonvention übernommen, die alleine auf die Jurisdiktion abstellt. Das Vorliegen von Jurisdiktion reicht hier dementsprechend ebenso wie bei den beiden universellen Verträgen aus.[110]

2. Jurisdiktion

Der Begriff der Jurisdiktion ist unscharf. Darunter wird zunächst Hoheitsgewalt, Herrschaftsgewalt oder Befehlsgewalt verstanden. Wie weit diese Jurisdiktion reichen muß, damit von Jurisdiktion im Sinne der Verträge gesprochen werden kann, ist umstritten. Para-

---

[110] Vgl. dazu AKMR, Report on Terrorism and Human Rights (Fn. 72), Nr. 44: "Consistent with this approach, a state's human rights obligations are not dependent upon a person's nationality or presence within a particular geographic area, but rather extend to all persons subject to that state's authority and control. This basic precept in turn is based upon the fundamental premise that human rights protections are derived from the attributes of an individual's personality and by virtue of the fact that he or she is a human being, and not because he or she is the citizen of a particular state. This principle is explicitly recognized in the preambles to both the American Declaration and the American Convention and is also recognized in other provisions of these instruments, including those which guarantee all persons the rights under those instruments without any discrimination for reasons of sex, language, creed or any other factor, including national or social origin, and the right to recognition as a person before the law."

digmatisch ist der Fall *Banković*,[111] der 2001 von dem Europäischen Gerichtshof für Menschenrechte entschieden wurde.[112] Bei einem Angriff der NATO auf Serbien im April 1999 wurden 16 Menschen getötet und 16 weitere verletzt. Darin sahen die Beschwerdeführer, z.T. Verletzte, z.T. Angehörige der Toten, eine Verletzung der Europäischen Menschenrechtskonvention. Der Gerichtshof allerdings lehnte schon die Zulässigkeit der Klage ab, da die NATO-Staaten keine nach Art. 1 EMRK erforderliche Jurisdiktion ausgeübt hätten. Diese vielfach kritisierte Entscheidung[113] stellt auf eine effektive Kontrolle über das Gebiet ab.[114] Es muß also eine tatsächliche Gebietsherrschaft vorliegen. Dagegen spricht aber, daß auch hier Staaten gestattet wird, woanders Taten zu begehen, die ihnen zu Hause verboten sind. Nach dieser Ansicht wäre die Targeted-killing-Praxis der USA oder der Israelis[115] – würde sie z.B. vom Bundesnachrichtendienst begangen werden – kein Verstoß gegen die Europäische Menschenrechtskonvention.

Demgegenüber war die Europäische Menschenrechtskommission 1975 anderer Ansicht: es gehe um die tatsächliche Autorität und Verantwortlichkeit über eine Person, unabhängig von dem Ort der Tat.[116] Diese Auffassung teilen die Interamerikanische Menschen-

---

[111] EGMR, *Banković et al. ./. Belgien et al.* (52207/99), Entscheidung v. 12. Dezember 2001, RJD 2001-XII.

[112] Zwar ist die Auslegung der EMRK durch den EGMR für den Pakt nicht verbindlich. Allerdings wird hier derselbe Begriff wie im Pakt benutzt („jurisdiction"). Und da es immer wieder Verweise und Rückgriffe auf die anderen Jurisdiktionsorgane gibt – selbst dann, wenn es nicht um inhaltsgleiche Vorschriften geht – ist die Beachtung solcher Rechtsprechung immer wichtig.

[113] Siehe z.B. *Bernhard Schäfer*, Der Fall Banković oder Wie eine Lücke geschaffen wird, in: MenschenRechtsMagazin 2002, S. 149-163.

[114] EGMR, *Banković et al. ./. Belgien et al.* (Fn. 111), Nr. 70.

[115] Zur Targeted-killing-Praxis vgl. *Kretzmer* (Fn. 72) und die Entscheidung des israelischen Supreme Court, The Public Committee against Torture in Israel/Palestinian Society for the Protection of Human Rights and the Environment ./. Israel, HCJ 769/02, v. 11. Dezember 2006.

[116] EMRK, *Zypern ./. Türkei* (6780/74, 6950/75), Entscheidung v. 26. Mai 1975, DR 2, S. 125, Nr. 8: "The Commission finds that this term is not, as submitted by the respondent Government, equivalent to or limited to the national territory of the High Contracting Party concerned. It is dear from the language, in particular of the French text, and the object of this Article, and from the purpose of the Convention as a whole, that the High Contracting Parties are bound to secure the said rights →

rechtskommission und der Menschenrechtsausschuß: In mehreren Fällen hatte der Menschenrechtsausschuß Fälle zu entscheiden, in denen Geheimdienstler auf fremdem Territorium eigene Staatsangehörige entführt haben.[117] Hierbei wurde jeweils klar ausgeführt, daß einer Verletzung des Paktes die Vornahme der Handlung außerhalb des eigenen Territoriums nicht entgegensteht. Laut MRA wäre es „skrupellos" bzw. „unverschämt" („unconscionable"), eine Verletzung auf fremdem Gebiet zuzulassen.[118] In seinem jüngsten General Comment führt der Menschenrechtsausschuß aus:

> "[A] State Party must respect and ensure the rights laid down in the Covenant to anyone within the power or effective control of that State Party, even if not situated within the territory of the State Party."[119]

Die Interamerikanische Menschenrechtskommission äußerte sich zuletzt 2002 im Rahmen ihres Berichts zu Terror und Menschenrechten. Dort bestätigt sie ihre Rechtsprechung aus dem Verfahren *Coard et al.* gegen die Vereinigten Staaten, in dem es um Menschenrechtsverletzungen im Rahmen der Invasion Grenadas 1983 ging. Unter Verweis auf die Präambel sowohl der Amerikanischen Menschenrechtsdeklaration als auch der Interamerikanischen Menschenrechtskonvention und auf die Natur der Menschenrechte finden die Normen der Deklaration Anwendung auf all die Fälle, in denen das Opfer "subject to that state's authority and control" ist.[120]

---

and freedoms to all persons under their actual authority and responsibility, whether that authority is exercised within their own territory or abroad."

[117] Vgl. nur MRA, *Lilian Celiberti ./. Uruguay* (Fn. 90), Nr. 2.2 und 9; MRA, *Lopez Burgos ./. Uruguay* (Fn. 84), Nr. 2.2 und Nr. 12.1.

[118] MRA, *Lilian Celiberti ./. Uruguay* (Fn. 90), Nr. 10.3; MRA, *Lopez Burgos ./. Uruguay* (Fn. 84), Nr. 12.3.

[119] MRA, General Comment Nr. 31 (Fn. 89).

[120] AKMR, *Coard et al. ./. United States* (Fn. 82), Nr. 37 stellt auf "authority and control" ab: "While the extraterritorial application of the American Declaration has not been placed at issue by the parties, the Commission finds it pertinent to note that, under certain circumstances, the exercise of its jurisdiction over acts with an extraterritorial locus will not only be consistent with but required by the norms which pertain. The fundamental rights of the individual are proclaimed in the Americas on the basis of the principles of equality and non-discrimination – 'without distinction as to race, nationality, creed or sex.' Given that individual rights inhere simply by

→

Auch der Europäische Gerichtshof für Menschenrechte hat in einem neuen Urteil aus dem Jahre 2004 diese Rechtsprechung erwähnt und läßt sie ebenso gelten wie sein Erfordernis der effektiven Kontrolle über das Territorium.[121] Schon zwei Jahre vorher hatte er die Entführung des PKK-Führers *Abdullah Öcalans* in Kenia durch türkische Spezialkräfte als unter den Jurisdiktionsbegriff der Europäischen Menschenrechtskonvention fallend angesehen.[122] Auch das oberste britische Gericht, der High Court, hat kürzlich ähnlich entschieden: er sah keine Verantwortlichkeit der Briten im Rahmen von Kampfhandlungen im Irak, dafür aber in den Fällen, in denen jemand in britische Gefangenschaft geraten war.[123]

Im Ergebnis wird man beachten müssen, daß einerseits eigene Staatsangehörige im Ausland nur in eingeschränkter Art und Weise von ihrem Heimatstaat geschützt werden können und andererseits

---

virtue of a person's humanity, each American State is obliged to uphold the protected rights of any person subject to its jurisdiction. While this most commonly refers to persons within a state's territory, it may, under given circumstances, refer to conduct with an extraterritorial locus where the person concerned is present in the territory of one state, but subject to the control of another state – usually through the acts of the latter's agents abroad. In principle, the inquiry turns not on the presumed victim's nationality or presence within a particular geographic area, but on whether, under the specific circumstances, the State observed the rights of a person subject to its authority and control." S. auch AKMR, Report on Terrorism and Human Rights (Fn. 72), Nr. 44 (zitiert in Fn. 110).

[121] EGMR, *Issa et al. ./. Türkei* (31821/96), Urteil v. 16. November 2004, Nr. 71. Vgl. zu diesem Urteil *Nuale Mole*, Issa v Turkey: Delineating the Extraterritorial Effect of the European Convention on Human Rights?, in: European Human Rights Law Review 2005, S. 86-91.

[122] EGMR, *Öcalan ./. Türkei* (46221/99), Urteil v. 12. März 2003, Nr. 93: "Directly after he had been handed over by the Kenyan officials to the Turkish officials the applicant was under effective Turkish authority and was therefore brought within the "jurisdiction" of that State for the purposes of Article 1 of the Convention, even though in this instance Turkey exercised its authority outside its territory. The Court considers that the circumstances of the present case are distinguishable from those in the aforementioned *Banković and Others* case, notably in that the applicant was physically forced to return to Turkey by Turkish officials and was subject to their authority and control following his arrest and return to Turkey." Der EGMR geht hier zwar auf seine *Banković*-Entscheidung ein, aber erklärt nicht, warum hier die „overall effective control" nicht gegeben sein muß.

[123] High Court, *Al Skeini ./. Secretary of State* (CO/2242/2004), Entscheidung v. 14. Dezember 2004, abrufbar unter: www.hmcourts-service.gov.uk/judgmentsfiles/ j2980/al_skeini-v-ssfd.htm (10. Februar 2007).

nicht jede Menschenrechtsverletzung durch Dritte im Ausland ebenso gut verhindert werden kann wie im Inland. Deshalb wird die vollumfängliche, uneingeschränkte extraterritoriale Anwendbarkeit des Paktes wohl kaum umfassend zu bejahen sein. Der Unterlassungspflicht, die aus den Menschenrechten folgt, kann der Staat im Gegensatz zu den Schutzpflichten aber immer nachkommen.[124] Ein Nichthandeln ist immer möglich. Jurisdiktion liegt folglich zumindest immer dann vor, wenn man der Gewalt eines Staates unmittelbar ausgeliefert ist, wie in Fällen von Gefangenschaft. Übt ein Staatsdiener Kontrolle über eine Person aus, unabhängig von deren jeweiligen Aufenthaltsort, sind sowohl Zivilpakt als auch die Antifolterkonvention ratione loci anwendbar.

Im Fall *Khaled el-Masri* ist dies uneingeschränkt der Fall. Dasselbe gilt auch hinsichtlich des gesamten Programms, da die Betroffenen alle in Gefangenschaft gehalten werden oder wurden. Bezüglich der Amerikanischen Menschenrechtsdeklaration bleibt noch die Frage zu klären, ob sie als regionales Menschenrechtsdokument auch außerhalb der westlichen Hemisphäre Anwendung finden kann.

3. Espace juridique

Der Europäische Gerichshof für Menschenrechte geht davon aus, daß sich in der Europäischen Menschenrechtskonvention Staaten einer gewissen Region zusammengefunden haben und diese nicht vorhatten, sich gegenüber der gesamten Welt zu verpflichten:

> "In short, the Convention is a multi-lateral treaty operating, subject to Article 56 of the Convention, in an essentially regional context and notably in the legal space (*espace juridique*) of the Contracting States. The FRY [Republik Jugoslawien] clearly does not fall within this legal space. The Convention was not designed to be applied throughout the world, even in respect of the conduct of Contracting States. Accordingly, the desirability of avoiding a gap or vacuum in human rights' protection has so far been relied on by the Court in favour of establishing jurisdiction only when the territory in question was one

---

[124] *Bernard Schäfer*, Zum Verhältnis Menschenrechte und humanitäres Völkerrecht (Studien zu Grund- und Menschenrechten, Bd. 13), 2006, S. 31.

that, but for the specific circumstances, would normally be covered by the Convention."[125]

Diese Rechtsprechung erscheint im Licht der Universalität der Menschenrechte und der Europäischen Menschenrechtskonvention als ein Living instrument, das sich immer weiterentwickelt, als hinter dem eigenen Anspruch des Gerichts zurückbleibend. Eine ähnliche Rechtsprechung findet sich nicht im interamerikanischen Rechtssystem. Es erscheint auch mehr als zweifelhaft, daß diese Rechtsprechung übernommen werden könnte. Denn die Grundlage der Argumentation des Europäischen Gerichtshofs für Menschenrechte ist Art. 56 EMRK. Dieser bestimmt, daß ein Mitgliedstaat erklären könne, daß er den Geltungsbereich der Konvention auf „alle oder einzelne Hoheitsgebiete [...], für deren internationale Beziehungen er verantwortlich ist" ausdehnen kann. Eben daraus folgt der Europäische Gerichtshof für Menschenrechte, daß es nicht die Intention der Vertragsstaaten gewesen ist, überall in der Welt an die Menschenrechte gebunden zu sein. Eine vergleichbare Norm existiert aber weder in der Interamerikanischen Menschenrechtskonvention noch in der Amerikanischen Menschenrechtsdeklaration. Die Espace-juridique-Rechtsprechung spricht somit nicht gegen die territoriale Anwendbarkeit des interamerikanischen Menschenrechtsschutzsystems. Neben dem Zivilpakt und der Antifolterkonvention findet auch die Amerikanische Menschenrechtsdeklaration Anwendung.[126]

---

[125] EGMR, *Banković et al. ./. Belgien et al.* (Fn. 111), Nr. 80; bestätigt in EGMR, *Issa et al. ./. Türkei* (Fn. 121), Nr. 74.

[126] Dieses Ergebnis spiegelt sich inzwischen auch im US-Recht wieder. Im Military Commission Act, der in Folge des Hamdan-Urteils (US-Supreme Court, *Hamdan ./. Rumsfeld, Secretary of Defense, et al.*, Urteil v. 29. Juni 2006, 548 U.S. 1 (2006)), erlassen wurde, wird explizit auf "custody or physical control" abgestellt, § 950v lit. b (11) (A) Military Commissions Act vom 17. Oktober 2006, 126 S.Ct. 2749 (2006). Vgl. zum Military Commissions Act *John Cerone*, The Military Commissions Act of 2006: Examining the Relationship between the International Law of Armed Conflict and US Law, ASIL Insights, 13. November 2006, Vol. 10, Issue 30, abrufbar unter www.asil.org/insights/2006/11/insights061114.html (10. Februar 2007).

III. Überwachungsmechanismen

Das Grundproblem des Völkerrechts ist das Fehlen einer zentralen Durchsetzungsinstanz. Immer wieder muß es sich deshalb drastischer Angriffe erwehren: sei es, daß seine Rechtsqualität geleugnet wird, sei es, daß seine Wirksamkeit und Relevanz in Frage gestellt wird.[127] Mit den Menschenrechtsverträgen wurde ein Instrumentarium kreiert, das die Durchsetzung der menschenrechtlichen Verpflichtungen sichern soll. Jedoch ist einschränkend darauf hinzuweisen, daß zum einen einige dieser Mechanismen nur für die Staaten gelten, die sich ihnen durch einen speziellen Akt unterworfen haben, zum anderen auch hier kein Gerichtsvollzieher oder Polizist die Ansichten der Jurisdiktionsorgane durchsetzt. Die Rechtsprechung der Überwachungsorgane ist darüber hinaus in vielen Fällen nicht rechtsverbindlich. Im folgenden soll dargestellt werden, wie sich die Ausschüsse zu Menschenrechtsverletzungen äußern können und ob *el-Masri* und die anderen Opfer des Extraordinaryrenditions-Programms sich auf internationaler Ebene wehren können.

1. Zivilpakt

Der Zivilpakt schafft und installiert ein Schutzsystem, zu dessen Überwachung ein Menschenrechtsausschuß gemäß Art. 28 IPbpR eingerichtet wurde.[128] Zusammengesetzt ist der Ausschuß aus 18 unabhängigen Experten, die „von hohem sittlichen Ansehen und anerkannter Sachkenntnis auf dem Gebiet der Menschenrechte sind." Sie sind in persönlicher Eigenschaft tätig, also unabhängig. Dieser Ausschuß kann in dreifacher Weise mit Menschenrechtsverletzungen befaßt werden: Dazu gehört zunächst – als einziges in allen menschenrechtlichen Verträgen verankertes Überwachungsverfahren – das sog. Staatenberichtsverfahren (Art. 40 IPbpR).[129]

---

[127] Jüngst *Jack L. Goldsmith/Eric A. Posner*, Limits of International Law, 2005. S. dazu die Buchbesprechung von *Dominik Steiger*, in: Vereinte Nationen 2006, S. 128-129.

[128] S. schon oben S. 35 und *Klein* (Fn. 88 und 89).

[129] Ausführlich zu diesem Verfahren s. *Eckart Klein*, The Reporting System under the International Covenant on Civil and Political Rights, in: ders. (Hrsg.), The Monitoring System of Human Rights Treaty Obligations, 1998, S. 17-30.

Alle fünf Jahre müssen die Staaten einen Bericht abliefern, in dem sie über die rechtliche und tatsächliche Einhaltung der jeweiligen materiellen Garantien Artikel für Artikel Bericht erstatten. Es liegt auf der Hand, daß – in Anbetracht der Tatsache, daß 160 Staaten den Vertrag ratifiziert haben und die Menschenrechtslage in vielen Teilen der Welt weiterhin als katastrophal zu bezeichnen ist – die Verpflichtungen aus dem Pakt offensichtlich häufig nicht eingehalten werden. Diese Vertragsbrüche werden von den betroffenen Staaten in ihren Berichten oft verschwiegen oder verharmlost. Früher konnte sich der Menschenrechtsausschuß nur auf die Berichte der Vertragsstaaten stützen. Sie waren die einzige Grundlage seiner Arbeit. Inzwischen aber darf der Ausschuß auch auf andere Informationsquellen zurückgreifen, wie Presseberichte oder Informationen von Menschenrechtsorganisationen wie Amnesty International oder Human Rights Watch. Zum Teil werden von den Nichtregierungsorganisationen auch sog. Schattenberichte erstellt, die ebenso wie die Staatenberichte Artikel für Artikel die rechtliche und tatsächliche Lage in einzelnen Ländern darstellen. Für die Mitglieder des Ausschusses sind diese Informationen eine unverzichtbare Stütze ihrer Arbeit. Nach Anhörung der Delegation des Staates, die ihren Bericht vorstellt, und Erörterung durch den Ausschuß, legt dieser seine schriftliche Stellungnahme vor (sog. Concluding observations oder Abschließende Bemerkungen). Ein Großteil der Staaten liefert seine Berichte allerdings verspätet oder gar nicht ab. Jedoch wäre der Ausschuß mit Blick auf seine begrenzten Kapazitäten auch nicht in der Lage, auf jeden Bericht im Detail einzugehen, wenn alle Staaten vertragsgemäß Bericht erstatten würden.[130] Würden alle Staaten morgen ihre Berichte für alle Treaty bodies abliefern, so würde es zehn Jahre dauern, bis sie behandelt worden wären. Allerdings sind da noch nicht diejenigen einberechnet, die innerhalb dieser zehn Jahre eingereicht werden müßten.[131] Aufgrund dieser sehr unbefriedigenden Lage gibt es Überlegungen des

---

[130] Dazu *Philip Alston* als Experte für die Menschenrechtskommission, in seinem Bericht "Effective Functioning of Bodies Established Pursuant to United Nations Human Rights Instruments" vom 27. März 1997, UN-Dok. E/CN.4/1997/74, Nr. 113.

[131] *Anne Bayefski*, The UN Human Rights Treaty System: Universality at the Crossroads, 2001, S. 16.

Hochkommissariats für Menschenrechte, einen ständig tagenden, alle Treaty bodies vereinenden Ausschuß zu schaffen.[132] Der UN-Generalsekretär *Kofi Annan* hat in seinem Bericht „In Larger Freedom" darauf hingewiesen, daß das System zu unbekannt sei und daß die Staaten zu spät oder gar nicht ihren Berichtspflichten nachkämen. Er schlägt harmonisierte Berichts-Richtlinien vor, damit die Treaty bodies als ein einheitliches System funktionieren können.[133] Wie sich dies entwickelt, bleibt jedoch abzuwarten.[134]

Mit dem Instrument des Staatenbeschwerdeverfahrens (Art. 41 IPbpR) können die Vertragsstaaten jederzeit vor dem Ausschuß geltend machen, daß eine andere Vertragspartei eine Vertragsverletzung begangen hat. Grundsätzlich ist bei jedem Vertrag – das gilt für innerstaatliche Verträge gleichermaßen wie für zwischenstaatliche – jeder Vertragspartner daran interessiert, daß sich auch die andere Seite an den Vertrag hält. Beim völkerrechtlichen Institut der Staatenbeschwerde offenbart sich aber, daß die Realität im menschenrechtlichen Bereich anders aussieht: In jedem Staat finden Menschenrechtsverletzungen statt, so daß es nicht unbedingt in seinem Interesse liegt, daß ein anderer Staat vor den Augen der Weltöffentlichkeit als Menschenrechtsverletzer dargestellt wird – denn „jeder könnte der Nächste sein". Seit Einrichtung des Ausschusses vor bald 30 Jahren ist es deshalb noch nie zur Erhebung einer Staatenbeschwerde gekommen. Zudem haben nur 48 Staaten die Möglichkeit einer Staatenbeschwerde anerkannt.[135]

---

[132] Concept Paper on the High Commissioner's Proposal for a Unified Standing Treaty Body, UN-Dok. HRI/MC/2006/2. Dazu *Markus G. Schmidt*, Reform of the United Nations Human Rights Programme – current challenges and trends, in: Eckart Klein/Helmut Volger (Hrsg.), Ein Jahr nach dem UN-Weltgipfel 2005. Eine Bilanz der Reformbemühungen (Potsdamer UNO-Konferenzen, Bd. 7), 2006, S. 45-61; *Hanna Beate Schöpp-Schilling*, Vorschläge zur Reform der UN-Vertragsausschüsse im Rahmen der Bemühungen um eine Reform der Vereinten Nationen, in: Eckart Klein/Helmut Volger (Hrsg.), Chancen für eine Reform der Vereinten Nationen (Potsdamer UNO-Konferenzen, Bd. 6), 2005, S. 18-30.

[133] *Kofi Annan*, In Larger Freedom: towards development, security and human rights for all, Bericht des Generalsekretärs der VN, 2005, UN-Dok. A/59/2005, Nr. 147.

[134] Siehe dazu ausführlich: *John Morijn*, UN Human Rights Treaty Body Reform. Toward a Permanent Unified Treaty Body, 2006, abrufbar unter: www.civitatis.org/pdf/untreatyreform.pdf (10. Februar 2007).

[135] www.bayefsky.com/docs.php/area/ratif/node/3/treaty/ccpr/opt/0 (10. Februar 2007).

Das Individualbeschwerdeverfahren ist nicht in der Konvention selbst, sondern in einem Zusatzprotokoll geregelt, das zeitgleich mit der Konvention zur Unterzeichnung aufgelegt wurde. Diese Methode erlaubt es den Staaten, wohl die Konvention, nicht aber das Protokoll zu unterzeichnen bzw. zu ratifizieren und damit für sich in Kraft zu setzen. In der Tat ist die Einräumung unmittelbarer Beschwerdemöglichkeiten einzelner vor internationalen Gremien mit erheblichen Eingriffen in die Souveränität der Staaten verbunden, wozu viele nicht bereit sind. Immerhin sind inzwischen aber 109 Staaten Vertragsparteien des Protokolls geworden.[136] Die Views oder Auffassungen des Menschenrechtsausschusses sind nicht rechtsverbindlich. Dennoch werden ungefähr ein Drittel der Views des Menschenrechtsausschusses von den „verurteilten" Staaten befolgt.[137] Selbst im Falle der Nichtbeachtung der Views bewirkt die Feststellung der Menschenrechtsverletzung durch den Ausschuß immerhin Genugtuung auf Seiten des Opfers. Diese Funktion ist bei aller Wünschbarkeit eines effektiveren Rechtsschutzes nicht gering zu achten.[138]

Schließlich erstellt der Ausschuß auf der Grundlage der einzelnen Views und Concluding observations auch General Comments (Allgemeine Bemerkungen). Diese stellen eine Art Kommentierung der Rechtsgarantien der Artikel der Konvention dar. Zwar hat der Ausschuß nicht das Recht einer authentischen (also verbindlichen) Interpretation. Aufgrund seiner hohen Autorität hat er jedoch einen nicht zu unterschätzenden Einfluß auf die Entwicklung der Menschenrechte.

Die USA haben sich dem Staatenbeschwerdeverfahren unterworfen, nicht aber dem Individualbeschwerdeverfahren. Ein Opfer des Extraordinary-renditions-Programms kann folglich nicht nach Erschöpfung des Rechtswegs eine Beschwerde gegen die Vereinigten Staaten vor dem Menschenrechtsausschuß einlegen. Dies könnte

---

[136] www.ohchr.org/english/countries/ratification/5.htm (10. Februar 2007).

[137] *Eckart Klein*, Human Rights Committee, in: Helmut Volger (Hrsg.), A Concise Encyclopedia of the United Nations, 2002, S. 229-233, 231.

[138] Siehe dazu auch *Eckart Klein*, Impact of Treaty Bodies on the International Legal Order, in: Rüdiger Wolfrum/Volker Röben (Hrsg.), Developments of International Law in Treaty Making, 2005, S. 571-579, 575ff.; *Norman Weiß*, Überblick über die Erfahrungen mit Individualbeschwerden unter verschiedenen Menschenrechtsabkommen, in: 42 Archiv des Völkerrechts 2004, S. 142-156.

nur ein Staat tun, sofern er Mitglied des Zivilpaktes ist und die Staatenbeschwerde ebenfalls anerkannt hat. Dieser Staat muß nicht der Heimatstaat der verletzten Person sein. Grund der Beschwerde ist nämlich die Verletzung einer dem Staat geschuldeten Pflicht. Diese Pflicht ist es, keines Menschen Rechte zu verletzen. Es geht also um die Verletzung einer dem Staat geschuldeten Pflicht. Inzidenter müßte in einem solchen Fall aber natürlich die Verletzung von Menschenrechten geprüft werden.

2. Antifolterkonvention

Die Antifolterkonvention (CAT) sieht sogar vier Überwachungsmöglichkeiten vor. Die Art. 17 bis 24 CAT enthalten institutionelle und Verfahrensregeln. Art. 17 CAT errichtet den Ausschuß gegen die Folter, der für das Prüfungsverfahren, das Staatenberichtsverfahren, das Staatenbeschwerdeverfahren und das Individualbeschwerdeverfahren zuständig ist.[139] Der Ausschuß besteht gemäß Art. 17 CAT aus zehn unabhängigen Experten „von hohem sittlichen Ansehen und anerkannter Sachkenntnis auf dem Gebiet der Menschenrechte, die in ihrer persönlichen Eigenschaft tätig sind."

Das Berichtsverfahren verlangt, daß alle vier Jahre die Staaten dem Ausschuß einen Bericht zum Stand der Erfüllung ihrer Verpflichtungen aus dem Vertrag vorzulegen haben (Art. 19 CAT). Wie beim Zivilpakt darf der Ausschuß auf Informationen und Schattenberichte von Nicht-Regierungsorganisationen zurückgreifen. Auch hier gibt der Ausschuß Abschließende Bemerkungen ab. Ebenso wie das Berichtsverfahren ist auch das Staatenbeschwerdeverfahren der Antifolterkonvention demjenigen des Zivilpaktes nachempfunden.

Eine weitere Ähnlichkeit zwischen Antifolterkonvention und Zivilpakt ist, daß sich auch bei der Antifolterkonvention die Einführung eines Individualbeschwerdeverfahrens als schwierig herausstellte. Anstelle eines Zusatzprotokolls hat man sich in diesem Fall für ein sog. Opting-in-Verfahren entschieden. Damit einzelne gegen den Staat Beschwerde erheben können, muß dieser vorher eine Unter-

---

[139] Siehe zum Antifolterausschuß *Michael O'Flaherty*, Human Rights and the UN Practice before the Treaty Bodies, 2. Aufl. 2002, S. 124-146.

werfungserklärung abgeben haben (Art. 22 CAT). Gleiches gilt für das Staatenbeschwerdeverfahren (Art. 21 CAT). Nur das Berichtsverfahren ist obligatorisch.

Dem Individualbeschwerdeverfahren haben sich bislang 62 Staaten unterworfen,[140] dem relativ risikolosen Staatenbeschwerdeverfahren – das nicht einmal im Fall der Vorgänge in Abu Ghraib genutzt wurde[141] – 59 Staaten.[142] Die Vereinigten Staaten haben sich dem Staatenbeschwerdeverfahren unterworfen, nicht aber dem Individualbeschwerdeverfahren.

Neu ist das vertrauliche Prüfungsverfahren nach Art. 20 CAT. Sofern er begründete Informationen über systematische Folterungen erhält, kann der Ausschuß Nachforschungen anstellen und einen vertraulichen Bericht verfassen. Das Besondere ist, daß der Ausschuß von sich aus tätig werden kann (proprio motu). Art. 28 CAT läßt insoweit allerdings Vorbehalte zu, so daß man die Gebundenheit an Art. 20 CAT ausschließen kann. Nur elf Staaten haben das Prüfungsverfahren gemäß Art. 28 CAT ausgeschlossen.[143] Durch das am 22. Juni 2006 in Kraft getretene Fakultativprotokoll aus dem Jahre 2003 wird ein verbessertes Überwachungsverfahren durch Einrichtung eines präventiven Besuchssystems geschaffen.[144] Beiden Verfahren haben sich die USA nicht unterworfen.

---

[140] www.bayefsky.com/html/cat_ratif_table.php (10. Februar 2007).

[141] Die USA haben sich dem Staatenbeschwerdeverfahren unterworfen, sofern die sich beschwerende Partei dies auch getan hat, www.ohchr.org/english/countries/ratification/9.htm#reservations (10. Februar 2007).

[142] www.bayefsky.com/html/cat_ratif_table.php (10. Februar 2007).

[143] Dabei berufen sich Afghanistan, Kuba, Äquatorialguinea, Israel, Polen und Syrien unmittelbar auf Art. 28 CAT. China, Indonesien, Kuwait, Mauretanien und Saudi-Arabien haben – ohne Art. 28 CAT zu erwähnen – einen Vorbehalt gegen Art. 20 CAT eingelegt. Die Vorbehalte sind abrufbar unter www.ohchr.org/english/countries/ratification/9.htm (10. Februar 2007).

[144] S. dazu *Claudia Mahler*, Das Fakultativprotokoll der Konvention gegen Folter und andere grausame, unmenschliche oder erniedrigende Behandlung oder Strafe (CAT - OP), in: MenschenRechtsMagazin 2003, S. 183-186.

3. Interamerikanisches Menschenrechtsschutzsystem

Etwas anders funktioniert das Interamerikanische Menschenrechtsschutzsystem.[145] Zwar kennt auch dieses ein Individual- und Staatenbeschwerdeverfahren, das Berichtsverfahren ist jedoch etwas anders ausgestaltet. Ebenso wie bei den beiden anderen Verträgen werden regelmäßig Berichte an das Vertragsüberwachungsorgan, die Interamerikanische Menschenrechtskommission, die gemäß Art. 36 AMRK aus sieben unabhängigen Experten besteht, zugeleitet. Die Berichte werden aber originär nicht für sie verfaßt, sondern für das Executive Committee of the Inter-American Economic and Social Council und das Inter-American Council for Education, Science, and Culture (Art. 42 AMRK). Diese Verpflichtung besteht nur für die Vertragsstaaten der Interamerikanischen Menschenrechtskonvention. Die Interamerikanische Menschenrechtskommission hat grundsätzlich das Recht, von allen Mitgliedstaaten der OAS eigens Berichte und Informationen anzufordern, Art. 41 lit. c AMRK. Des weiteren darf sie Länderberichte erstellen, Art. 41 lit. d AMRK, und sie darf Empfehlungen abgeben, Art. 41 lit. b AMRK. Wie bei den anderen Menschenrechtsverträgen muß für die Anwendbarkeit des Staatenbeschwerdeverfahrens eine ausdrückliche Unterwerfungserklärung abgegeben worden sein (Art. 45 AMRK), das Individualbeschwerdeverfahren hingegen wird automatisch durch den Vertrag installiert. Dies beruht wohl auf der Vorstellung, daß Staaten eine solche Beschwerde zu politischen Zwecken oder mit interventionistischen Zielen erheben könnten. Bei Individualbeschwerden wurde diese Gefahr als sehr viel geringer eingeschätzt.[146] Auch hier kam das Staatenbeschwerdeverfahren noch nie zur Anwendung.

Das Individualbeschwerdeverfahren ist zwar in der Menschenrechtskonvention geregelt, aber dennoch ist die Kommission auch

---

[145] S. dazu *Juliane Kokott*, Das interamerikanische System zum Schutz der Menschenrechte, 1986, insbesondere S. 47ff. (zur Interamerikanischen Menschenrechtskommission). S. auch *Michaela Wittinger*, Die drei regionalen Menschenrechtssysteme. Ein vergleichender Überblick über die Europäische Menschenrechtskonvention, die Amerikanische Menschenrechtskonvention und die Afrikanische Charta der Menschenrechte und Rechte der Völker, in: Juristische Ausbildung 1999, S. 405-411.

[146] *Buergenthal* (Fn. 107), S. 175.

zuständig für Individualbeschwerden, die wegen Verletzung der Amerikanischen Menschenrechtsdeklaration gegen die USA angestrengt werden. Art. 49 der Verfahrensordnung der Interamerikanischen Menschenrechtskommission (VfO AMRK)[147] bestimmt:

"The Commission shall receive and examine any petition that contains a denunciation of alleged violations of the human rights set forth in the American Declaration of the Rights and Duties of Man in relation to the Member States of the Organization that are not parties to the American Convention on Human Rights."

Die Individualbeschwerde ist weiter gefaßt als im Zivilpakt und in der Antifolterkonvention: eine eigene Betroffenheit ist nicht nötig und demzufolge sind Popularklagen möglich (Art. 44 AMRK). Nach der Zulässigkeitsentscheidung hat der Antragsteller zwei Monate Zeit, der Kommission weitere Beweise zu unterbreiten. Zudem haben sowohl der Staat als auch der Antragsteller die Möglichkeit, ein vorgelagertes Vergleichsverfahren gemäß Art. 41 VfO AMRK zu beginnen (Art. 50 i.V.m. Art. 38 VfO AMRK). Wird dieses nicht angestrebt oder führt es nicht zu einem Erfolg, so entscheidet die Menschenrechtskommission in der Sache. Hält sie die Beschwerde für begründet, so wird dem Staat eine Frist gesetzt, bis wann er die Empfehlungen der Kommission umzusetzen hat (Art. 50 VfO i.V.m. Art. 43 VfO AMRK). Kommt der Staat der Empfehlung nicht nach, so kann die Kommission die Empfehlung in ihrem Jahresbericht an die OAS-Generalversammlung oder aber auf jede andere Art und Weise veröffentlichen (Art. 50 i.V.m. Art. 45 VfO AMRK). Nach einer Veröffentlichung kann die Kommission sog. Follow-up-Instrumente ihrer Wahl nutzen, um eine Partei dazu zu bringen, der Entscheidung der Kommission Folge zu leisten (Art. 50 i.V.m. Art. 46 VfO AMRK). Gegen die grundsätzliche Zuständigkeit der Interamerikanischen Menschenrechtskommission zur Entgegennahme von Beschwerden gegen die USA haben die USA im übrigen nichts einzuwenden.[148]

---

[147] Vom Oktober 2003, abrufbar unter: www.cidh.oas.org/Basicos/basic16.htm (10. Februar 2007).

[148] Dies geht aus der Entgegnung der US-Regierung auf eine Beschwerde von Amerikanern japanischen Ursprungs hervor. Die Beschwerde beruhte unter anderem auf den Art. XXV und XXVI der Amerikanischen Menschenrechtsdeklaration. Die USA wendeten sich zwar gegen die Zulässigkeit der Klage, aber nur weil sie →

Der direkte Weg zum Interamerikanischen Gerichtshof ist in den Fällen der Nicht-Vertragsparteien allerdings versperrt, da dieser in der OAS-Charta keine Erwähnung findet.[149] Es kommt jedoch ein Gutachten des Gerichtshofs in Betracht.[150] Dieser darf gemäß Art. 64 AMRK auf Bitten jedes OAS-Mitglieds und jedes OAS-Organs Gutachten über die Auslegung der Konvention und jedes anderen Vertrages, der die Menschenrechte betrifft, erstatten.[151] So könnte also die Kommission selbst oder ein Mitgliedstaat ein Gutachten anfordern, z.B. über die Frage, welche Verpflichtungen Mitgliedstaaten der OAS haben, die keinen regionalen Menschenrechtsvertrag abgeschlossen haben.[152] Allerdings wäre dieses Gutachten nicht bindend. Zudem ist zu überlegen, ob nicht mangels Erwähnung des Gerichtshofs in der OAS-Charta der Rechtsgrundsatz pacta tertiis nec prosunt nec nocent Anwendung zu finden hätte mit der Folge, daß ein Gutachten unzulässig wäre. Nichtsdestotrotz hätte ein solches Rechtsgutachten, würde es denn erfolgen, einen hohen Rechtfertigungsdruck auf Seiten der US-Regierung zur Folge. Die Wahrscheinlichkeit, daß der Gerichtshof seine Zuständigkeit bejahen würde, ist jedenfalls hoch, da er selbst aufgrund der weiten Fassung des Art. 64 AMRK von einer grundsätzlichen Vermutung ausgeht, daß seine Zuständigkeit gegeben ist.[153]

---

ratione temporis nicht anwendbar sei und darüber hinaus die innerstaatlichen Rechtsmittel nicht erschöpft gewesen seien, AKMR, *Isamu Shibayama et al. ./. Vereinigte Staaten von Amerika* (434-03), Entscheidung v. 16. März 2006, Report No. 26/06, Nr. 30.

[149] Vgl. auch Art. 50 VfO AMRK, der die Normen der Verfahrensordnung, die auf die Individualbeschwerde Bezug nehmen, für anwendbar erklärt, aber explizit die Norm über den Gerichtshof (Art. 44 VfO AMRK) ausschließt.

[150] *Buergenthal* (Fn. 107), S. 188.

[151] Art. 64 AMRK: "The member states of the Organization may consult the Court regarding the interpretation of this Convention or of other treaties concerning the protection of human rights in the American states. Within their spheres of competence, the organs listed in Chapter X of the Charter of the Organization of American States, as amended by the Protocol of Buenos Aires, may in like manner consult the Court."

[152] *Buergenthal* (Fn. 107), S. 188.

[153] AGMR, Gutachten vom 24. September 1982, Nr. OC-1/82, (Ser. A) No. 1 (1982) – Effect of Reservations, abgedruckt in EuGRZ 1984, S. 196-202, Nr. 37; *Kokott* (Fn. 145), S. 132.

Die Überwachungsorgane dienen der Durchsetzung der menschenrechtlichen Belange. Durch das hohe Ansehen der beiden Ausschüsse und der Interamerikanischen Menschenrechtskommission gewinnen Rechtsmeinungen an Gewicht. Des weiteren sind diese Institutionen Multiplikatoren. Die Arbeit der Ausschüsse ist für die Schärfung des Bewußtseins der Öffentlichkeit von Relevanz, auch wenn Qualität und vor allem Quantität der Berichterstattung zu wünschen übrig lassen. Außerdem schützt ein Überwachungssystem denjenigen, der unter Menschenrechtsverletzungen zu leiden hatte alleine dadurch, daß er angehört und somit als Mensch anerkannt wird. Auch Auffassungen, die nicht befolgt werden, können dem Opfer seine Würde zurückgeben. Schließlich hilft ihre Arbeit, Staaten an den Pranger zu stellen. Staaten werden aber nicht gerne an den Pranger gestellt – so gibt es keinen Fall, in dem ein Staat offen zugibt, Völkerrecht gebrochen zu haben.[154] Der Einfluß dieser internationalen Gremien auf die Politik sollte zwar nicht überschätzt, aber auch nicht unterschätzt werden. Das Überwachungssystem ist ein höchst wichtiger Bestandteil des internationalen Menschenrechtsschutzes.

Khaled el-Masri kann sich persönlich auf internationaler Ebene nur vor der Interamerikanischen Menschenrechtskommission gegen das erlittene Unrecht wehren. Alle anderen internationalen Rechtswege sind weder für ihn noch für andere Opfer des Extraordinaryrenditions-Programms eröffnet. Jedoch könnten der Menschenrechtsausschuß oder der Antifolterausschuß durch jeden Vertragsstaat, der sich dem Staatenbeschwerdeverfahren unterworfen hat, im Wege einer Staatenbeschwerde gegen die Vereinigten Staaten mit der Sache *el-Masri* oder eines anderen Betroffenen des Extraordinary-renditions-Programms befaßt werden. Es erscheint aber zweifelhaft, ob die Staaten, die teilweise selbst in der einen oder anderen Weise an dem Programm beteiligt zu sein scheinen,[155]

---

[154] Selbst der Angriff des Deutschen Reiches, das durch den *Briand-Kellog*-Pakt an das Verbot des Angriffskrieges gebunden war, auf Polen war nach offizieller deutscher Lesart kein Angriffskriegskrieg. Um einen gewissen Schein der Rechtmäßigkeit zu wahren, hatte man sich die Mühe gemacht, einen Angriff durch polnische Soldaten auf einen deutschen Radiosender in Gleiwitz zu inszenieren.

[155] Vgl. unten Kapitel 6 und die Berichte des Europarates (Fn. 48) und des Europäischen Parlaments (Fn. 55).

ein Staatenbeschwerdeverfahren, das ja noch nie durchgeführt wurde, anstrengen werden.

D. Humanitäres Völkerrecht

Neben der möglichen Verletzungen menschenrechtlicher Normen ist es denkbar, daß die USA im Falle *el-Masri* und in den anderen Fällen der Extraordinary renditions gegen Normen des humanitären Völkerrechts (Kriegsvölkerrecht) verstoßen haben. Grundsätzlich gilt, daß die Normen des humanitären Völkerrechts nur im Kriegsfall Anwendung finden. Klassische Kriege fanden im Rahmen des „Kriegs gegen den Terror" jedoch nur im Irak und in Afghanistan statt, die Extraordinary renditions erfolgten aber nahezu in der ganzen Welt. Da Extraordinary renditions jedoch Bestandteil des „Kriegs gegen den Terror" sind, und das Wort „Krieg" die Anwendung des Kriegsvölkerrechts, also humanitären Völkerrechts, impliziert, soll eingehend untersucht werden, ob nicht dessen Normen auf den „Krieg gegen den Terror" im allgemeinen und auf das Extraordinary-renditions-Programm im besonderen Anwendung finden oder finden sollten. Nach einem kursorischen Überblick über das humanitäre Völkerrecht (I.) wird dementsprechend untersucht, ob dessen Normen auf die Extraordinary renditions anwendbar sind (II. und III.) oder es sein sollten (IV.). Wie das Verhältnis zwischen Menschenrechten und humanitärem Völkerrecht ausgestaltet ist, wird in einem eigenen Kapitel E dargestellt.

I. Einleitung

Das Völkerrecht unterscheidet zwischen Friedens- und Kriegszeiten. Ursprünglich wurde dementsprechend streng zwischen Friedens- und Kriegsvölkerrecht unterschieden. Inzwischen gelten viele Normen des Friedensvölkerrechts – wenn auch z.T. nur in modifizierter Form – auch im Kriege weiter,[156] so z.B. nach umstrittener, aber weit verbreiteter Ansicht die Menschenrechte (s. dazu S. 84ff.). Das Kriegsvölkerrecht dient der Humanisierung des Krieges. Wegen dieser Schutzrichtung kommt es für seine Anwendbarkeit auch nicht

---

[156] *Torsten Stein/Christian von Buttlar*, Völkerrecht, 11. Aufl. 2005, Rn. 1213.

darauf an, ob ein Krieg rechtmäßig ist oder nicht.[157] Schon immer gab es Versuche, die Grausamkeit des Krieges einzugrenzen. So wurde 1139 im Zweiten Lateranischen Konzil die Benutzung der Armbrust in Kämpfen, allerdings nur zwischen Christen, untersagt, da ihre Benutzung wegen ihrer hohen Durchschlagskraft und Reichweite als unritterlich galt.

Das moderne Kriegsvölkerrecht beruht auf zwei, jeweils im 19. Jahrhundert einsetzenden Entwicklungssträngen. Das sog. Haager Recht konzentriert sich vornehmlich auf die Mittel, mit denen der Gegner geschädigt werden darf. Der erste Vertrag in diesem Bereich war die St. Petersburger Erklärung über das Verbot bestimmter Geschosse von 1868,[158] ferner sind hier besonders die Verträge der Haager Friedenskonferenzen von 1899 und 1907, zu denen die Haager Landkriegsordnung von 1907 (HLKO)[159] gehört, und das Protokoll über Giftgase und bakteriologische Mittel von 1925[160] zu nennen. Das sog. Genfer Recht konzentriert sich hingegen schwerpunktmäßig auf die Opfer des Konfliktes. Dazu gehören die ersten Genfer Konventionen von 1864 über den Schutz der Verwundeten im Felde,[161] die Genfer Konventionen von 1906,[162]

---

[157] *Eckart Klein*, Der Schutz der Menschenrechte in bewaffneten Konflikten, in: MenschenRechtsMagazin 2004, S. 5-17, 7.

[158] Petersburger Erklärung über den Verzicht auf bestimmte Explosivstoffe im Krieg, vom 29. November/11. Dezember 1868.

[159] Convention respecting the Laws and Customs of War on Land and its annex: Regulations concerning the Laws and Customs of War on Land. Ordnung der Gesetze und Gebräuche des Landkrieges, vom 18. Oktober 1907. Anlage zum Abkommen betreffend die Gesetze und Gebräuche des Landkrieges, RGBl. 1910, S. 107, 375.

[160] Protocol for the Prohibition of the Use of Asphyxiating, Poisonous or Other Gases, and of Bacteriological Methods of Warfare. Protokoll über das Verbot der Verwendung von erstickenden, giftigen oder anderen Gasen sowie von bakteriologischen Mitteln im Kriege, 94 LNTS 65, RGBl. 1925 S. 405, vom 17. Juni 1925.

[161] Convention for the Amelioration of the Condition of the Wounded in Armies in the Field. Genfer Konvention betreffend die Linderung des Loses der im Felddienst verwundeten Militärpersonen, 18 Martens Nouveau Recueil (ser. 1) 607, 129 CTS 361, vom 22. August 1864.

[162] Convention for the Amelioration of the Condition of the Wounded and Sick in Armies in the Field. Genfer Abkommen zur Verbesserung des Loses der Verwundeten und Kranken bei den im Felde stehenden Heeren, 11 LNTS 440, vom 6. Juli 1906.

1929[163] und 1949[164] und die dazugehörigen Protokolle von 1977 (Protokolle I und II).[165] Das humanitäre Völkerrecht unterscheidet zwischen internationalen und nicht-internationalen Konflikten. Internationale Konflikte – hier stehen auf beiden Seiten Staaten – werden durch die Genfer Konventionen von 1949 und das Protokoll I geregelt; nicht-internationale Konflikte – hier steht zumindest auf einer Seite eine nicht-staatliche Einheit – durch den gemeinsamen Art. 3 GA und das Protokoll II. Die beiden Protokolle sind von den Vereinigten Staaten im Gegensatz zu den Konventionen nicht ratifiziert worden.

Den hier folgenden Ausführungen liegt eine Gesamtbetrachtung zu Grunde: sowohl der Terrorismus als auch der Kampf gegen ihn bilden zusammen in ihrer Gesamtheit den Untersuchungsgegenstand. Sie beziehen sich aufeinander und stehen in Wechselwirkung zueinander. Der Terrorismus ist die Kampfmethode der einen Partei in diesem Konflikt, die geheimdienstlichen, polizeilichen und militärischen Aktivitäten der USA und ihrer Partner die der anderen

---

[163] Convention for the Amelioration of the Condition of the Wounded and Sick in Armies in the Field. Genfer Abkommen zur Verbesserung des Loses der Verwundeten und Kranken der Heere im Felde, 118 LNTS 303, vom 27. Juli 1929.

[164] Convention (I) for the Amelioration of the Condition of the Wounded and Sick in Armies in the Field. I. Abkommen zur Verbesserung des Loses der Verwundeten und Kranken der Heere im Felde, 75 UNTS 31, BGBl. 1954 II S. 783; Convention (II) for the Amelioration of the Condition of Wounded, Sick and Shipwrecked Members of Armed Forces at Sea. II. Abkommen zur Verbesserung des Loses der Verwundeten, Kranken und Schiffbrüchigen der Streitkräfte zur See, 75 UNTS 85, BGBl. 1954 II S. 813; Convention (III) relative to the Treatment of Prisoners of War. III. Abkommen über die Behandlung von Kriegsgefangenen, 75 UNTS 135, BGBl. 1954 II S. 838; Convention (IV) relative to the Protection of Civilian Persons in Time of War. IV. Abkommen zum Schutz von Zivilpersonen in Kriegszeiten, 75 UNTS 287, BGBl. 1954 II S. 917, ber. 1956 II S. 1586, alle vom 12. August 1949 und von jeweils 194 Staaten ratifiziert (Stand: 10. Februar 2007).

[165] Protocol Additional to the Geneva Conventions of 12 August 1949, and relating to the Protection of Victims of International Armed Conflicts (Protocol I). I. Zusatzprotokoll zu den Genfer Abkommen vom 12. August 1949 über den Schutz der Opfer internationaler bewaffneter Konflikte, 1125 UNTS 3, BGBl. 1990 II S. 1551; Protocol Additional to the Geneva Conventions of 12 August 1949, and relating to the Protection of Victims of Non-International Armed Conflicts (Protocol II). II. Zusatzprotokoll zu den Genfer Abkommen vom 12. August 1949 über den Schutz der Opfer internationaler bewaffneter Konflikte, 1125 UNTS 609, BGBl. 1990 II S. 1637, beide vom 8. Juni 1977.

Partei. Nur wenn dieser Konflikt ein bewaffneter Konflikt i.S.d. Genfer Abkommen ist, kann es auch der „Krieg gegen den Terror" sein. Dieser Begriff wird im folgenden deshalb auch als Gesamtbezeichnung für den gesamten Konflikt gebraucht.

II. Internationaler bewaffneter Konflikt

Der gemeinsame Art. 2 GA eröffnet den Anwendungsbereich der Genfer Konventionen:

„(1) [D]as vorliegende Abkommen [findet] Anwendung in allen Fällen eines erklärten Krieges oder eines anderen bewaffneten Konflikts, der zwischen zwei oder mehreren der Hohen Vertragsparteien entsteht, auch wenn der Kriegszustand von einer dieser Parteien nicht anerkannt wird.

(2) Das Abkommen findet auch in allen Fällen vollständiger oder teilweiser Besetzung des Gebietes einer Hohen Vertragspartei Anwendung, selbst wenn diese Besetzung auf keinen bewaffneten Widerstand stößt."

Der erste Absatz kann – aus Gründen ratione personae – nicht einschlägig sein. 194 Staaten der Welt sind seit dem 2. August 2006 Vertragspartei der Genfer Konventionen.[166] Im „Krieg gegen den Terror" stehen aber auf der einen Seite mehrere nicht-staatliche Einheiten, so z.B. das Terrornetzwerk al-Qaida oder auch Einzelpersonen, wie der Fall der „Zugbomber" im Ruhrgebiet direkt nach der Fußballweltmeisterschaft im Sommer 2006 gezeigt hat. Nur im Krieg gegen Afghanistan und den Irak standen auf jeweils beiden Seiten Vertragsparteien.[167] Das Extraordinary-renditions-Programm umfaßt

---

[166] www.tagesschau.de/aktuell/meldungen/0,,OID5833922_REF1,00.html (10. Februar 2007).

[167] Das wird inzwischen selbst von den USA nicht mehr bestritten. Nur die konkrete Anwendbarkeit auf den einzelnen wird abgelehnt, da sie sog. Enemy combatants seien und keine Kombattanten i.S.d. Genfer Konventionen. Diese Rechtsauffassung ist aber falsch, da das humanitäre Völkerrecht nur die Kategorien Zivilist oder Kombattant kennt, ICTY, *Prosecutor ./. Delalic et al.* (IT-96-21), Urteil v. 16. November 1998, Nr. 271; *Silvia Borelli*, Casting light on the legal black hole: International law and detentions abroad in the "war on terror", in: Revue internationale de la Croix-Rouge/International Review of the Red Cross No. 857 (2005), S. 39-68, 49.

aber keine Überstellungen zu Kriegszeiten[168] aus dem Irak oder aus Afghanistan in dritte Länder oder nach Guantánamo Bay. Auch der zweite Absatz ist – aus Gründen ratione materiae – nicht einschlägig. Ein Territorium ist besetzt, „wenn es sich tatsächlich in der Gewalt des feindlichen Heeres befindet" (Art. 42 Abs. 1 HLKO). Afghanistan war spätestens am 19. Juni 2002 mit der Wahl *Hamid Karzais* zum Präsidenten Afghanistans durch die Loya Jirga ein freies Land, das nicht mehr unter Besatzung stand. Im Irak endete die Besatzung am 28. Juni 2004 mit der Übergabe der Befehlsgewalt an eine irakische Interimsregierung.[169] Und da *el-Masri* erst Anfang 2004 nach Afghanistan überstellt wurde, spielt die Besatzung für seinen Fall keine Rolle. Allerdings gibt es zumindest einen Fall eines Irakis, der während der Besatzungszeit Opfer des Extraordinary-renditions-Programm wurde.[170] Sein Fall scheint aber eine solche Ausnahme zu sein, daß ein Verstoß gegen das Recht des internationalen bewaffneten Konflikt hier nicht untersucht werden soll.[171] Insgesamt gilt, daß das Recht des internationalen bewaffneten Konflikts – bis auf die erwähnte Ausnahme – keine Anwendung finden kann.

Dies wäre im übrigen auch nicht wünschenswert: So könnten z.B. Kriegsgefangene bis zum Ende des Konflikts, der, nehmen wir den Kalten Krieg als Maßstab, ein Lebensalter dauern kann und von der US-Administration schon „Long war" genannt wird,[172] ohne Gerichtsverfahren allein aus spezialpräventiven Gründen eingesperrt werden.[173]

---

[168] Der auf S. 20 erwähnte Fall fand nach Ende der Kampfhandlungen statt und kann deshalb nur unter den gemeinsamen Art. 2 Abs. 2 GA subsumiert werden, s. dazu unten auf dieser Seite.

[169] SR-Res. 1546, Nr. 2, die noch den 30. Juni 2004 als Tag der Machtübergabe anvisierte. Diese konnte dann aber schon 2 Tage früher erfolgen.

[170] Siehe oben, S. 20.

[171] Vgl. dazu *Center for Human Rights and Global Justice* (Fn. 1), S. 60ff.; *Weissbrodt/Bergquist* (Fn. 247), S. 147ff.

[172] Dieser Begriff stammt aus dem Pentagonkonzept *Quadrennial Defense Review* vom 3. Februar 2006, *Simon Tisdall/Ewen MacAskill*, America's Long War, in: The Guardian, 15. Februar 2005.

[173] Gemäß Art. 118 GA III müssen Kriegsgefangene erst nach „Ende der Feindseligkeiten" in ihr Heimatland zurückgebracht werden. Der US-Supreme Court hat eine →

"While the purposes of humanitarian law are humanitarian, it is also true that killing, detention without judicial review and trials with reduced menus of rights are permitted, albeit within defined limits, in times and situations of armed conflict. Thus, the determination that a particular situation is subject to the law of armed conflict can have decidedly unhumanitarian consequences."[174]

Zudem könnten im Falle der Anwendbarkeit internationalen Kriegsvölkerrechts Terroristen gegebenenfalls militärische Ziele angreifen, ohne sich dabei strafbar zu machen, da das humanitäre Völkerrecht den Parteien ein Schädigungsrecht einräumt.[175] Damit könnten ähnliche Angriffe wie auf die USS Cole oder das Pentagon in Zukunft möglicherweise gerechtfertigt sein.[176] Das humanitäre Völkerrecht zeichnet sich eben auch dadurch aus, daß es eine Abwägung zwischen „humanity" und „militärischer Notwendigkeit" zuläßt.[177] Die mit diesen Rechten einhergehenden Pflichten wiederum – z.B. der Verzicht auf Mittel des Terror – werden von Terroristen aber per definitionem nicht eingehalten werden können.

Eine strukturelle Vergleichbarkeit al-Qaidas ist viel eher mit Aufständischen und Rebellengruppen gegeben, nicht aber mit einem ein Territorium kontrollierenden Staat. Aufständische und Rebellengruppen unterfallen aber den Regeln des nicht-internationalen Konfliktes. Im „Krieg gegen den Terror" kommt daher nur eine (gegebenenfalls analoge) Anwendbarkeit des Rechts nicht-internationaler bewaffneter Konflikte in Betracht. Die USA sind dabei selbst der

---

solche Möglichkeit in *Hamdi et al. ./. Rumsfeld, Secretary of Defense, et al.*, Urteil v. 28. Juni 2004, 542 U.S. 12ff. (2004), angedeutet.

[174] *Gabor Rona*, When is a war not a war? - The proper role of the law of armed conflict in the "global war on terror", Offizielle Stellungnahme des IKRK, abrufbar unter: www.icrc.org/Web/Eng/siteeng0.nsf/iwpList575/3C2914F52152E565C1256E60005 C84C0 (10. Februar 2007).

[175] Vgl. *Carsten Stahn*, International Law at Crossroads: the impact of September 11, in: ZaöRV 62 (2002), S. 183-256, 189; *William J. Fenrick*, Should the Laws of War Apply to Terrorists?, Remarks, in: American Society of International Law, Proceedings of the 79th Annual Meeting, New York, 25-27 April 1985, S. 112-114, 112.

[176] *Leila Nadya Sadat*, Terrorism and the Rule of Law, in: 3 Washington University Global Studies Law Review 2004, S. 135-152, 146; *Oeter* (Fn. 47), S. 429f.

[177] *Kenneth Watkin*, Controlling the Use of Force: A Role for Human Rights Norms in Contemporary Armed Conflict, in: 98 AJIL 2004, S. 1-34, 9.

Ansicht, daß der Kampf gegen al-Qaida ein bewaffneter Konflikt i.S.d. gemeinsamen Art. 3 GA ist.[178]

III. Nicht-internationaler bewaffneter Konflikt

Nicht-internationale bewaffnete Konflikte gehören nicht zum Kernbereich des Schutzes der Genfer Konventionen. Nur der gemeinsame Art. 3 GA schützt mit Mindestanforderungen an die Konfliktparteien die Beteiligten und Leidtragenden solcher Konflikte. Seit 1977 schützt auch das Protokoll II innerhalb solcher Konflikte.

Die Anwendbarkeit des Protokoll II ist aus zwei Gründen ausgeschlossen: Die USA haben es nicht ratifiziert, und es fehlt die gemäß Art. 2 Protokoll II erforderliche territoriale Kontrolle zumindest über ein Teilgebiet des Staates durch die Terroristen. Gemäß Art. 1 Protokoll II müssen auf der einen Seite eines bewaffneten Konflikts die Streitkräfte der Vertragspartei involviert sein und auf der anderen Seite

„abtrünnige Streitkräfte oder andere organisierte bewaffnete Gruppen [...], die unter einer verantwortlichen Führung [eine solche] Kontrolle über einen Teil des Hoheitsgebietes der Hohen Vertragspartei ausüben, daß sie anhaltende, koordinierte Kampfhandlungen durchzuführen und dieses Protokoll anzuwenden vermögen."

Die Terrorgruppen üben aber im Gegensatz zu Guerillatruppen – bis auf eng begrenzte Ausnahmefälle wie in den Grenzregionen von Pakistan und Afghanistan – keine territoriale Kontrolle aus.[179] Vielmehr wollen sie das Denken und Handeln der Menschen besetzen: „Terrorismus [...] ist primär eine Kommunikationsstrategie."[180]

Der gemeinsame Art. 3 GA hingegen verlangt keine territoriale Kontrolle über ein bestimmtes Gebiet und ist sehr offen formuliert. Der

---

[178] S. dazu unten S. 75.

[179] *Susanne Fischer*, Terrorismus „bekriegen"? – Mittel und Wege europäischer Sicherheits- und Verteidigungspolitik, in: Österreichisches Studienzentrum für Frieden und Konfliktforschung (Hrsg.), Der Krieg der Armen? Der internationale Terrorismus in der neuen Weltordnung, 2005, S. 88-106, 90.

[180] *Peter Waldmann*, Terrorismus – Provokation der Macht, 2. Aufl. 2005, S. 15; vgl. auch *Andreas Musloff*, Krieg gegen die Öffentlichkeit. Terrorismus und politischer Sprachgebrauch, 1996, S. 10.

Anwendungsbereich ist deutlich weiter als der des Protokolls II.[181] Art. 3 verlangt nur, daß „ein bewaffneter Konflikt" zwischen zwei Parteien vorliegt, „der keinen internationalen Charakter hat und auf dem Gebiet einer der Hohen Vertragsparteien entsteht."

1. Anwendbarkeit ratione materiae

a. „keinen internationalen Charakter"

Problematisch ist nach dem allgemeinen Sprachgebrauch möglicherweise schon die Formulierung, daß der bewaffnete Konflikt „keinen internationalen Charakter" haben müsse. Der „Krieg gegen den Terrorismus" wird schließlich nahezu überall auf der Welt geführt, da auch der Terrorismus nahezu überall zu finden ist:

> „Der Terrorismus ist überall, wie die Viren. Wir haben es mit einer weltweiten Ausbreitung des Terrorismus zu tun [...]. Es gibt keine Demarkationslinie mehr, die es gestatten würde, ihn genau auszumachen, er befindet sich selbst im Herzen jener Kultur, die ihn bekämpft."[182]

In vielen verschiedenen Ländern werden Anschläge verübt, in vielen Ländern werden Terroristen gejagt und in den meisten Ländern sind die Amerikaner zumindest punktuell beteiligt. Die mutmaßlichen Terroristen und Opfer des Extraordinary-rendition-Programms wurden in der ganzen Welt gefangen genommen; *Khaled el-Masri* in Mazedonien, *Abu Omar* in Italien, andere in Pakistan oder in ganz anderen Ländern, die Teil und oft Partner im Kampf gegen den Terror sind. Aus diesem einen weltweiten Konflikt lauter einzelne zu machen, entspräche nicht der Realität. So kann man die Vorfälle in Italien oder die in Mazedonien nicht unabhängig von dem restlichen „Krieg gegen den Terror" sehen. Jedoch ist der Ausdruck „Konflikt, der keinen internationalen Charakter hat" als Gegensatz zu einem Konflikt zwischen den Hohen Vertragsparteien gemäß dem

---

[181] *Michael Bothe*, Friedenssicherung und Kriegsrecht, in: Wolfgang Graf Vitzthum (Hrsg.), Völkerrecht, 3. Aufl. 2004, S. 589-668, Rn. 121; *Georges Abi-Saab*, Non-International Armed Conflicts, in: UNESCO (Hrsg.), International Dimensions of Humanitarian Law, 1988, S. 217-239, 227f.

[182] *Jean Baudrillard*, Der Geist des Terrorismus. Herausforderungen des Systems durch die symbolische Gabe des Todes, in: Peter Engelmann (Hrsg.), Jean Baudrillard, Der Geist des Terrorismus, 2002, S. 11-37, 16.

gemeinsamen Art. 2 GA gemeint.[183] Von einem nicht-internationalen Charakter i.S.d. Genfer Konventionen ist somit auszugehen.

b. „bewaffneter Konflikt"

Der Begriff des bewaffneten Konflikts wird im heutigen humanitären Völkerrecht verwendet, weil beim Begriff „Krieg" ein subjektives Element, der Kriegsführungswille, vorhanden sein muß. Dies führte dazu, daß durch die Leugnung dieses Willens der Anwendungsbereich des humanitären Völkerrechts in unerträglicher Art und Weise verkleinert werden konnte.[184] Der Begriff des bewaffneten Konflikts ist aber ebenfalls unscharf. Vor allem hieran entzündet sich die Frage, ob im „Krieg gegen den Terror" das Recht des nicht-internationalen Konflikts Anwendung findet.

Dabei ist vor allem auf die Intensität der Gewalt und die Vergleichbarkeit zu herkömmlichen Kriegen zu achten.[185] Die entscheidende Frage lautet dementsprechend: Bestehen bürgerkriegsähnliche Zustände in den Ländern, in denen der „Krieg gegen den Terror" geführt wird?

---

[183] US-Supreme Court, *Hamdan ./. Rumsfeld, Secretary of Defense, et al.*, Urteil v. 29. Juni 2006, 548 U.S. 67f. (2006); *Yves Sandoz/Christophe Swinarski/Bruno Zimmermann* (Hrsg.), Commentary on the Additional Protocols of 8 June 1977 to the Geneva Conventions of 12 August 1949, 1987, Art. 1 Protokoll II S. 1351: "Taking into account the link established with common Article 3, the Protocol applies to all armed conflicts which are not covered by Article 1 of Protocol I' (General principles and scope of application).' By excluding situations covered by Protocol I, this definition creates the distinction between international and non-international armed conflicts. The entities confronting each other differ. [I]n a non-international armed conflict the legal status of the parties involved in the struggle is fundamentally unequal. Insurgents (usually part of the population), fight against the government in power acting in the exercise of the public authority vested in it. This distinction sets the upper threshold for the applicability of the Protocol." *Kretzmer* (Fn. 72), S. 195. *Thomas Bruha*, Gewaltverbot und humanitäres Völkerrecht nach dem 11. September 2001, in: 40 Archiv des Völkerrechts 2002, S. 383-421, 419: „Nichtinternational ist daher nicht gleichzusetzen mit innerstaatlich. [...] Nicht-international sind alle bewaffnete Konflikte, die nicht international sind."

[184] *Bothe* (Fn. 181), Rn. 62.

[185] *Jean S. Pictet*, The Geneva Conventions of 12 August 1949: Commentary III, 1960, Article 3, S. 37.

Der Entstehung des gemeinsamen Art. 3 GA gingen viele Diskussionen voraus. Es gab zunächst zwei Ansätze: Nach dem ersten Ansatz sollten die Prinzipien der Genfer Konventionen auch in nichtinternationalen bewaffneten Konflikten zur Anwendung kommen.[186] Mit Hilfe dieses Vorschlags wäre die Möglichkeit eröffnet worden, mit Hilfe der Ernennung von Schutzmächten durch die Aufständischen jeden Konflikt zu internationalisieren. "[Tha]t would amount to an *ipso jure*, i.e. mandatory and automatic, recognition of belligerency."[187] Die Staaten fürchteten, daß so selbst Räuberbanden in den Genuß des Schutzes dieser Normen kämen. Sie fürchteten auch, daß Schutzmächte zugunsten einer Rebellengruppe intervenieren würden, daß Kriminelle Kriegsgefangenenstatus erhielten, und daß Kriminelle nach Beendigung des Konflikts freigelassen werden mußten.[188] Um das zu verhindern, kam eine Verengung des Begriffs „bewaffneter Konflikt" auf solche nichtinternationalen Konflikte in Betracht, die von Qualität und Quantität her mit herkömmlichen internationalen Konflikten identisch sind.[189] Der bewaffnete Konflikt mußte also eng definiert werden. Eine solche Definition war höchst kontrovers und kam demzufolge nicht zustande.

Der zweite Ansatz wollte keine integrale Anwendung der Konvention erreichen, sondern nur die grundlegendsten Regeln festschreiben, damit sich die Staaten auch ohne eine Definition auf diesen minimalistischen Ansatz einigen konnten. Das Ergebnis ist der heutige gemeinsame Art. 3 GA.[190] Dies spricht dafür, daß man den Begriff eher

---

[186] Gemeinsamer Art. 2 Abs. 4 der Draft Convention for the Protection of War Victims, vorbereitet vom Internationalen Komitee vom Roten Kreuz und auf der XVII. Internationalen Rot-Kreuz-Konferenz in Stockholm 1948 vorgestellt, lautet: "In all cases of armed conflict which are not of an international character, especially cases of civil war, colonial conflicts, or wars of religion, which may occur in the territory of one or more of the High Contracting Parties, the implementing of the principles of the present Convention shall be obligatory on each of the adversaries. The application on of the Convention in theses circumstances shall in no way depend on the legal status of the Parties to the conflict and shall have no effect on that status." Zitiert nach *Pictet* (Fn. 185), Article 3, S. 33.

[187] *Abi-Saab* (Fn. 181), S. 220.

[188] *Pictet* (Fn. 185), Article 3, S. 32.

[189] *Abi-Saab* (Fn. 181), S. 220, spricht von "materially identical to interstate conflicts".

[190] *Abi-Saab* (Fn. 181), S. 220.

weit denn eng faßt.[191] Allerdings ist damit nicht gesagt, ob der Begriff auch so weit gefaßt ist, daß der Kampf gegen Terroristen, der bis jetzt immer Teil des Friedensvölkerrechts war und unter strafrechtlichen Aspekten gesehen wurde,[192] darunter subsumiert werden kann. Es bedarf also weiterer Anhaltspunkte.

Im Zuge des Versuches, den Begriff „bewaffneter Konflikt" zu definieren, wurden zehn Kriterien für die Anwendbarkeit des gemeinsamen Art. 3 GA aufgestellt.[193] Diese müssen nach dem Entwurf alternativ, nicht aber kumulativ vorliegen. Der „Krieg gegen den Terror" erfüllt genau eines der Kriterien:

> "That the dispute has been admitted to the agenda of the Security Council or the General Assembly of the United Nations as being a threat to international peace, a breach of the peace, or an act of aggression."[194]

Der Sicherheitsrat hat den weltweiten Terrorismus in ständiger Resolutionspraxis[195] seit dem 11. September 2001 als "one of the most serious threats to peace and security" bezeichnet. Allerdings sind diese Kriterien nicht bindend. Außerdem ist im Umkehrschluß nicht jede Bedrohung des Friedens i.S.d. Art. 39 der Satzung der Vereinten Nationen (SVN)[196] auch ein bewaffneter Konflikt i.S.d. Genfer

---

[191] Ebenso *Pictet* (Fn. 185), Article 3, S. 36: "We think [...] that the scope of application of the Article must be as wide as possible.", *Abi-Saab* (Fn. 181), S. 220.

[192] "These treaties [on terrorism] define certain types of terrorist offenses as international crimes (notably, airplane hijacking and attacks on embassies); impose obligations of mutual criminal assistance; and deal with specific transnational aspects of terrorist activity. Terrorist offenses that are international crimes may be subject to universal jurisdiction, and treaties may impose an obligation to extradite or prosecute (*aut dedere aut judicare*). Some agreements are designed to streamline the extradition process, while others focus on transnational activity, such as financial transfers." *Joan Fitzpatrick*, Jurisdiction of Military Commissions, in: 96 AJIL 2002, S. 345-354, 346; Vgl. auch *Stahn* (Fn. 175), S. 242ff.

[193] Diese Kriterien sind in *Pictet* (Fn. 185), Article 3, S. 36 aufgeführt.

[194] Final Record of the Diplomatic Conference of Geneva of 1949, Vol. II-B, S. 121.

[195] Vgl. die SR-Res. 1368, 1373, 1377 (2001); SR-Res. 1438, 1440, 1450, 1459 (2002); SR-Res. 1455, 1465, 1516 (2003); SR-Res. 1526, 1530, 1535, 1566 (2004); SR-Res. 1611, 1617, 1618, 1624 (2005). SR-Res. 1735 (2006). Im Jahre 2007 gab es bisher noch keine solche Resolution (Stand: 10. Februar 2007).

[196] Charter of the United Nations, vom 26. Juni 1945, 15 UNTS 335, BGBl. 1973 II S. 143.

Konventionen. So wurde z.B. das Hungerproblem in Afrika als Bedrohung des Weltfriedens bezeichnet.[197] Eine Bedrohung des Friedens liegt u.a. auch dann schon vor, wenn der bewaffnete Konflikt in Kürze auszubrechen droht. Ein bewaffneter Konflikt liegt dann unstreitig aber noch nicht vor. Nichtsdestotrotz ist dies ein starkes Argument dafür, den „Krieg gegen den Terror" als einen bewaffneten Konflikt zu sehen.

Für die Anwendung humanitären Völkerrechts spricht ebenso die Wirkung der Attacke nach Größe und Ausmaß des Schadens. Die Bilder vom 11. September 2001, aber auch von Madrid und London und anderen Anschlagszielen erinnern stark an Bilder aus Kriegszeiten. Die Wirkung der Bilder sollte aber nicht als Maßstab für rechtliche Bewertungen dienen. Bilder können leicht in die Irre führen. So schreibt der Soziolge *Jean Baudrillard*:

> „Im allgemeinen ist die Rolle des Bildes zwiespältig. Es erhöht das Ereignis [...]. Es verleiht ihm eine eine nie dagewesen Wucht."[198]

Die Anschläge auf das World Trade Center und das Pentagon waren kein singuläres Ereignis. Sie wurden vielmehr umrahmt von dem ersten, teilweise misslungenen, Anschlag auf das World Trade Center 1993,[199] den Attacken auf die US-Botschaften in Nairobi (Kenia) und Dar-es-Saalam (Tansania) 1998[200] und die USS Cole im Jahre 2000.[201] Auch seitdem gab es weltweit immer wieder geplante

---

[197] Im Rahmen seines 4652. Treffens am 3. Dezember 2003 behandelt der Sicherheitsrat das Thema "Africa's food crisis as a threat to peace and security."

[198] *Jean Baudrillard*, Die Gewalt der Bilder. Hypothesen über den Terrorismus und das Attentat vom 11. September, in: Peter Engelmann (Hrsg.), Jean Baudrillard, Der Geist des Terrorismus, 2002, S. 65-78, 73.

[199] Al-Qaida unter der Federführung *Osama bin Ladens* versteckte eine Autobombe im Nordturm. Dessen Fundament sollte so stark erschüttert werden, das er in sich zusammenbricht und den Südturm im Kollabieren mit zerstört. Auch wenn dieser Plan misslang, starben dennoch sechs Menschen, über 1000 wurden verletzt, www.brockhaus.de/aktuell/thema.php?t_id=93&jahr=2001 (10. Februar 2007).

[200] Bei diesen Anschlägen starben mehr als 200 Menschen, über 5000 wurden verletzt, www.brockhaus.de/aktuell/thema.php?t_id=93&jahr=2001 (10. Februar 2007).

[201] Zwei Selbstmordattentäter steuerten ihr Boot in den Zerstörer der US-Navy, töteten 17 Matrosen und verletzten 39 weitere, www.brockhaus.de/aktuell/thema.php?t_id=93&jahr=2001 (10. Februar 2007).

oder erfolgreiche Terroranschläge, zuletzt die vereitelten Anschläge auf mehrere Transatlantik-Flüge in London und die Nahverkehrszüge im Ruhrgebiet im Jahre 2006.[202]

Dennoch treten große Unterschiede zu einem Krieg zu Tage. Während Anschlagsbilder in bewaffneten Konflikten zum Alltag gehören, sind solche Bilder im „Krieg gegen den Terror" zwar zu häufig zu sehen, aber dennoch höchst selten im Vergleich zu Kriegszeiten. Die mediale Aufbereitung der Bilder führt mit zu der Impression von Krieg. Dabei gab es 2005 nur zehn Terroranschläge mit jeweils mehr als 50 Toten. Acht dieser Anschläge geschahen im Irak, einer in Amman (Jordanien) und nur einer in der westlichen Welt, nämlich in London am 7. Juli 2005 mit 56 Toten.[203] In den USA gab es seit dem 11. September 2001 keinen einzigen ernstzunehmenden Anschlag mehr.[204] In Europa sind nur der erwähnte Anschlag von London und der Anschlag von Madrid am 11. März 2004 nennenswert. Zwar gab es versuchte Anschläge, diese wurden aber dank polizeilicher Ermittlungsarbeit verhindert. Auch weltweit – mit Ausnahme Afghanistans und des Iraks – verursachen die Terroristen weit weniger Schaden als es in einem Krieg üblich ist. So hat al-Qaida seit dem 11. September 2001 weltweit „nur" 234 Menschen getötet.[205]

Zusammenfassend ist festzuhalten, daß der bei uns herrschende Friedenszustand selten durch Anschläge unterbrochen wird. Es

---

[202] Für eine Übersicht vergleiche die MIPT Terrorism Knowledge Base, abrufbar unter: http://db.mipt.org (10. Februar 2007).

[203] MIPT Terrorism Knowledge Base, TKB Terrorism Trends 2005 Poster, abrufbar unter: http://db.mipt.org/TKBPoster051506.pdf (10. Februar 2007).

[204] Alle Terroranschläge zwischen dem 11. September 2001 und Ende 2006 sind entweder Anthrax-Anschläge aus der Zeit kurz nach dem Anschlag auf das World Trade Center, Anschläge der Earth bzw. Animal Liberation Front oder nicht zuordenbare Anschläge mit Sachschaden, http://db.mipt.org/Category.jsp?catID= 8615 &contentType=0&sortBy=3&sortOrder=1&pageIndex=0 (10. Februar 2007). Die einzige Ausnahme geschah am 28. Juli 2006 in Seattle, Washington, als ein muslimisch-amerikanischer Mann aus Wut über die USA, den Irak und Israel in einer Shopping mall das Feuer eröffnete, eine Frau erschoß und fünf weitere Menschen verletzte, http://db.mipt.org/Incident.jsp?incID=32264 (10. Februar 2007).

[205] http://db.mipt.org/AnalyticalTools.jsp >> Incident Statistics by Group (10. Februar 2007). Dies gilt für alle Fälle außerhalb Iraks.

herrscht gerade kein Kriegszustand, der von friedlichen Momenten unterbrochen wird. Der Ausnahmezustand findet in unseren Köpfen und nicht auf den Straßen statt. Die Intensität der Kämpfe kommt der eines herkömmlichen Krieges nicht nahe. Es ist nicht von einem bewaffneten Konflikt auszugehen. Dieses Ergebnis erhärtet sich noch, wenn man die Organisationsstruktur der Terroristen mit einbezieht.

2. Anwendbarkeit ratione personae

Der gemeinsame Art. 3 GA bindet „jede der am Konflikt beteiligten Parteien". Auf der einen Seite steht entweder ein Staat oder eine andere Einheit, die kein Staat ist, aber dennoch eine gewisse Organisationsstruktur aufweist.[206] Auf der anderen Seite muß eine ebensolche nicht-staatliche Einheit stehen.

Wie aber genau diese Einheit auszusehen hat, ist unklar. Das Protokoll II gibt dazu eine Hilfestellung. Im Art. 1 spricht es davon, daß das Protokoll „auf abtrünnige Streitkräfte oder andere organisierte bewaffnete Gruppen Anwendung findet." Damit sind Aufständische und Rebellen gemeint, Gruppen, die unter einer straffen Führung stehen und militärisch wie Streitkräfte agieren. Der Kommentar des Internationalen Komitees vom Roten Kreuz spricht in Hinblick auf den gemeinsamen Art. 3 GA von „armed forces".[207] Trotz der Beschränkung des Schutzes im nicht-internationalen Konflikt auf die grundlegendsten Rechte besteht auch weiterhin die Sorge, daß sich Räuberbanden den Anschein einer Organisation geben könnten, um dadurch in den Genuß des Schutzes der Genfer Konventionen zu kommen.[208] Der Kommentar des Internationalen Komitees vom

---

[206] ICTY, *Prosecutor ./. Tadic* (IT-94-1), Entscheidung v. 2. Oktober 1995, Nr. 70, spricht von „organized armed groups."; ICRC, Commission of Experts for the Study of the Question of Aid to the Victims of Internal Conflicts, Genf, 25.-30. Oktober 1962, S. 3: "[T]he existence of an armed conflict, within the meaning of article 3, cannot be denied if the hostile action, directed against the legal government is of a collective character and consists of a minimum amount of organization."

[207] *Pictet* (Fn. 185), Article 3, S. 37: "Speaking generally, it must be recognized that the conflicts referred to in Article 3 are armed conflicts, with 'armed forces' on either side engaged in 'hostilities' – conflicts, in short, which are in many respects similar to an international war."

[208] *Pictet* (Fn. 185), Article 3, S. 32.

Roten Kreuz führt Beispiele an für Fälle, in denen die Anwendbarkeit bejaht werden soll:

"(1) That the Party in revolt against the de jure Government possesses an organized military force, an authority responsible for its acts, acting within a determinate territory and having the means of respecting and ensuring respect for the Convention.[...]

(4) (a) That the insurgents have an organization purporting to have the characteristics of a State. (b) That the insurgent civil authority exercises de facto authority over the population within a determinate portion of the national territory. (c) That the armed forces act under the direction of an organized authority and are prepared to observe the ordinary laws of war. (d) That the insurgent civil authority agrees to be bound by the provisions of the Convention."[209]

Diese Beispiele sind Vorschläge für die Fassung des gemeinsamen Art. 3 GA, die auf der Vertragskonferenz abgelehnt wurden. Dennoch sind sie nach Ansicht des IKRK-Kommentars dienliche Kriterien, wenn eben auch nicht abschließend. Aus ihnen läßt sich jedenfalls eine Voraussetzung herauslesen: um als Partei i.S.d. gemeinsamen Art. 3 GA gelten zu können, muß eine gewisse strukturelle Vergleichbarkeit zu den Truppen einer Hohen Vertragspartei vorliegen. Für diese strukturelle Vergleichbarkeit spricht i.Ü. auch der Begriff des „bewaffneten Konflikts", der ebenso im gemeinsamen Art. 2 GA benutzt wird und somit keine grundlegend andere Bedeutung in diesem Kontext haben kann.

Herkömmliche Truppen sind streng hierarchisch organisiert, sie müssen die Verpflichtungen des Kriegsvölkerrechts einhalten können, desweiteren müssen Friedensverhandlunegn aufgenommen werden können und es muß gewährleistet sein, daß Abmachungen von allen Beteiligten eingehalten werden.

Terrornetzwerke zeichnen sich hingegen dadurch aus, daß sie lose verbunden sind. Sie sind gerade nicht hierarchisch gegliedert, sondern bestehen aus Zellen.[210] Man kann dies gut daran erkennen, daß sie keine der zitierten Voraussetzungen erfüllen.[211] Auch die

---

[209] Pictet (Fn. 185), Article 3, S. 36.

[210] Peter Heine, Terror in Allahs Namen. Extremistische Kräfte im Islam, 2004, S. 151.

[211] „[T]hese groups are not professional combatants and have neither the command and control nor the training that regular and well-disciplined armed forces have.",
→

Kampftechnik der Terroristen ist eine ganz andere: Sie schlagen zu und ziehen sich zurück – oft in ihr bürgerliches Leben, wie wir am Beispiel der „homegrown terrorists" in Großbritannien sehen können. Die zeitlichen Abstände zwischen den Anschlägen sind im Vergleich zu kriegsähnlichen Zuständen sehr lang.[212] Aufständische hingegen sind nahezu ständig im Einsatz, sie befinden sich – außer in Momenten der Waffenruhe – in einem permanenten Kampfzustand. Das Verhältnis von Kampf und Ruhephasen scheint dem von Terroristen diametral entgegengesetzt zu sein: Der Einsatz im Dienste des Terrors nimmt nur einen begrenzten Teil des Lebens ein. Sie sind zuvorderst Zivilisten, die sich auch dem Terror widmen, aber nicht dauernd und ständig, sondern nur punktuell:

> "[T]errorists and their helpers are for the most part civilians who set out out on their missions from their homes and retreat to hiding places and refuges among the civilian population who support them."[213]

Die Anwendung des Kriegsvölkerrechts beruht gerade auf der Unterscheidung von Zivilisten, die zu schonen sind und Kombattanten, deren Tötung erlaubt ist. Diese Unterscheidung ist hier aber unmöglich.

Zudem wollen Terroristen in den allerseltensten Fällen das Territorium erobern,[214] sondern ihre Methode besteht darin, Angst und Schrecken zu verbreiten.[215] Das erklärt sich auch aus der Struktur des Terrorismus selbst. Der Terrorist führt keinen Kampf Mann gegen Mann. Es geht ihm nicht um militärische Überlegenheit und die Niederlage des Feindes auf offenem Schlachtfeld. Vielmehr geht es ihm um Angst und Schrecken, eben um „terreur", darum, die Menschen und ihre Führung zu verunsichern. Das Jugoslawientribunal betrachtet den Terrorismus dementsprechend als eine von

---

Cherif Bassiouni, Legal Control of International Terrorism: A Policy Oriented Assessment, in: 42 Harvard Law Journal 2002, S. 83-103, 98.

[212] So gab es in den Jahren 2001 bis 2005 im Schnitt nur fünf Anschläge mit jeweils mehr als 50 Toten weltweit.

[213] *Ron Ben-Yishai*, Changing the Strategy to Combat Terrorism, in: 6 Strategic Assessment 2004, abrufbar unter www.tau.ac.il/jcss/sa/v6n4p4Ben.html (10. Februar 2007).

[214] Vgl. oben, S. 63.

[215] *Stahn* (Fn. 175), S. 193.

den bewaffneten Konflikten getrennte Form des Widerstandes gegen einen Staat.[216] Auch die mangelnde Vergleichbarkeit zu den herkömmlichen Parteien eines Krieges spricht somit gegen die Anwendung des humanitären Völkerrechts.[217]

3. *Hamdan*-Entscheidung des US-Supreme Court

Die Entscheidung des US-Supreme Court in der Rechtssache *Salim Ahmed Hamdan* gegen *Donald Rumsfeld et al.* vom 29. Juni 2006 könnte trotz dieses eindeutigen Ergebnisses ebenso gegen die Nichtanwendbarkeit des gemeinsamen Art. 3 GA auf den „Krieg gegen den Terror" sprechen wie die Feststellung des Verteidigungsfalls durch die NATO sowie die Sicherheitsratsresolution 1368 vom 12. September 2001.

Sowohl die Feststellung des Verteidigungsfalls durch die NATO gemäß Art. 5 des Nordatlantikvertrages[218] als auch die implizite Feststellung durch die Sicherheitsratsresolution 1368, daß ein selbstverteidigungsfähiger Angriff durch die terroristischen Anschläge vom 11. September 2001 vorliegt, bezogen sich auf die Angriffe des 11. September 2001 selbst und die unmittelbare Antwort darauf. Aus ihnen läßt sich keineswegs herauslesen, daß das, was heute „Krieg gegen den Terror" genannt wird, als Krieg oder bewaffneter Konflikt i.S.d. Genfer Konventionen zu verstehen ist.[219] Zudem ist ein „bewaffneter Angriff" i.S.d. Art. 51 SVN nicht mit einem „bewaffneten Konflikt" gleichzusetzen. Das Vorliegen eines

---

[216] "In the latter situation [d.h. in nicht-internationalen Konflikten], in order to distinguish from cases of civil unrest or terrorist activities, the emphasis is on the protracted extent of the armed violence and the extent of organisation of the parties involved." ICTY, *Prosecutor ./. Delalic* (Fn.167), Nr. 184.

[217] Es ist wichtig, daß nicht alleine die Intensität der Kämpfe die Anwendbarkeit der Genfer Konventionen bestimmt. Gerade weil die Anwendung der Genfer Konventionen die gleiche Augenhöhe der Parteien impliziert, kann es Fälle geben, in denen Terroristen die Anwendbarkeit der Genfer Konventionen „herbeibomben" wollen, indem sie die Intensität der Anschläge erhöhen. In einem solchen Fall würde das Gegenteil des Gewollten erreicht werden. *Cherif Bassiouni* verweist auf Fälle, in denen dies tatsächlich passiert ist (Fn. 211), S. 98.

[218] North Atlantic Treaty, vom 4. April 1949, BGBl. 1955 II S. 289, i.d.F. des Protokolls v. 17.10.1951, BGBl. 1955 II S. 293.

[219] Ebenso *Fitzpatrick* (Fn. 192), S. 349.

bewaffneten Angriffs ist eine zwingende Voraussetzung für die Rechtmäßigkeit eines Krieges, da nur so der Ausnahmetatbestand zum Gewaltverbot des Art. 2 Nr. 4 SVN einschlägig sein kann. Das Vorliegen eines bewaffneten Konflikts ist aber unabhängig von der Rechtmäßigkeit der militärischen Einsätze.[220] Ebensowenig wie das Vorliegen einer Friedenbedrohung i.S.d. Art. 39 SVN mit dem bewaffneten Angriff des Art. 51 SVN gleichzusetzen ist, kann der bewaffnete Konflikt mit dem bewaffneten Angriff gleichgesetzt werden.

Im genannten Urteil ging es um den Chauffeur und Leibwächter Osama bin Ladens, Salim Ahmed Hamdan. Dieser ist in Guantánamo Bay inhaftiert und eine Militärkommission sollte über ihn richten. Er klagte vor ordentlichen Gerichten gegen deren Tätigkeit. Der US-Supreme Court bejahte eine Verletzung seiner Rechte und erklärte die Kommissionen für rechtswidrig. Des weiteren bejahte der Gerichtshof die Anwendbarkeit des gemeinsamen Art. 3 GA auf den im Afghanistan-Krieg gefangengesetzten Hamdan. Untere Gerichte hatten zuvor die Anwendbarkeit der Genfer Konventionen verneint, da Hamdan als mutmaßliches Al-Qaida-Mitglied nicht unter den Schutz der Genfer Konventionen falle. Grund hierfür sei, daß zwar der Konflikt mit al-Qaida international sei, aber al-Qaida keine Vertragspartei der Genfer Konventionen sei und daß der gemeinsame Art. 3 GA nicht angewandt werden könne, da es sich eben nicht um einen nicht-internationalen, sondern um einen internationalen Konflikt handle.[221] Der Gerichtshof erkannte aber, daß der Ausdruck „Konflikt, der keinen internationalen Charakter hat" im Gegensatz zu einem Konflikt zwischen Staaten verwendet werde.[222] Damit sei zumindest der gemeinsame Art. 3 GA anwendbar und der Gerichtshof müsse nicht darüber befinden, ob es sich um einen internationalen oder nicht-internationalen Konflikt

---

[220] Klein, (Fn. 157), S. 7.

[221] Court of Appeals for the District of Columbia Circuit, Hamdan ./. Rumsfeld, Secretary of Defense et al., Urteil vom 15. Juli, No. 04-5393, S. 15f., abrufbar unter: http://pacer.cadc.uscourts.gov/docs/common/opinions/200507/04-5393a.pdf (10. Februar 2007).

[222] US-Supreme Court, Hamdan ./. Rumsfeld, Secretary of Defense, et al. (Fn. 183), S. 67f.

handle.²²³ Hierbei wird nicht deutlich, ob der Gerichtshof dies nur auf den Kampf gegen al-Qaida in Afghanistan bezieht oder ob er den gesamten „Krieg gegen den Terror" meint. Daß der US-Supreme Court vom "conflict with al Qaeda" spricht und nicht ausdrücklich auf Afghanistan abstellt, scheint für eine allgemeine Anwendbarkeit des gemeinsamen Art. 3 GA zu sprechen. Der US-Supreme Court äußerte sich aber nicht ausdrücklich, was auf die Ausübung des Judicial restraint, d.h. der richterlichen Zurückhaltung über Sachverhalte zu urteilen, die für den Fall nicht entscheidungsrelevant sind, schließen läßt. Zudem stellt Justice *Kennedy* in seiner teilweise zustimmenden Entscheidung ausdrücklich auf "our Nation's armed conflict with al Qaeda in Afghanistan" ab.²²⁴ Die US-Administration scheint aber anderer Meinung zu sein. In einem Memorandum des Deputy Secretary of Defense *Gordon England*, das sich u.a. an die Under Secretaries of Defense und an den Chairman of the Joint Chiefs of Staffs richtet, wird darauf hingewiesen, daß der US-Supreme Court "has determined that Common Article 3 to the Geneva Conventions of 1949 applies as a matter of law to the conflict with Al Qaeda."²²⁵

Zu der Entscheidung, daß zumindest im Afghanistan-Krieg der gemeinsame Art. 3 GA auf die Al-Qaida-Kämpfer anwendbar ist, konnte der Gerichtshof allerdings nur kommen, weil er nicht auf die Organisationsstruktur der Terroristen und deren Bedeutung für die Anwendbarkeit des gemeinsamen Art. 3 eingeht und nur kursorisch die Frage nach der Intensität der Kämpfe diskutiert. Der Gerichtshof hätte die Anwendbarkeit der kompletten Genfer Konventionen auf den Afghanistan-Krieg und aller dort involvierten Personen bejahen müssen – dies allerdings wollte er aus politischen Gründen nicht tun. Das Urteil kann deshalb in der Sache nicht überzeugen.

Der gemeinsame Art. 3 der Genfer Konventionen ist somit nicht auf das Extraordinary-renditions-Programm anzuwenden.

---

[223] Ebd.

[224] US-Supreme Court, *Hamdan ./. Rumsfeld, Secretary of Defense, et al.* (Fn. 183), Justice *Kennedy*, concurring in part, S. 6.

[225] Memorandum vom 7. Juli 2006, abrufbar unter: http://jurist.law.pitt.edu/pdf/geneva consmemo.pdf (10. Februar 2007).

IV. Anwendbarkeit de lege ferenda

Vielleicht ist es aber de lege ferenda wünschenswert, das Kriegsvölkerrecht auf den „Krieg gegen den Terror" anzuwenden. Das Völkerrecht befindet sich seit dem 11. September 2001 in einer Umbruchphase. Es gibt – unleugbar – eine neue Bedrohung und dem Völkerrecht fehlen darauf die definitiven Antworten.[226] Gleichzeitig verliert es aber an Autorität, wenn es in schwierigen Zeiten keine Antworten auf neue Gefahren geben kann. Auch deshalb ist das Völkerrecht flexibel, mithin veränderungsfähig. So kann neues Völkergewohnheitsrecht durch einen einzelnen Rechtsbruch entstehen: Voraussetzung ist, daß dieser von vielen akzeptiert, für Recht gehalten wird und später aus dieser Rechtsüberzeugung heraus auch entsprechend gehandelt wird.[227] Selbst ein Vertrag kann stillschweigend verändert werden. So enthält Art. 27 Abs. 3 SVN die Bestimmung, daß neun Staaten einschließlich sämtlicher ständiger Mitglieder einem Beschluß des Sicherheitsrates zustimmen müssen. In der Praxis hat sich hingegen herausgebildet, daß eine Enthaltung nicht als Gegenstimme gezählt wird.[228] Das wurde selbst durch den Internationalen Gerichtshof bestätigt.[229]

Es ist aber in Anbetracht der militärischen Verfolgung des Terrorismus, seines Gefahrenpotenzials und der weltweiten Kriegsrhetorik zu überlegen, ob nicht die Anforderungen an das Vorliegen der Merkmale „bewaffneter Konflikt" und „organisierte bewaffnete Gruppen" – die ja beide zwei auslegungsfähige und auslegungsbedürftige Rechtsbegriffe sind – geändert werden sollten. Dies kann bei entsprechender Rechtsüberzeugung möglichst vieler und wichtiger Staaten sehr schnell gehen.[230] Eine solche Entwicklung erscheint

---

[226] Vgl. zum Beispiel zur Frage der Selbstverteidigung gegen bewaffnete Angriffe von Terroristen Markus Krajewski, Selbstverteidigung gegen bewaffnete Angriffe nichtstaatlicher Organisationen – Der 11. September 2001 und seine Folgen, in: 40 Archiv des Völkerrechts 2002, S. 183-214.

[227] *Hanspeter Neuhold/Waldemar Hummer/Christoph Schreuer*, Österreichisches Handbuch des Völkerrechts, Bd. 1, 4. Aufl. 2004, Rn. 215.

[228] *Eckart Klein*, Die Internationalen und die Supranationalen Organisationen, in: Wolfgang Graf Vitzthum (Hrsg.), Völkerrecht, 3. Aufl. 2004, S. 245-356, Rn. 144.

[229] IGH, Gutachten v. 21. Juni 1971, ICJ Rep 1971, S. 16, 22 - Namibia-Gutachten.

[230] Selbst wenn nur wenige Staaten dieser Übung folgen und andere Staaten nur nicht widersprechen, sondern sich stillschweigend anschließen, kann es zu einer Ver-
→

zum heutigen Zeitpunkt als nicht unwahrscheinlich.[231] Zunächst werden die Argumente untersucht, die für eine parallele Anwendbarkeit der beiden Rechtsgebiete im Krieg gegen den Terror sprechen. Anschließend sollen die Gegenargumente vorgestellt und bewertet werden.

1. Erweiterter Schutz durch (parallele) Anwendung des Kriegsvölkerrechts

Aus menschenrechtlicher Sicht folgen nach verbreiteter Ansicht aus der (parallelen) Anwendbarkeit des humanitären Völkerrechts fünf Vorteile.[232] Erstens sind in Krisensituationen manche Menschenrechte derogierbar, von ihnen kann unter bestimmten Umständen abgewichen werden. Der gemeinsame Art. 3 GA könnte in diesen Fällen enger gefaßt sein als die vertraglich bzw. völkergewohnheitsrechtlich geltenden Menschenrechte und damit einen höheren Schutzumfang garantieren.[233] Zweitens binden die Menschenrechte nur Staaten und keine nicht-staatlichen Organisationen. Das humanitäre Völkerrecht bindet hingegen auch nicht-staatliche Organisationen, ergo auch die Terrorgruppen.[234] Drittens ist der territori-

---

änderung der Rechtslage kommen. Vgl. zum Völkergewohnheitsrecht, *Neuhold/Hummer/Schreuer* (Fn. 227), Rn. 182. Vgl. auch IGH, Urteil v. 20. Februar 1969, Nr. 73 – Festlandsockel. Hier ging es um die Frage, inwieweit und auch innerhalb welchen Zeitraums Völkergewohnheitsrecht aus Verträgen entstehen kann.

[231] Vgl. *Helen Duffy*, The "War on Terror" and the Framwork of International Law, 2005, S. 254: "[T]he current debate highlights this as an area deserving of further analysis and where legal development could, conceivably, unfold."

[232] Vgl. *Theodor Meron*, The Humanization of Humanitarian Law, in: 94 AJIL 2000, S. 239-278, 274.

[233] Vgl. *Hans-Peter Gasser*, International Humanitarian Law and Human Rights Law in Non-international Armed Conflict: Joint Venture or Mutual Exclusion, in: German Yearbook of International Law 2002, S. 149-162, 158; *Djamchid Momtaz*, The minimum humanitarian rules applicable in periods of internal tension and strife, in: Revue internationale de la Croix-Rouge/International Review of the Red Cross No. 324 (1998), S. 455-462; *Theodor Meron*, Towards a Humanitarian Declaration on Internal Strife, in: 78 AJIL 1984, S. 859-868, 863f.

[234] *Hernan Salina Burgos*, The application of international humanitarian law as compared to human rights law in situations qualified as internal armed conflict, internal disturbances and tensions, or public emergency, with special references to war crimes and political crimes, in: Frits Kalshoven/Yves Sandoz (Hrsg.), Implemen- →

ale Anwendungsbereich der Genfer Konventionen im Gegensatz zu dem der Menschenrechtsverträge nicht umstritten.[235] Viertens erhöht sich die Zahl der Überwachungsmechanismen, wenn man richtigerweise von einer parallelen Anwendbarkeit von Menschenrechten und humanitärem Völkerrecht ausgeht (s. S. 2ff.). Dies könnte den Schutz des einzelnen erhöhen. Als letztes Argument findet sich oft noch die Überlegung, daß menschenrechtliche Normen ignoriert würden und Normen des humanitären Völkerrechts ihnen zu ihrer Verstärkung zur Seite gestellt werden müßten.[236] Im folgenden soll untersucht werden, inwiefern diese Annahmen der Wirklichkeit entsprechen.

a. Derogation von Menschenrechten

Es wird behauptet, daß der gemeinsame Art. 3 GA einen materiell höheren Schutz bietet als die menschenrechtlichen Regelungen, da letztere Derogationsmöglichkeiten vorsehen.[237] In der Tat erlauben alle Menschenrechtsverträge die Derogation von bestimmten Menschenrechten. Sie ist im Falle des öffentlichen Notstands möglich. Die USA haben allerdings keine Derogationserklärung abgegeben. Zunächst wird dementsprechend untersucht, wie hoch der Schutz des gemeinsamen Art. 3 GA im Verhältnis zu den Menschenrechten im Normalfall ist. Da aber die Möglichkeit der Derogation jederzeit besteht, wird anschließend geprüft, ob die Garantien des gemeinsamen Art. 3 GA höher sind als der Schutz durch Menschenrechte, nachdem von der Derogationsmöglichkeit Gebrauch gemacht wurde. Im Rahmen dieser Arbeit kann ein solcher Überblick leider nur kursorisch bleiben, weshalb sich im folgenden auch auf den Zivilpakt konzentriert wird.[238]

---

tation of International Humanitarian Law/Mise en œuvre du droit international humanitaire, 1989, S. 1-30, 22; *Bothe* (Fn. 181), Rn. 121.

[235] Vgl. *Theodor Meron*, On the Inadequate Reach of Humanitarian and Human Rights Law and the Need for a New Instrument, in: 77 AJIL 1983, S. 589-606, 594f.

[236] *Meron* (Fn. 233), S. 864.

[237] Vgl. *Gasser* (Fn. 233), S. 158; *Momtaz* (Fn. 233); *Meron* (Fn. 233), S. 863f.

[238] Auch *Theodor Meron*, Human Rights in Internal Strife: Their International Protection, 1987, stellt nicht allein den gemeinsamen Art. 3 GA den Menschenrechten gegenüber (S. 25f.), sondern alle Normen des humanitären Völkerrechts mit men-
→

aa. Materiell gleicher oder höherer Schutz?

Der hier relevante Abschnitt des gemeinsamen Art. 3 lautet::

„[Die geschützten] Personen werden unter allen Umständen mit Menschlichkeit behandelt, ohne [diskriminierende] Behandlung. Zu diesem Zweck sind und bleiben in bezug auf die oben erwähnten Personen jederzeit und überall verboten a) Angriffe auf das Leben und die Person, namentlich die Tötung jeder Art, Verstümmelung, grausame Behandlung und Folterung; b) das Festnehmen von Geiseln; c) Beeinträchtigung der persönlichen Würde, namentlich erniedrigende und entwürdigende Behandlung; d) Verurteilungen und Hinrichtungen ohne vorhergehendes Urteil eines ordentlich bestellten Gerichtes, das die von den zivilisierten Völkern als unerläßlich anerkannten Rechtsgarantien bietet."

Der gemeinsame Art. 3 GA ist der Menschlichkeit verpflichtet, die auch Grundlage der Menschenrechtsverträge ist. Er schützt das Recht auf Leben (Art. 3 Nr. 1 lit. a GA, findet sich so in Art. 6 Abs. 1 IPbpR wieder), das Recht auf Freiheit vor Folter, grausamer, unmenschlicher oder erniedrigender Behandlung (Art. 3 Nr. 1 lit. a[239] und lit. c GA bzw. Art. 7 und 10 IPbpR[240]) und einen gewissen Teilbereich des Rechts auf einen fairen Prozeß (Art. 3 Nr. lit. d GA[241]

---

schenrechtlichem Einschlag (S. 17ff.). Eine genauere Untersuchung nimmt er nur bezüglich des Rechts auf ein faires Verfahren vor, S. 61ff.

[239] Verstümmelung ist eine Form der unmenschlichen Behandlung, vgl. in bezug auf die Genitalverstümmelung, MRA, General Comment Nr. 28: Equal Rights between Men and Women, UN-Dok. CCPR/C/21/Rev.1/Add.10 (2000), Nr. 11. Eine deutsche Übersetzung findet sich in Deutsches Institut für Menschenrechte (Hrsg.) (Fn. 89), S. 51-52.

[240] Hier wäre zu diskutieren, ob die entwürdigende Behandlung das Gleiche ist wie eine erniedrigende Behandlung.

[241] Zu den hier garantierten Rechten "would be arguably included thereunder: The right of an informal hearing in one's presence before the accuser; the right to call witnesses in one's behalf if reasonably available; the right of an impartial fact finder and decision-maker, either a single judge or a board with express duty to decide on the facts as presented [...]; and the right to have a personal representative state one's position to the court and translate if the proceedings are in a language other than one's own, if one has no understanding of the language or is otherwise incapable of asserting his rights." *David A. Elder*, The Historical Background of Common Article 3 of the Geneva Convention of 1949, in: 11 Case Western Reserve Journal of International Law 1979, S. 37-69, 64.

bzw. Art. 14 Abs. 1 IPbpR und auch Art. 9 Abs. 1 IPbpR).[242] Die Geiselnahme – als zwar typisches Verhalten im Krieg,[243] aber untypisches (staatliches) Verhalten in Friedenszeiten – ist in den menschenrechtlichen Verträgen nicht ausdrücklich verboten. Geiselnahme bedeutet, daß ein Unschuldiger in Gewahrsam genommen wird und als Austausch- oder Druckobjekt gebraucht wird. Vor Geiselnahmen schützen dementsprechend das Recht auf Sicherheit und Freiheit (Art. 9 Abs. 1 IPbpR)[244] und das Verbot der Folter und der grausamen, unmenschlichen oder erniedrigenden Behandlung.[245] Folglich enthält der gemeinsame Art. 3 GA keine Rechte, die nicht auch der Pakt garantieren würde.

Es gilt aber zu beachten, daß die Genfer Konventionen jeweils 194 Mitgliedstaaten haben, der Zivilpakt jedoch nur 160 Vertragsparteien. Für die Personen, die sich unter der Jurisdiktion dieser 34 Staaten – zu denen die USA nicht gehören – befinden, scheint die Anwendbarkeit der Genfer Konventionen von Vorteil zu sein. Dies stimmt allerdings nur dann, wenn diese Staaten nicht durch Völkergewohnheitsrecht an die entsprechenden Normen gebunden sind. Das Folterverbot und das Verbot der grausamen, unmenschlichen oder erniedrigenden Behandlung sowie das Recht auf Leben sind Teil des Völkergewohnheitsrechts und gehören

---

[242] Art. 14 Abs. 1 IPbpR lautet: „Alle Menschen sind vor Gericht gleich. Jedermann hat Anspruch darauf, daß über eine gegen ihn erhobene strafrechtliche Anklage [...] durch ein zuständiges, unabhängiges, unparteiisches und auf Gesetz beruhendes Gericht in billiger Weise und öffentlich verhandelt wird." In den Absätzen 2 bis 7 folgen die wesentlichen Garantien eines fairen Verfahrens, u.a. die Unschuldsvermutung oder das Recht, sich nicht selbst belasten zu müssen. Art. 9 Abs. 1 IPbpR verbietet die willkürliche Haft. Willkürlich ist die Haft, "if it is not pursuant to law; it may be arbitrary also if 'it is incompatible with the principles of justice or with the dignity of the human person.'" Statement der US-Delegation zur 13. Generalversammlung, UN-Dok. A/C.3/SR.863, S. 137 (1958), zitiert nach: The American Law Institute (Hrsg.), Restatement of the Law. The Foreign Relations Law of the United States, Vol. 2, § 501-End, S. 164.

[243] *Pictet* (Fn. 185), Article 3, S. 39.

[244] MRA, General Comment Nr. 29: States of Emergency (Article 4), UN-Dok. CCPR/C/21/Rev.1/Add.11 (2001), Nr. 13. Eine deutsche Übersetzung findet sich in Deutsches Institut für Menschenrechte (Hrsg.) (Fn. 89), S. 141-150.

[245] Vgl. MRA, *Antonaccio ./. Uruguay* (063/1979), Auffassung vom 28. Oktober 1981, UN-Dok. CCPR/C/OP/1, Nr. 16.1 i.V.m. Nr. 20.

sogar zum Ius cogens.[246] Auch das Recht auf ein faires Verfahren[247] und das Verbot der „willkürlichen Haft" sind Teil des Völkergewohnheitsrechts.[248] Dazu gehört auch eine Verurteilung durch ein nicht ordnungsgemäßes Gericht, das nicht die als unerlässlich anerkannten Rechtsgarantien bietet.[249] Geiselnahmen können sowohl gegen das Verbot der willkürlichen Haft verstoßen als auch gegen das Verbot der grausamen, unmenschlichen oder erniedrigenden Behandlung. Damit werden auch vom Völkergewohnheitsrecht die Garantien des gemeinsamen Art. 3 GA gewahrt. Solange keine Derogation vorliegt, ist der nominelle Schutz der Garantien des Art. 3 GA den menschenrechtlichen Garantien zumindest gleichwertig.

Der Schutz außerhalb von Notstandszeiten ist durch den gemeinsamen Art. 3 GA gegenüber den menschenrechtlichen Garantien nicht höher. Die USA haben als Paktstaat nicht von den Paktrechten derogiert.[250] Im Fall *Khaled el-Masri* und dem gesamten Extraordinary-renditions-Programm wäre der Schutz des einzelnen vor

---

[246] Bezüglich des Folterverbots: ICTY, *Prosecutor ./. Furundzija* (IT-95-17/1), Urteil v. 10. Dezember 1998, Nr. 153; EGMR, *Al-Adsani ./. Vereinigtes Königreich* (35763/97), Urteil v. 21. November 2001, RJD 2001-XI, Nr. 61; *Doehring* (Fn. 81), Rn. 986; *Thomas Giegerich*, Grund- und Menschenrechte im globalen Zeitalter: Neubewertung ihrer territorialen, personalen und internationalen Dimension in Deutschland, Europa und den USA, in: EuGRZ 2004, S. 758-777, 762, dort Fn. 57; *Johan D. van der Vyver*, Torture as Crime under International Law, in: 67 Albany Law Review 2003, S. 427-463, 429. Bezüglich des Rechts auf Leben: MRA, General Comment Nr. 24 (Fn. 101), Nr. 10; *Doehring* (Fn. 81), Rn. 986.

[247] *David Weissbrodt/Amy Bergquist*, Extraordinary Rendition: A Human Rights Analysis, in: 19 Harvard Human Rights Journal 2006, S. 123-160, 130, unter Verweis auf *UN-Menschenrechtskommission*, Preliminary Report by the Special Representative of the Commission, Mr. *Andrés Aguilar*, Appointed Pursuant to Resolution 1984/54, on the Human Rights Situation in the Islamic Republic of Iran, UN-Dok. E/CN.4/1985/20, S. 14-15.

[248] Vgl. The American Law Institute (Fn. 242), § 702 lit. e, S. 161, 164f. Nach umstrittener Ansicht gehört die Norman sogar zum Ius cogens, vgl. *Theodor Meron*, On a Hierarchy of International Human Rights, in: 80 AJIL 1986, S. 1-23, 15.

[249] Statement der US-Delegation zur 13. Generalversammlung (Fn. 242).

[250] So ausdrücklich der Second and Third Periodic Report of the United States of America to the UN Committee on Human Rights Concerning the International Covenant on Civil and Political Rights, 21. Oktober 2005, Nr. 89, abrufbar unter: www.state.gov/g/drl/rls/55504.htm#art4 (10. Februar 2007).

staatlichen Zugriffen durch den gemeinsamen Art. 3 GA nicht höher als es der Schutz durch die menschenrechtlichen Garantien ist.

bb. Gleicher Schutz auch im Falle der Derogation?

Es ist aber nicht ausgeschlossen, daß die USA oder andere Staaten in Zukunft von ihren menschenrechtlichen Verpflichtungen derogieren werden. Gewährt der gemeinsame Art. 3 GA auch in einem solchen Fall einen höheren Schutz? Ist dies der Fall, so würde viel für die Anwendbarkeit des humanitären Völkerrechts auf den „Krieg gegen den Terrorismus" de lege ferenda sprechen.

Jeder menschenrechtliche Vertrag sieht spezielle Derogationsklauseln im Fall eines öffentlichen Notstandes vor. Die Derogationsregel des Paktes ist beispielhaft für die Derogationsklauseln anderer Menschenrechtsverträge[251] und bestimmt, daß die Vertragsstaaten

---

[251] Art. 27 AMRK lautet: Abs. 1 "In time of war, public danger, or other emergency that threatens the independence or security of a State Party, it may take measures derogating from its obligations under the present Convention to the extent and for the period of time strictly required by the exigencies of the situation, provided that such measures are not inconsistent with its other obligations under international law and do not involve discrimination on the ground of race, color, sex, language, religion, or social origin." Abs. 2 liest sich wie folgt: "The foregoing provision does not authorize any suspension of the following articles: Article 3 (Right to Juridical Personality), Article 4 (Right to Life), Article 5 (Right to Humane Treatment), Article 6 (Freedom from Slavery), Article 9 (Freedom from Ex Post Facto Laws), Article 12 (Freedom of Conscience and Religion), Article 17 (Rights of the Family), Article 18 (Right to a Name), Article 19 (Rights of the Child), Article 20 (Right to Nationality), and Article 23 (Right to Participate in Government), or of the judicial guarantees essential for the protection of such rights." Abs. 3 lautet: "Any State Party availing itself of the right of suspension shall immediately inform the other States Parties, through the Secretary General of the Organization of American States, of the provisions the application of which it has suspended, the reasons that gave rise to the suspension, and the date set for the termination of such suspension." Etwas anders hingegen die Antifolterkonvention. Hier wird allerdings auch kein umfassender Menschenrechtskatalog verbürgt. Art. 2 Abs. 2 CAT lautet: „Außergewöhnliche Umstände gleich welcher Art, sei es Krieg oder Kriegsgefahr, innenpolitische Instabilität oder ein sonstiger öffentlicher Notstand, dürfen nicht als Rechtfertigung für Folter geltend gemacht werden." Die grausame, unmenschliche oder erniedrigende Behandlung dürfte dem Wortlaut nach in Fällen des öffentlichen Notstandes angewandt werden. Allerdings verweist Art. 16 Abs. 2 CAT darauf, daß weitergehende Vertragsverpflichtungen durch diese Regeln nicht betroffen sind. Nach den anderen Menschenrechtsverträgen ist aber auch die →

„[i]m Fall eines öffentlichen Notstandes, der das Leben der Nation bedroht [...] Maßnahmen ergreifen [können], die ihre Verpflichtungen aus dem Pakt in dem Umfang, den die Lage unbedingt erfordert, außer Kraft setzen" dürfen (Art. 4 IPbpR).

Der Notstand muß dem jeweils zuständigen Vertragsorgan notifiziert werden. Die Maßnahme muß verhältnismäßig sein („in dem Umfang, den die Lage unbedingt erfordert"), darf nicht den anderen völkerrechtlichen Verpflichtungen des Staates – z.B. dem humanitären Völkerrecht[252] – zuwiderlaufen und darf nicht diskriminierend sein.

aaa. Ausdrücklich derogationsfeste Rechte

Von einigen Rechten darf keinesfalls abgewichen werden. Dieses sind von Vertrag zu Vertrag unterschiedliche Rechte – einige gehören aber immer dazu. Das Verbot der Folter und der unmenschlichen oder erniedrigenden Behandlung gehört nach allen Menschenrechtsverträgen ausdrücklich zu den derogationsfesten Menschenrechten. Ebenso ist das Recht auf Leben auch in Notsituationen geschützt und nicht derogierbar.[253] Das Recht auf Sicherheit und Freiheit, das zusammen mit dem Verbot der Folter vor Geiselnahmen schützt sowie die justiziellen Rechten sind aber nicht ausdrücklich derogationsfest. Der Schutz des gemeinsamen Art. 3 GA scheint damit tatsächlich über dem der menschenrechtlichen Garantien zu liegen.

bbb. Weitere Grenzen der Derogation

Wie gesehen, dürfen aber die Rechte zum einen nicht komplett derogiert werden, zum anderen sieht die Rechtsprechung des Menschenrechtsausschusses einige Menschenrechte als nicht derogierbar an, obwohl sie nicht ausdrücklich in Art. 4 IPbpR bzw. in den

---

grausame, unmenschliche oder erniedrigende Behandlung derogationsfest. Art. 15 EMRK wiederum ähnelt sehr stark dem Art. 4 IPbpR.

[252] MRA, General Comment Nr. 29 (Fn. 244), Nr. 9.

[253] Im Gegensatz zum Folterverbot ist das Recht auf Leben allerdings einschränkbar. Dies ergibt sich aus der Norm selbst. Diese Einschränkbarkeit ist aber von der Derogation zu unterscheiden.

Parallelnormen als solche aufgelistet sind.[254] Im folgenden soll zunächst die Rechtsprechung der verschiedenen internationalen menschenrechtlichen Überwachungsgremien dargestellt werden. Eine Kritik dieser Rechtsprechung schließt sich an.

In den Allgemeinen Bemerkung zum Notstandsartikel 4 führt der Ausschuß zunächst aus, daß das Abweichen von bestimmten Normen nicht durch die Berufung auf Art. 4 IPbpR gerechtfertigt werden könne. Dies sind die Fälle, in denen ein Staat gegen Ius cogens verstößt oder in denen der Tatbestand des Verbrechens gegen die Menschlichkeit, wie er z.B. in Art. 7 IStGH-Statut normiert ist, erfüllt wurde.[255] Normen dieser Art sind – sofern sie im Zivilpakt normiert sind – folglich auch nicht derogierbar.

Darauffolgend geht der Ausschuß auf Rechte ein, die niemals derogierbar seien. Art. 10 IPbpR sei unabdingbar, da das Recht mit Menschlichkeit und Respekt vor der einem jedem Menschen innewohnenden Würde behandelt zu werden, eine "norm of general international law not subject to derogation" sei. Dies werde unterstützt durch die besonders enge Verknüpfung der Art. 10 und 7 IPbpR und durch die Erwähnung der dem Menschen innewohnenden Würde in der Präambel der Pakte.[256] Weiter führt der Ausschuß aus, daß die Verbote der Geiselnahme, Entführungen und geheimen Inhaftierungen ("unackowleged detentions"), die alle gemäß Art. 9 IPbpR verboten sind, absolut gelten. Auch dieses Derogationsverbot sei durch den Status der betreffenden Normen als "norm of general international law" gerechtfertigt.[257] Weiter führt der Ausschuß aus, daß es den in Art. 4 IPbpR als notstandsfest bezeichneten Rechten inhärent sei, daß sie durch verfahrensrechtliche und justizielle Garantien abgesichert seien. Auch von diesen

---

[254] MRA, General Comment Nr. 29 (Fn. 244), Nr. 13ff. Vgl. dazu auch *Eckart Klein*, Einige Betrachtungen zu General Comment No. 29 (2001) des Menschenrechtsausschusses, in: MenschenRechtsMagazin 2003, S. 126-131.

[255] MRA, General Comment Nr. 29 (Fn. 244), Nr. 12: "If action conducted under the authority of a State constitutes a basis for individual criminal responsibility for a crime against humanity by the persons involved in that action, article 4 of the Covenant cannot be used as justification that a state of emergency exempted the State in question from its responsibility in relation to the same conduct."

[256] MRA, General Comment Nr. 29 (Fn. 244), Nr. 13.

[257] Ebd.

Garantien darf niemals derogiert werden, da auf die Derogation nicht dergestalt zurückgegriffen werden dürfe, daß die nicht derogierbaren Rechte wirkungslos werden.[258] Dazu gehöre auch immer das Recht auf Habeas corpus[259] und ebenso das Recht auf Schutz durch ein zuständiges, unabhängiges, unparteiisches und auf Gesetz beruhendes Gericht.[260]

Dies bestätigt auch der Interamerikanische Gerichtshof in einem Gutachten aus dem Jahre 1987. Hier hatte der Gerichtshof zu klären, inwieweit von den justiziellen Garantien in Notstandsfällen abgewichen werden darf. Grundsätzlich gilt gemäß dem Normtext, daß Art. 27 Abs. 1 AMRK "does not authorize any suspension [...] of the judicial guarantees essential for the protection of such rights." (Art. 27 Abs. 2 AMRK). Der Gerichtshof stellte fest, daß das Recht auf Habeas corpus (Art. 7 Abs. 6 AMRK) und das Recht, eine wirksame Beschwerde (Art. 25 AMRK) gegen eine Menschenrechtsverletzung vor einem nationalen Gericht (Amparo) einzulegen, notwendige Rechte seien, um die ausdrücklich notstandsfesten Rechte zu schützen. In bezug auf Habeas corpus wird dies damit begründet, daß gerade dieses Recht vor Folter und grausamer, unmenschlicher oder erniedrigender Behandlung schütze,[261] in

---

[258] "Article 4 may not be resorted to in a way that would result in derogation from non-derogable rights." MRA, General Comment Nr. 29 (Fn. 244), Nr. 15.

[259] "In order to protect non-derogable rights, the right to take proceedings before a court to enable the court to decide without delay on the lawfulness of detention, must not be diminished by a state party's decision to derogate from the Covenant." MRA, General Comment Nr. 29 (Fn. 244), Nr. 16.

[260] "The provisions of the Covenant relating to procedural safeguards may never be made subject to measures that would circumvent the protection of non-derogable rights." MRA, General Comment Nr. 29 (Fn. 244), Nr. 15. Ein nicht dermaßen gestaltetes Gericht würde aber nicht unabhängig sein und damit die Rechte nicht mehr garantieren können. Zudem wäre die Beschwerde nicht mehr wirksam, wie es der nicht-derogierbare Art. 2 Abs. 3 IpbpR verlangt. Und in Nr. 16 hält der Ausschuß fest: "The Committee is of the opinion that the principles of legality and the rule of law require that fundamental requirements of fair trial must be respected during a state of emergency. Only a court of law may try and convict a person."

[261] "[H]abeas corpus performs a vital role in ensuring that a person's life and physical integrity are respected, in preventing his disappearance or the keeping of his whereabouts secret and in protecting him against torture or other cruel, inhuman or degrading punishment or treatment.", AGMR, Gutachten vom 30. Januar 1987, Nr. OC-8/87, (Ser. A) No. 8 (1987) – Habeas Corpus in Emergency Situations (Arts. 27(2) and 7(6) of the American Convention on Human Rights), Nr. 35. Auf dieses →

bezug auf die wirksame Beschwerde damit, daß diese auf alle Rechte angewandt werden könne und damit eben auch die notstandsfesten Rechte schütze.[262] Das Gleiche müsse dann aber für das Recht auf ein faires Verfahren (Art. 8 AMRK) gelten: ein Mensch in Haft könne kaum seine Menschenrechte wahrnehmen. Das Recht auf ein faires Gerichtsverfahren schütze also auch notstandsfeste Rechte:

> "Reading Article 8 together with Articles 7 (6), 25 and 27 (2) of the Convention leads to the conclusion that the principles of due process of law cannot be suspended in states of exception."[263]

Alle drei Rechte sind auch in der Amerikanischen Menschenrechtsdeklaration verbürgt. Da diese keine Derogationsklausel enthält, ist die der Konvention analog auch auf die Deklaration anzuwenden, da die zunächst unverbindliche Deklaration nicht weiter gehen kann als die Interamerikanische Menschenrechtskonvention. Dabei gilt es zu beachten, daß das Recht auf wirksame Beschwerde sowohl in der Amerikanischen Menschenrechtskonvention (Art. 25 Abs. 1) als auch in der Amerikanischen Menschenrechtsdeklaration (Art. XVIII) einen Gerichtshof als Entscheidungsorgan verlangt. Hingegen kann nach Art. 2 Abs. 3 lit. b IPbpR auch „eine andere, nach den Rechtsvorschriften des Staates zuständige Stelle" mit der Sache befaßt werden. Daß ein Gerichtshof entscheidet, ist dementsprechend im interamerikanischen Schutzsystem von erhöhter Bedeutung.

Das Recht auf Freiheit und Sicherheit ist das einzige auch in dem gemeinsamen Art. 3 GA erwähnte materielle Recht der Interamerikanischen Menschenrechtskonvention, das nicht derogationsfest ist. Da aber vor Geiselnahmen auch im Rahmen des Folterverbots geschützt wird,[264] so kann selbst im Falle eines Notstandes eine Geiselnahme nicht rechtmäßig sein.

Gutachten beruft sich auch die UN-Menschenrechtskommission in ihrem Statement zum Recht auf Habeas corpus vom 28. Feburar 1992, in dem sie alle Staaten dazu aufruft, dieses Recht auch in Zeiten des Notstandes zu respektieren, UN-Dok. E/CN.4/RES/1992/35.

[262] AGMR, Habeas Corpus in Emergency Situations (Fn. 261), Nr. 32.

[263] AGMR, Habeas Corpus in Emergency Situations (Fn. 261), Nr. 30.

[264] Zudem werden sie wohl auch niemals notwendig sein, um Notstandssituation zu beenden.

Der Europäische Gerichtshof für Menschenrechte hat im Gegensatz zum Interamerikanischen Gerichtshof die Notstandsfestigkeit des Rechts auf ein faires Verfahren (Art. 14 EMRK) nicht anerkannt. Ebenso wenig hat er die Notstandsfestigkeit eines anderen Rechts, das eine richterliche Kontrolle verlangt, des Rechts auf unverzügliche Vorführung vor einen Richter (Art. 5 Abs. 3 EMRK), anerkannt. Im Fall *Aksoy* betonte der Gerichtshof zwar, daß Art. 5 EMRK insgesamt ein „fundamental human right" sei, das gegen die willkürliche Einschränkung des Rechts auf Freiheit schütze.[265] Nichtsdestotrotz diskutiert der Gerichtshof nicht einmal eine mögliche Ausweitung der notstandsfesten Rechte, obgleich er erkennt, daß "prompt judicial intervention may lead to the detection and prevention of serious ill-treatment."[266] Der Gerichtshof stellt aber dennoch einen Verstoß gegen Art. 5 Abs. 3 EMRK fest, da die Maßnahmen nicht verhältnismäßig seien.[267] In dem älteren Urteil Irland gegen das Vereinigte Königreich aus dem Jahre 1978 sah er auch die Derogation von Art. 5 Abs. 4 EMRK, also des Rechts auf Habeas corpus, als möglich an.[268] Und auch im neuesten Urteil zu dem Notstandsartikel 15 EMRK, *Bilen* gegen die Türkei, verweist der Gerichtshof zwar darauf, daß

> «la privation de l'accès à un avocat, un médecin, un parent ou un ami, et l'absence de toute possibilité réaliste d'être traduit devant un tribunal aux fins de contrôle de la légalité de sa détention, signifiaient que le requérant était complètement à la merci de ses gardiens.»[269]

Dies stelle einen Verstoß gegen Art. 5 Abs. 3 und Abs. 4 EMRK dar,[270] nicht aber weil Art. 15 EMRK die Derogation ganz verbiete (auf diese Frage geht der Gerichtshof überhaupt nicht ein), sondern weil die Türkei nicht dargelegt habe, warum die Garantien im Kampf gegen den Terrorismus in so umfassender Weise eingeschränkt

---

[265] EGMR, *Aksoy ./. Türkei* (21987/93), Urteil v. 18. Dezember 1996, RJD 1996-VI, Nr. 76.

[266] EGMR, *Aksoy ./. Türkei* (Fn. 265), Nr. 76.

[267] EGMR, *Aksoy ./. Türkei* (Fn. 265), Nr. 83f.

[268] EGMR, *Irland ./. Vereinigtes Königreich* (5310/71), Urteil v. 18. Januar 1978, Series A No. 25, Nr. 220.

[269] EGMR, *Bilen ./. Türkei* (34482/97), Urteil v. 21. Mai 2006, Nr. 47.

[270] EGMR, *Bilen ./. Türkei* (Fn. 269), Nr. 50, 53f.

werden müßten.²⁷¹ In allen Urteilen des Gerichtshofs ist festzustellen, daß er sich überhaupt nicht mit der Frage auseinandersetzt, ob manche Rechte nicht nach Art. 15 EMRK uneinschränkbar sind, obwohl sie dort nicht explizit genannt sind. Er prüft die Einschränkbarkeit jeweils im Rahmen der Verhältnismäßigkeit der Derogation und erkennt im übrigen den Staaten einen weiten „margin of appreciation" in bezug auf alle Fragen des Art. 15 EMRK zu.²⁷² Allerdings ist zu betonen, daß die Verhältnismäßigkeit der Derogation vom Gerichtshof selbst umfassend und genau geprüft wird.²⁷³

Daneben gibt es innerhalb der Rechtsprechung des Europäischen Gerichtshofs für Menschenrechte einen zweiten Ansatz, wie justizielle Menschenrechte, hier das Recht auf ein faires Verfahren, an der Notstandsfestigkeit durch Art. 15 EMRK teilhaben können. Der Europäische Gerichtshof für Menschenrechte führt nämlich aus, daß ein Todesurteil nach einem unfairen Verfahren nicht nur gegen Art. 6 EMRK sondern auch gegen Art. 3 EMRK verstößt:

"In the Court's view, to impose a death sentence on a person after an unfair trial is to subject that person wrongfully to the fear that he will be executed. The fear and uncertainty as to the future generated by a sentence of death, in circumstances where there exists a real possibility that the sentence will be enforced, must give rise to a significant degree of human anguish. Such anguish cannot be dissociated from the unfairness of the proceedings underlying the sentence which, given that human life is at stake, becomes unlawful under the Convention."²⁷⁴

---

[271] EGMR, *Bilen ./. Türkei* (Fn. 269), Nr. 47: « [L]e Gouvernement n'avait pas présenté de raisons détaillées expliquant pourquoi la lutte contre le terrorisme dans le Sud-Est de la Turquie rendait impraticable toute intervention judiciaire. »

[272] St. Rspr., vgl. nur EGMR, *Irland ./. Vereinigtes Königreich* (Fn. 268), Nr. 207; EGMR, *Brannigan und McBride ./. Vereinigtes Königreich* (14553/89; 14554/89), Urteil v. 26. Mai 1995, A258-B, Nr. 43.

[273] EGMR, *Irland ./. Vereinigtes Königreich* (Fn. 268), Nr. 207; *Brannigan and McBride ./. Vereinigtes Königreich* (Fn. 272), Nr. 43: "Nevertheless, Contracting Parties do not enjoy an unlimited power of appreciation. It is for the Court to rule on whether inter alia the States have gone beyond the 'extent strictly required by the exigencies' of the crisis. The domestic margin of appreciation is thus accompanied by a European supervision."

[274] EGMR, Große Kammer, *Öcalan ./. Türkei* (46221/99), Urteil v. 12. Mai 2005, Nr. 169.

Ist das Urteil aber kein Todesurteil, so wird dies wohl kaum übertragbar sein. Damit ist der Schutz über Art. 3 EMRK nur ein sehr geringer.

Ebensowenig diskutiert der Europäische Gerichtshof für Menschenrechte die Notstandsfestigkeit des Art. 5 Abs. 1 EMRK (Verbot der willkürlichen Verhaftung). Aber auch hier nimmt er eine genaue Prüfung der Verhältnismäßigkeit vor. So kommt er in einem Fall, in dem jemand ohne Haftbefehl inhaftiert wurde, trotz Derogation zu dem Ergebnis, daß das Recht auf Sicherheit und Freiheit verletzt sei, da nicht dargelegt werden konnte, wieso die Verhaftung ohne Haftbefehl "strictly required by the exigencies of the situation"[275] war.

Der Europäische Gerichtshof für Menschenrechte hat es bis jetzt versäumt, sich mit den Ansichten des Menschenrechtsausschusses und des Interamerikanischen Gerichtshofs für Menschenrechte zu befassen. Zwar sind die Begründungen gerade des Menschenrechtsausschusses im einzelnen z.T. schwierig nachzuvollziehen. In der Sache aber ist ihm dennoch zuzustimmen. Problematischerweise beruft sich der Menschenrechtsausschuß einmal auf die "norms of general international law", also allgemeine vertragsrechtliche und völkergewohnheitsrechtliche Normen.[276] Diese Begründung ist unverständlich, denn gerade solche Normen lassen sich durch einfachen Vertragsschluß ändern.[277] Aber insgesamt hat der Menschenrechtsausschuß überzeugende Argumente auf seiner Seite. So kann es tatsächlich nicht sein, daß zwar die Rechte selbst nicht eingeschränkt werden dürfen, die Mechanismen zu ihrem Schutz hingegen schon. Dies würde auf eine faktische Derogation der derogationsfesten Rechte hinauslaufen. Menschenrechte müs-

---

[275] EGMR, *Ahmet Okzan et al. ./. Türkei* (21689/93), Urteil v. 6. April 2004, Nr. 382.

[276] *Peter Malanczuk*, Akehurst's Introduction to Modern International Law, 7. Aufl. 1997, S. 2.

[277] Dieselbe Kritik äußert *Eckart Klein* in bezug auf die ähnliche Argumentationsweise des Menschenrechtsausschusses in dessen General Comment Nr. 24 (Fn. 101). *Klein*, A Comment on the Issue of Reservations to the Provisions of the Covenant Representing (Peremptory) Rules of General International Law, in: Ineta Ziemele, Reservations to Human Rights Treaties and the Vienna Convention Regime, S. 59-65, 61f.

sen zuvorderst auf nationaler Ebene geschützt werden.[278] Erst bei deren Versagen kann auf die zweite – weniger effektive – Ebene des Rechtsschutzes, die internationale Ebene, gewechselt werden. Ansonsten würde der Vertrag seine effektive Wirksamkeit verlieren. Mit dem Abschluß des Vertrages haben sich die Staaten aber verpflichtet, die dort garantierten Rechte zu achten und zu gewährleisten (explizit festgeschrieben in Art. 2 Abs. 1 IPbpR und Art. 1 AMRK). Das können sie nur, wenn sie auch in Notstandszeiten justizförmige Verfahren zur Verfügung stellen, die eben dies gewährleisten. Man könnte übrigens auch eine Ermessensreduzierung auf Null annehmen: Weil es niemals unbedingt erforderlich sein kann, daß Menschen unmenschlich behandelt werden, daß Gerichtsverfahren unfair und willkürlich vonstatten gehen, und es niemals nötig sein kann, auf eine Haftüberprüfung zu verzichten – eine Ausweitung des Zeitraumes ohne eine solche Haftüberprüfung läßt sich ohne Hilfe des jeweiligen Notstandsartikels bewerkstelligen – kann der Notstandsartikel in diesen Fällen niemals rechtmäßig angewendet werden. Eine Prüfung im Einzelfall müßte und dürfte deshalb gar nicht mehr stattfinden.

Des weiteren läßt sich argumentieren, daß der gemeinsame Art. 3 GA einen humanitären Mindeststandard darstellt, der auch in den Fällen eingehalten werden muß, in denen gar kein bewaffneter Konflikt vorliegt, da ein Absinken unter den in Kriegszeiten gültigen Standard in Friedenszeiten kaum notwendig sein kann.[279] "What Government would dare to claim before the world, in a case of civil disturbances which could justly be described as mere acts of banditry, that, Article 3 not being applicable, it was entitled to leave the wounded uncared for, to torture and mutilate prisoners and take hostages?"[280]

---

[278] *Oona A. Hathaway*, The Promises and Limits of the International Law of Torture, in: Sanford Levinson (Hrsg.), Torture – A Collection, 2004, S. 199-212, 205f.

[279] *Stephanos Stavros*, The Right to a Fair Trial in Emergency Situations, in: 41 International and Comparative Law Quarterly 41 1992, S. 343-365, 349. S. auch *Stefanie Schmahl*, Derogation von Menschenrechtsverpflichtungen in Notstandslagen, in: Dieter Fleck (Hrsg.), Rechtsfragen der Terrorismusbekämpfung durch Streitkräfte, 2004, S. 125-146, 134.

[280] *Pictet* (Fn. 185), Article 3, S. 36.

Aber selbst wenn man annehmen sollte, daß die Rechtsprechung des Menschenrechtsausschusses zu verwerfen ist und nur die ausdrücklichen Derogationsverbote zu beachten seien, müßten die USA gemäß Art. 4 Abs. 1 IPbpR im Falle einer Derogation ihre weitergehenden völkerrechtlichen Verpflichtungen einhalten. Ansonsten ist die Derogation auch unter dem Pakt ungültig. Die Amerikanische Menschenrechtskonvention ist hier sehr deutlich, die justiziellen Garantien sind nicht abdingbar. Zwar sind die USA kein Vertragsstaat, aber über die Amerikanische Menschenrechtsdeklaration sind auch sie an die Derogationsregeln der Menschenrechtskonvention gebunden. Da ihre Derogation im Rahmen des Art. 4 nicht gegen andere völkerrechtliche Verpflichtungen verstoßen darf, würde sie auch gegen Art. 4 IPbpR verstoßen. Der Menschenrechtsausschuß hat überdies festgestellt, daß er befugt sei, im Rahmen einer Überprüfung der Rechtmäßigkeit von Derogationen auch die Normen anderer Verträge miteinzubeziehen.[281] Alleine schon wegen der Verpflichtungen aus dem interamerikanischen Menschenrechtsschutzsystem könnte der Menschenrechtsausschuß eine Verletzung des Paktes, nämlich der Nichteinhaltung der Voraussetzungen des Art. 4 IPbpR, feststellen.

Es zeigt sich deutlich, daß der materielle Schutz der Menschenrechtsverträge sehr hoch ist, selbst im Falle der Derogation. Bei richtiger Auslegung der Menschenrechtsverträge gilt dies nicht nur für die Mitgliedstaaten der OAS, sondern für alle Paktmitglieder. Der Schutz des gemeinsamen Art. 3 GA ist also gar nicht – wie gerne angenommen wird[282] – höher. Deshalb spricht das Ausmaß des materiellen Schutzes für des Terrorismus Verdächtige nicht für eine parallele Anwendung von humanitärem Völkerrecht und den menschenrechtlichen Regeln.

---

[281] "Although it is not the function of the Human Rights Committee to review the conduct of a State party under other treaties, in exercising its functions under the Covenant the Committee has the competence to take a State party's other international obligations into account when it considers whether the Covenant allows the State party to derogate from specific provisions of the Covenant." MRA, General Comment Nr. 29 (Fn. 244), Nr. 10. S. auch unten Fn. 360.

[282] Vgl. die Nachweise in Fn. 237.

b. Bindung an Menschenrechte

Es wird behauptet, daß nur durch die Anwendung von humanitärem Völkerrecht auch die Terroristen an humanitäre Mindeststandards gebunden sind, da sie als nichtstaatliche Einheiten nicht an die Menschenrechte gebunden sind.[283] Dies ist im Kern auch richtig. Die Menschenrechte der 1. Generation sind inzwischen nicht mehr nur Abwehrrechte des einzelnen gegen den Staat. Sie haben sich zu Schutz- und Leistungsrechten weiterentwickelt und haben eine positive Dimension erlangt, die über das Nichteingreifen hinausgeht.[284] Dennoch binden sie den Staat und nicht einzelne Gruppen. Es wird zwar vereinzelt erwogen, die großen internationalen Firmen (sog. Transnational oder Multinational companies) völkerrechtlich zur Einhaltung der Menschenrechte zu zwingen, aber diese Entwicklung hat bis jetzt noch keinen Erfolg.[285] Die Menschenrechte binden sie genauso wenig wie sie Terroristen binden.

Würde man das Recht des nicht-internationalen bewaffneten Konflikts auf Terroristen anwenden, so wären diese verpflichtet, ihrerseits den gemeinsamen Art. 3 GA einzuhalten.[286] Das ist jedoch lediglich ein rechtlicher, nicht ein tatsächlicher Vorteil. Zwar muß man im Völkerrecht immer vorsichtig sein, wenn tatsächliche Argumente gegen Rechtsargumente vorgebracht werden. Bei der Übertragung von Pflichten auf Non-state-actors, die außerhalb jedes Rechtsrahmens handeln – selbst dem der Shari'a – läßt sich ein solcher Hinweis aber nicht vermeiden. Gerade terroristische Aktionen leben davon, daß gegen fundamentale Menschenrechte ver-

---

[283] Vgl. Fn 234.

[284] *Klein* (Fn. 63), S. 298.

[285] Vgl. *Surya Deva*, Human Rights Violations by Multinational Corporations and International Law: Where from Here?, in: 19 Connecticut Journal of International Law 2003, S. 1-57; *Kirsten Schmalenbach*, Multinationale Unternehmen und Menschenrechte, in: 39 Archiv des Völkerrechts 2001, S. 57-81.

[286] *Burgos* (Fn. 234), S. 22; *Bothe* (Fn. 181), Rn. 121. Das „wie" der Bindung ist zwar umstritten, über das „ob" sind sich aber alle einig. Vom Internationalen Komitee vom Roten Kreuz wird vertreten, daß die Aufständischen gebunden sind, wenn sie eine effektive Kontrolle über ein Territorium ausüben, *Pictet* (Fn. 185), Article 3, S. 37. Der Kommentar schweigt aber zu den Fällen, in denen sie das nicht tun. Andere sehen eine Ausnahme vom Grundsatz „pacta tertiis nec prosunt nec nocent" als Grund für die Bindung.

stoßen wird. Jede terroristische Handlung ist eine Menschenrechtsverletzung. Die einzige Möglichkeit, nicht gegen den gemeinsamen Art. 3 GA zu verstoßen, wäre, wenn Terroristen ihre gesamte Strategie umstellten. Das aber wird nicht passieren, denn: "[they] feel that they cannot abide by the rules if they are to succeed."[287] Und sollten Terroristen tatsächlich ihre Strategie umstellen und Terror nicht mehr als Mittel ansehen, dann ist auch der Kampf gegen den Terror beendet, denn der Terror selbst wird aufgehört haben zu existieren. Das Argument, daß nur so die Terroristen selbst an humanitäre Mindeststandards gebunden seien, verkennt die Macht des Rechts und kann deshalb nicht überzeugen.

Es ließe sich nun daran denken, daß gerade aus der Unfähigkeit und Unmöglichkeit der Terroristen, sich an das Recht zu halten, eine Berechtigung für Staaten folgt, ihrerseits ebenso das Recht zu mißachten. Hier gilt aber, daß menschenrechtliche Verpflichtungen keine Reziprozität voraussetzen. Ebensowenig wie eine Menschenrechtsverletzung mit einer anderen beantwortet werden darf, darf der Staat sich aus seinen Verpflichtungen zurückziehen, weil die Terroristen diese gar nicht erst eingegangen sind.

c. *Territorialer Anwendungsbereich*

Wie oben schon festgestellt wurde, wird von einigen Regierungen geleugnet, daß der Anwendungsbereich der Menschenrechte auch extraterritorial gilt.[288] Wiewohl in der Sache falsch, sind die realen Folgen eines solchen theoretischen Streits sichtbar: das gesamte Extraordinary-renditions-Programm besteht aufgrund eben dieser falschen Auslegung.[289] Die territoriale Anwendbarkeit der Normen des humanitären Völkerrechts ist hingegen nicht umstritten. Jedoch geben die Genfer Konventionen in anderer Hinsicht Anlaß zum Streit. Plastisch wird dies an der Rechtsfigur des Unlawful

---

[287] *Bassiouni* (Fn. 215), S. 98.

[288] Vgl. oben S. 32.

[289] Wobei den USA gerade auch die Nichtanwendbarkeit der US-Verfassung wichtig war. Aber auch hier geht es um die Frage, inwiefern ein Rechtsdokument auf fremdes Territorium anwendbar ist.

combattant,[290] die dem Genfer Recht unbekannt ist, aber dennoch seitens der US-Administration reaktiviert wurde, um die Anwendbarkeit der Genfer Konventionen zu begrenzen. Es gibt also sowohl im Hinblick auf den Zivilpakt als auch auf die Genfer Konventionen Streit um die konkrete Anwendbarkeit. Da sich solche Meinungsverschiedenheiten bei jedem Vertrag ergeben, erscheint es für den Schutz des einzelnen besser, wenn sich die betreffenden Staaten auf mehreren Gebieten rechtfertigen müssen. Je öfter Begründungen bemüht werden müssen, deren Tragfähigkeit nicht besonders belastbar ist, desto mehr Menschen wird auffallen, daß Recht zu Unrecht degradiert wird. Der öffentliche Druck ist eine nicht zu unterschätzende Macht in Gesellschaften jeglicher Art, vor allem in Demokratien. Allerdings fällt bezüglich den USA auf, daß die öffentliche Debatte sich fast ausschließlich auf die Anwendbarkeit der Genfer Konvention konzentriert.[291] Selbst im *Hamdan*-Urteil diskutiert der US-Supreme Court ausführlich die Anwendbarkeit der Genfer Konventionen, der Zivilpakt taucht aber nur ein einziges Mal

---

[290] Dieser Begriff entstammt aus einem Urteil des US-Supreme Court aus dem Jahre 1942, also aus der Zeit vor den Genfer Konventionen und ist damit überholt, Ex Parte Quirin et al., 317 U.S. 1. Zum Problem des „unlawful combattant" s. auch *Judith Wieczorek*, Unrechtmäßige Kombattanten und humanitäres Völkerrecht, 2005.

[291] So klar *Jason D. Söderblom*, Guantánamo Bay – Trials of Suspected Taliban – Breaching Standards of International Human Rights Law and International Humanitarian Law, 4. Juni 2003: "There are at least two regimes of international law that lobby for the benefit of those detained in Guantánamo Bay. Yet it would seem that the Geneva Convention is the sole favorite of the print, television and radio journalists reporting on Guantánamo Bay. The ICCPR barely rates a mention.", abrufbar unter: http://world-ice.com/Articles/Guantanamo.pdf (10. Februar 2007). Diese Aussage läßt sich auch auf den „Krieg gegen Terror" allgemein ausweiten. So ergibt die Sucheingabe unter www.google.de bei den Stichwörtern „war on terror" und „Geneva" 990.000 Treffer, wird „Geneva" aber durch „Covenant" ersetzt, so ergeben sich 270.000 Treffer (10. Januar 2007). Bei www.google-scholar.com, der wissenschaftlichen Suchmaschine von Google, verändert sich das Verhältnis ein wenig: 2030 Treffer für die erste Kombination mit „Geneva", 779 für die zweite Kombination mit „Covenant." Allerdings ist diese Suchmaschine nur eine Beta-Version, also erst im Aufbau begriffen, und nicht besonders umfassend. Aber auch im wissenschaftlichen Bereich scheint die Beschäftigung mit dem humanitären Völkerrecht im Vodergrund zu stehen. Dies wird aber auch daran liegen, daß innerhalb des „Krieges gegen den Terror" schon zwei bewaffnete Konflikte geführt wurden.

in einer Fußnote auf.[292] Die Einhaltung des Zivilpaktes wurde kaum öffentlich gefordert. Dies könnte daran liegen, daß die Fokussierung auf mehrere völkerrechtliche Verträge statt auf einen Vertrag einer (Medien-)Gesellschaft wie der unseren nicht zuzumuten ist. Eine andere Erklärung wäre, daß es hauptsächlich darum geht, auf die Rechtswidrigkeit des US-amerikanischen Handelns hinzuweisen und als Synonym für alle Normen des Völkerrechts die Genfer Konvention benutzt wird. Wie dem auch sei, es erscheint mehr als fraglich, ob mehrere „Rechtfertigungsfronten" für einen Staat entstehen und ob dies überhaupt Sinn macht. Rein rechtlich betrachtet ist eine solche Verdoppelung des materiellen Schutzes sowieso nicht nötig. Daß der territoriale Anwendungsbereich bei den Genfer Konventionen unstrittig ist, mag ein Vorteil sein. Dieser Vorteil alleine reicht aber nicht aus, um eine Anwendbarkeit de lege ferenda zu befürworten.

d. Überwachungsmechanismen

Wie oben gesehen, installieren die Menschenrechtsverträge auch Überwachungsmechanismen. Über deren Erfolg läßt sich leider vortrefflich streiten[293] – allerdings nicht in grundsätzlicher Art und Weise, denn selbst ein gerettetes Menschenleben oder eine erfahrene Genugtuung eines Gefolterten sind Grund und Erfolg genug. Da auch im Rahmen des humanitären Völkerrechts Überwachungsmechanismen greifen können, scheint sich durch die Anwendung des Artikels wenn schon nicht der nominelle, so doch der tatsächliche Schutz des einzelnen zu verbessern. Um das beurteilen zu können, werden im folgenden jeweils knapp die Überwachungssysteme des Internationalen Komitees vom Roten Kreuz und des Internationalen Strafgerichtshofs[294] vorgestellt. Letzteres kennt die Strafbarkeit von schweren Verstößen gegen den gemeinsamen Art.

---

[292] US-Supreme Court, *Hamdan .l. Rumsfeld, Secretary of Defense, et al.* (Fn. 183), Fn. 66.

[293] Vgl. *Hathaway* (Fn. 278) und *Ryan Goodman/Derek Jinks*, Measuring the Effects of Human Rights Treaties, in: 14 EJIL 2003, S. 171-183.

[294] Rome Statute of the International Criminal Court. Römisches Statut des Internationalen Strafgerichtshofs, vom 17. Juli 1998, 2187 UNTS 3, BGBl. 2000 II S. 1393, von 104 Staaten ratifiziert (Stand: 10. Februar 2007).

3 der Genfer Konventionen. Beide Systeme unterscheiden sich dabei grundsätzlich voneinander: Der Überwachungsmechanismus des Internationalen Komitees vom Roten Kreuz dient dem präventiven Schutz der Gefangenen. Die Strafbarkeit vor dem IStGH dient der nachträglichen strafrechtlichen Verurteilung. Sie hat aber wie jede strafrechtliche Androhung auch präventive Wirkung.

aa. Internationales Komitee vom Roten Kreuz

Dieses System unterscheidet sich in fundamentaler Weise von den Schutzmechanismen der Menschenrechtsverträge. So existieren weder ein Staatenbeschwerde- noch ein Individualbeschwerdeverfahren. Auch ein jährliches Berichtssystem besteht nicht, nicht einmal eine regelmäßige Berichtspflicht. Dafür aber steht dem Internationalen Komitee vom Roten Kreuz ein Besuchssystem zur Verfügung. Dieses System ist vorbildhaft. So wurden die Besuchsmechanismen der Europäischen Konvention zur Verhütung von Folter und unmenschlicher oder erniedrigender Behandlung oder Strafe (Europäische Folterkonvention oder ECPT) vom 26. November 1987[295] und auch des am 22. Juni 2006 in Kraft getretenen Zusatzprotokolls zur UN-Folterkonvention nach ihrem Vorbild modelliert.[296] Jeweils gilt: Die Besuche müssen angemeldet sein, es darf mit Häftlingen alleine gesprochen werden, aber die Berichte dürfen nur dem inhaftierenden Staat zukommen, sie dürfen nicht öffentlich gemacht werden. Dies ist der Preis, der zu zahlen ist, damit Staaten sich auf das Besuchssystem überhaupt eingelassen haben.[297]

---

[295] European Convention for the Prevention of Torture and Inhuman or Degrading Treatment or Punishment, vom 26. November 1987, in Kraft getreten am 1. Februar 1989, ETS No. 126, BGBl. 1989 II S. 946, von 45 Staaten ratifiziert (Stand: 27. August 2004); mit „Erläuterndem Bericht" abgedruckt in: EuGRZ 1989, S. 502. S. dazu *Manfred Nowak*, Die Europäische Konvention zur Verhütung der Folter, in: EuGRZ 1988, S. 537-542; zur Arbeit des Komitees s. insbesondere *Ralf Alleweldt*, Präventiver Menschenrechtsschutz, in: EuGRZ 1998, S. 245-271.

[296] Siehe insbesondere die Art. 2, 7 und 8 European Convention for the Prevention of Torture and Inhuman or Degrading Treatment or Punishment sowie Art. 4, 13 und 14 ZP I zur CAT.

[297] *Paul Bonard*, Modes of action used by humanitarian players: criteria for operational complementarity, 1999, Kapitel 9.2.2.2 a).

In internationalen bewaffneten Konflikten bestimmen die Art. 123 und 126 GA III für Kriegsgefangene und Art. 76, 140 und 143 GA IV für Zivilisten, daß dem Internationalen Komitee vom Roten Kreuz ein Besuchsrecht zusteht. In nicht-internationalen bewaffneten Konflikten jedoch gibt es kein rechtlich abgesichertes Besuchsrecht auf der Ebene der Abkommen. Weder der gemeinsame Art. 3 GA noch das Protokoll II sehen ein solches vor. Allerdings ist es im Statut des Internationalen Komitees vom Roten Kreuz verankert und bezieht sich dort neben den bewaffneten Konflikten auch auf Konflikte, die unterhalb dieser Schwelle bleiben.[298] Das Statut wurde einstimmig von der Internationalen Rot-Kreuz-Konferenz verabschiedet, auf der nicht nur die nationalen Rot-Kreuz-Gesellschaften dem Statut zustimmten, sondern auch die Vertragsparteien der Genfer Abkommen.[299] Diese umfassende Besuchspraxis ist also international anerkannt.[300] So schreibt auch die Interamerikanische Menschenrechtskommission:

> "[T]he services of the International Committee of the Red Cross [...] may be offered and accepted in the context of international or non-international armed conflicts as well as potentially in situations of tensions and disturbances falling short of armed conflict."[301]

Das Besuchsrecht kann als Soft law bezeichnet werden. In der Praxis wird es in nahezu jedem Zusammenhang von den Staaten ak-

---

[298] Art. 4 Abs. 1 lit. d des Statuts bestimmt: "The role of the ICRC shall be in particular: d) to endeavour at all times — as a neutral institution whose humanitarian work is carried out particularly in time of international and other armed conflicts or internal strife — to ensure the protection of and assistance to military and civilian victims of such events and of their direct results." Weiter bestimmt Abs. 2: "The ICRC may take any humanitarian initiative which comes within its role as a specifically neutral and independent institution and intermediary, and may consider any question requiring examination by such an institution." Abrufbar unter: www.icrc.org/web/eng/siteeng0.nsf/htmlall/icrc-statutes-080503?opendocument (10. Februar 2007).

[299] *Burgos* (Fn. 234), S. 15, der leider das Jahr nicht nennt. Die letzte Neufassung des Statuts ist aus dem Jahre 2003.

[300] Vgl. die zahlreichen Resolutionen der Internationalen Rot-Kreuz-Konferenz, z.B. Res. I (1986), Res. IV (1981), Res. XVIII (1969) Res. XXXI (1965) und Res. XIV (1938) und s. unten Fn. 304.

[301] AKMR, Report on Terrorism and Human Rights (Fn. 72), Nr. 71.

zeptiert.[302] Die Politik des Komitees vom Roten Kreuz läßt sich dabei wie folgt zusammenfassen:

"[It uses] the ambiguities of the text in order to push the threshold as far down as possible, and to establish its *locus standi* to act even in situations falling below it. In particular, the ICRC strove to have access in all such situations to prisoners and detainees with a view to ensuring their humane treatment, an activity which is highly prized by the ICRC and in which it feels particular confident."[303]

Das Internationale Komitee vom Roten Kreuz hat also weder in nicht-internationalen bewaffneten Konflikten noch in den unter diese Schwelle fallenden Konflikten ein Recht auf Besuche. Nichtsdestotrotz ist es in der Lage, Gefangene zu besuchen. Der öffentliche Druck, der auf den Staaten lastet, ist meist so hoch, daß sie diesem auch ohne rechtliche Verpflichtung nachgeben. Im Fall des „Kriegs gegen den Terror" haben sowohl der damalige UN-Generalsekretär *Kofi Annan* als auch der Menschenrechtsausschuß betont, daß dem Internationalen Komitee vom Roten Kreuz Zutritt zu den Gefangenen zu gewähren sei.[304] Da die Staaten das auch heute schon in Fällen der „Nicht-Konflikte" tun, z.B. bei politischen Häftlingen, ist es weder rechtlich noch tatsächlich von Belang, ob es sich bei dem Krieg gegen den Terror um einen internen bewaffneten Konflikt oder nicht handelt. Denn einen rechtlichen Anspruch auf Besuche hat das Internationale Komitee vom Roten Kreuz in keinem der beiden Fälle. Ob dem Besuchswunsch dennoch entsprochen

---

[302] *Alain Aeschlimann*, Protection of Detainees: ICRC action behind bars, in: Revue internationale de la Croix-Rouge/International Review of the Red Cross No. 857 (2005), S. 83-122, 88.

[303] *Abi-Saab* (Fn. 181), S. 224.

[304] *Jeanne Rubner*, Annan kritisiert Geheimgefängnisse, in: Süddeutsche Zeitung, 9./10. Dezember 2006, S. 5. MRA, Concluding Observations on the 2nd and 3rd US-report, 27. Juli 2006, UN-Dok. CCPR/C/US-A/CO/3, Nr. 12: "The State party should immediately cease its practice of secret detention and close all secret detention facilities. It should also grant the International Committee of the Red Cross prompt access to any person detained [and] should also ensure that detainees, regardless of their place of detention, always benefit from the full protection of the law."

wird, wird sich kaum nach der rechtlichen Einordnung eines Konflikts richten.[305]

bb. Internationaler Strafgerichtshof

Auch der IStGH unterscheidet sich grundsätzlich von den bisher dargestellten Überwachungsmechanismen. Während alle anderen Mechanismen den Staat als potentiellen Verletzer betrachten, wechselt hier die Perspektive auf den einzelnen. Dieser kann für seine Taten persönlich vor einem internationalen Gericht zu strafrechtlicher Verantwortung gezogen werden. Das Statut des Internationalen Strafgerichtshofes wurde 1998 unterzeichnet, es trat am 1. Juli 2002 in Kraft.[306] Hierdurch hat das Völkerstrafrecht eine völlig neue Qualität erlangt: Erstmals wurde ein Gericht geschaffen, das nicht auf Straftaten beschränkt ist, die im Rahmen bestimmter einzelner bewaffneter Konflikte begangen wurden. Jeder einzelne Konflikt kann Gegenstand seiner Jurisdiktion sein. Strafbar sind Völkermord (Art. 6 IStGH-Statut), Verbrechen gegen die Menschlichkeit (Art. 7 IStGH-Statut), Kriegsverbrechen (Art. 8 IStGH-Statut) und – sobald man sich auf eine Definition des Begriffs geeinigt hat – auch die Aggression.[307] Das Gericht judiziert ohne Ansehung der Immunität der beschuldigten Personen.[308] Zuständig ist der IStGH nur,

---

[305] Ebenso *Jean-Pierre Hocké*, Effects of Disintegration of Government and Protection of Human Rights, in: Centre for Applied Studies in International Negotiations (Hrsg.), IPSA Study Group on Human Rights, Human Rights: From Theory to Practice, 1982, S. 199-221, 212.

[306] Vgl. dazu allgemein *Claudia Mahler*, Der Internationale Strafgerichtshof, in: dies./Norman Weiß (Hrsg.) Menschenrechtsschutz im Spiegel von Wissenschaft und Praxis, 2004, S. 292-320.

[307] *Carsten Stahn*, Der Weltstrafgerichtshof: Ein effektiver neuer Pfeiler im System des internationalen Menschenrechtsschutzes?, in: MenschenRechtsMagazin 1998, S. 106-114, 107; *Meinhard Schröder*, Verantwortlichkeit, Völkerstrafrecht, Streitbeilegung und Sanktionen, in: Wolfgang Graf Vitzthum (Hrsg.), Völkerrecht, 3. Aufl. 2004, S. 535-588, Rn. 52; vgl. auch *Martin Hummrich*, Der völkerrechtliche Straftatbestand der Aggression, 2001.

[308] Art. 27 Abs. 3 IStGH-Statut; vgl. aber Art. 98 IStGH-Statut, der bestimmt, daß der Gerichtshof „kein Überstellungs- oder Rechtshilfeersuchen stellen [darf], das vom ersuchten Staat verlangen würde, in bezug auf die Staatenimmunität oder die diplomatische Immunität einer Person oder des Eigentums eines Drittstaats entgegen seinen völkerrechtlichen Verpflichtungen zu handeln, sofern der Gerichtshof nicht →

wenn ein Staatsangehöriger eines Vertragsstaates ein Verbrechen begangen haben soll oder es auf dem Staatsgebiet eines Vertragsstaates geschehen ist (Art. 12 IStGH-Statut). Allerdings kann der IStGH nur eingreifen, wenn der eigentlich zuständige Staat nicht oder nicht ernsthaft die Strafverfolgung aufgenommen hat (Art. 17 IStGH-Statut). Auch durch Überweisung des Sicherheitsrates kann die Zuständigkeit des IStGH begründet werden (Art. 13 lit. b IStGH-Statut). Die USA haben das Statut allerdings nicht ratifiziert. Auch wird der Sicherheitsrat aufgrund des US-Vetorechts keinen US-amerikanischen Staatsangehörigen nach Den Haag, dem Sitz des IStGH, überstellen.[309] Es kommt also nur eine Überstellung durch einen dritten Staat in Betracht, die jedoch als unwahrscheinlich gelten muß. Dennoch soll hier ein grundsätzlicher Blick darauf geworfen werden, ob der IStGH als Garant des humanitären Völkerrechts im „Krieg gegen den Terror" in Betracht kommen würde und es deshalb grundsätzlich angezeigt wäre, die Anwendung des humanitären Völkerrechts auf den Krieg gegen den Terror zu bejahen. Ein besonderer Vorteil ist, daß im Gegensatz zu allen anderen Überwachungsmechanismen hier nicht nur staatliche Beamte angesprochen sind, sondern auch Terroristen zur Verantwortung gezogen werden können.

Einzig Art. 8 Abs. 2 lit. c IStGH-Statut stellt auf einen internen bewaffneten Konflikt ab. Danach liegt ein „Kriegsverbrechen" dann vor, wenn jemand

„im Falle eines bewaffneten Konflikts, der keinen internationalen Charakter hat, schwere Verstöße gegen den gemeinsamen Artikel 3 der vier Genfer Abkommen vom 12. August 1949 [begeht], nämlich die

---

zuvor die Zusammenarbeit des Drittstaats im Hinblick auf den Verzicht auf Immunität erreichen kann."

[309] Stattdessen haben die USA eine Kampagne gegen den IStGH gestartet. So wurden weltweit Abkommen mit befreundeten Staaten abgeschlossen, nach denen es diesen untersagt ist, US-Amerikaner an den IStGH zu überstellen. Der herausragendste Akt gegen den IStGH ist aber der American Servicemember Protection Act aus dem Jahre 2002, der auch The Hague Invasion Act genannt wird. Danach ermächtigt der US-Kongress den US-Präsidenten, eine Militäraktion durchzuführen, um eventuell US-amerikanische Armeeangehörige aus dem Gefängnis des IStGH zu befreien, vgl. Human Rights Watch, U.S.: 'Hague Invasion Act' Becomes Law, 3. August 2002, www.hrw.org/press/2002/08/aspa080302.html (10. Februar 2007).

Verübung jeder der folgenden Handlungen gegen Personen, die nicht unmittelbar an den Feindseligkeiten teilnehmen [...]: i) Angriffe auf Leib und Leben, insbesondere vorsätzliche Tötung jeder Art, Verstümmelung, grausame Behandlung und Folter; ii) die Beeinträchtigung der persönlichen Würde, insbesondere entwürdigende und erniedrigende Behandlung; iii) Geiselnahme; iv) Verurteilungen und Hinrichtungen ohne vorhergehendes Urteil eines ordentlich bestellten Gerichts [...]."

Der folgende Absatz 2 lit. d benennt Fälle, in denen kein bewaffneter Konflikt vorliegt. Dies sind „innere Unruhen und Spannungen, wie Tumulte, vereinzelt auftretende Gewalttaten oder andere ähnliche Handlungen."

Hier zumindest zeigt sich ein Vorteil der Anwendung des Rechts des nicht-internationalen bewaffneten Konflikts: die Strafbarkeit von Verstößen gegen den gemeinsamen Art. 3 GK gemäß dem IStGH-Statut. Vor allem trifft diese Strafbarkeit nicht nur die Staatsdiener, sondern auch Terroristen. Sollte aber die Möglichkeit bestehen, daß auch andere Straftatbestände im „Krieg gegen den Terror" im allgemeinen und im Rahmen des Extraordinary-renditions-Programms im speziellen einschlägig sind, könnte dieser Vorteil wenn nicht nivelliert, so doch angeglichen werden.

aaa. Weitere Strafbarkeit von Staatsdienern

Völkermord und der Tatbestand der Aggression scheiden definitiv aus. Völkermord bedarf der Absicht, eine nationale, ethnische, rassische oder religiöse Gruppe als solche ganz oder teilweise zu zerstören (chapeau des Art. 6 IStGH). Von einer solchen Absicht ist nicht auszugehen. Der Tatbestand der Aggression kann erst voll wirksam werden, wenn sich die Staaten über eine Definition geeinigt haben.[310] Dies ist noch nicht passiert.

Allerdings könnte der Tatbestand der Verbrechen gegen die Menschlichkeit einschlägig sein. Dazu zählen u.a. „Freiheitsentzug oder [eine] sonstige schwerwiegende Beraubung der körperlichen Freiheit unter Verstoß gegen die Grundregeln des Völkerrechts" (Art. 7 Abs. 1 lit. e IStGH-Statut), Folter (Art. 7 Abs. 1 lit. f IStGH-Statut) und das zwangsweise Verschwindenlassen von Personen

---

[310] *Stahn* (Fn. 307), S. 107.

(Art. 7 Abs. 1 lit. i IStGH-Statut). Die Norm setzt des weiteren einen ausgedehnten oder systematischen Angriff gegen die Zivilbevölkerung als Rahmen der verbotenen Handlung voraus. „Angriffe gegen die Zivilbevölkerung" bedeutet nach der Legaldefinition des Art. 7 Abs. 2 lit. a IStGH-Statut

> „eine Verhaltensweise, die mit der mehrfachen Begehung der [...] genannten Handlungen gegen eine Zivilbevölkerung verbunden ist, in Ausführung oder zur Unterstützung der Politik eines Staates oder einer Organisation, die einen solchen Angriff zum Ziel hat."

Ausgedehnt ist der Angriff, wenn mehrere Beteiligte und mehrere Opfer involviert sind.[311] Systematisch ist er, wenn geplant und methodisch vorgegangen wird.[312] Das Vorliegen eines bewaffneten Konflikts ist im übrigen keine Voraussetzung für eine Strafbarkeit nach Art. 7 IStGH-Statut.[313] Im „Krieg gegen den Terror" sind solche Angriffe jedenfalls denkbar. Speziell im Rahmen des Extraordinaryrenditions-Programms ließe sich argumentieren, daß die Opfer Teil der Zivilbevölkerung sind, diese wiederholt aus Gründen einer bestimmten Politik heraus angegriffen wird, dabei geplant und methodisch vorgegangen wird und – obwohl kein kumulatives Vorliegen von „ausgedehnt" und „systematisch" verlangt wird – auch mehrere Täter und Opfer involviert sind. Damit wäre der Tatbestand erfüllt. Allerdings ist mit „Zivilbevölkerung" gerade nicht jeder einzelne gemeint:

> "[T]he 'population' element is intended to imply crimes of a collective nature and thus exclude single or isolated acts which, although possibly constituting war crimes or crimes against national penal legislation, do not rise to the level of crimes against humanity. [...] Thus the emphasis is not on the individual victim but rather on the collective, the individual being victimised not because of his individual

---

[311] *Stephan Meseke*, Der Tatbestand der Verbrechen gegen die Menschlichkeit nach dem Römischen Statut des Internationalen Strafgerichtshofs, 2004, S. 134.

[312] *Meseke* (Fn. 311), S. 135; Schroeder (Fn. 311), Rn. 52. Vgl. auch Hummrich (Fn. 311).

[313] *Rein Müllerson*, International Humanitarian Law in Internal Conflicts, in: 2 Journal of Conflict and Security Law 1997, S. 109-133, 120; *Meseke* (Fn. 311), S. 149f.

attributes but rather because of his membership of a targeted civilian population."³¹⁴

Strafbar nach dem IStGH-Statut könnten Extraordinary renditions danach nur dann sein, wenn sie innerhalb eines bewaffneten Konfliktes stattfinden. Dies scheint ein entscheidender Vorteil der Annahme eines bewaffneten Konfliktes zu sein. Daß andere Kampfhandlungen im „Krieg gegen den Terror" unter diese Norm fallen, ist aber möglich.

bbb. Weitere Strafbarkeit von Terroristen

Der IStGH kann grundsätzlich auch über Terroristen richten. Denkbar – wenn auch nicht wahrscheinlich – wäre eine Gerichtsverhandlung über *bin Laden* oder andere sehr wohl. Wenn Terroristen nun aber nicht wegen Kriegsverbrechen verurteilt werden können, könnte dann ein anderer Tatbestand einschlägig sein? Da Aggression noch nicht abschließend definiert ist und Genozid kaum einschlägig sein wird, kommt nur ein Verbrechen gegen die Menschlichkeit in Betracht. Als Tathandlung kommen hier die vorsätzliche Tötung (Art. 7 Abs. 1 lit. a IStGH-Statut);

der „Freiheitsentzug oder [eine] sonstige schwerwiegende Beraubung der körperlichen Freiheit unter Verstoß gegen die Grundregeln des Völkerrechts" (Art. 7 Abs. 1 lit. e IStGH-Statut);

das zwangsweise Verschwindenlassen von Personen (Art. 7 Abs. 1 lit. i IStGH-Statut) und

„andere menschliche Handlungen ähnlicher Art, mit denen vorsätzlich große Leiden oder eine schwere Beeinträchtigung der körperlichen Unversehrtheit oder der geistigen oder körperlichen Gesundheit verursacht werden" (Art. 7 Abs. 1 lit. k IStGH-Statut)

in Betracht. Die Terroranschläge von Terrorgruppen wie al-Qaida richten sich gegen die Zivilbevölkerung als Ganzes, sind systematisch und ausgedehnt und basieren auf einer bestimmten Politik, nämlich des Kampfes gegen die westliche, säkularisierte, liberale

---

[314] ICTY, *Prosecutor ./. Tadic* (IT-94-1), Urteil v. 7. Mai 1997, Nr. 644. Siehe auch *Secretary-General of the United Nations*, The Charter and Judgement of the Nürnberg Tribunal, History and Analysis, UN-Dok. A/CN.4/5, UN Sales No. 1949, S. 67; *Egon Schwelb*, Crimes Against Humanity, in: 23 British Yearbook of International Law 1946, S. 178-226, 191.

Lebensweise. Da auch Organisationen einen Angriff gegen die Zivilbevölkerung begehen können, ist eine Strafbarkeit hier vermutlich gegeben:

> "We may conclude without any doubt that massive violations of elementary human rights of civilians constitute crimes under international law notwithstanding the context in which these violations are committed. In all circumstances, these acts are crimes against humanity."[315]

Das Ergebnis ist also gespalten: Wohingegen Terroristen nach dem IStGH-Statut abgeurteilt werden können, machen Staatsdiener sich im Rahmen der Extraordinary renditions wohl nicht nach dem IStGH-Statut strafbar. Es bleibt aber festzuhalten, daß die USA das IStGH-Statut nicht ratifiziert haben und dies auch in Zukunft nicht vorhaben. Der höhere Schutz des einzelnen durch das IStGH-Statut scheint damit bis auf weiteres illusorisch.[316]

e. Nichtbeachtung menschenrechtlicher Normen

Dieses Argument besagt, daß Staaten ihren menschenrechtlichen Verpflichtungen nicht nachkommen und deshalb weitere Verpflichtungen geschaffen werden sollen, um zumindest ein Mindestmaß an Schutz für den einzelnen zu erreichen. Dahinter scheint der Gedanke zu stecken, daß bei ausreichender Normenfülle die Rechtstreue wenigstens minimal erhöht werden könne. Aber wieso sollten Staaten sich denn dann plötzlich an ihre vertraglichen Verpflichtungen halten? Eine erhöhte Normdichte scheint hier wenig Sinn zu machen, auch der „Rechtfertigungsdruck" scheint so nicht erhöht zu werden (s.o. S. 2f.).

Als Ergebnis bleibt festzuhalten, daß die Anwendbarkeit des Rechts des Krieges in nicht-internationalen Konflikten dem einzelnen keinen höheren Schutz gewährt; die menschenrechtlichen Garantien und die des gemeinsamen Art. 3 GA sind „basically the same."[317]

---

[315] *Müllerson* (Fn. 313), S. 120f.

[316] Außerdem ist die Strafbarkeit der Taten nach innerstaatlichem Recht auf beiden Seiten fast immer zu bejahen – es handelt sich letztendlich um Taten wie Körperverletzung, Entführung, Totschlag etc.

[317] *Burgos* (Fn. 234), S. 12.

Allerdings beruht diese Ansicht in einigen Fällen auf zwar richtigen, aber dennoch umstrittenen Rechtsansichten. Zudem ist es zumindest theoretisch möglich, daß die USA nach einem Regierungswechsel das Statut des IStGH ratifizieren. Welches wären also die Nachteile einer Anwendbarkeit beider Rechtsgebiete, die dazu führen würden, daß das humanitäre Völkerrecht auch de lege ferenda keine Anwendung finden dürfte?

2. Gefahren der Anwendbarkeit

Zuallererst ist gegen eine Anwendbarkeit des humanitären Völkerrechts einzuwenden, daß die Grenze zwischen Polizei- und Ordnungsrecht bzw. Friedensvölkerrecht einerseits und Kriegs(völker)recht andererseits verschwimmen würde.[318] Bisher behandeln alle internationalen Verträge, die den Terrorismus zum Gegenstand haben, diesen als ein Problem der Gefahrenabwehr.[319] Das Polizei- und Ordnungsrecht des jeweiligen Staates ist auf die Abwehr von Verbrechen zugeschnitten. Es repräsentiert ebenso wie das Friedensvölkerrecht den Normalzustand. Das Kriegs(völker)recht aber ist auf Fälle zugeschnitten, in denen das Leben der Nation auf dem Spiel steht, auf den Ausnahmezustand.[320]

Dieser Ausnahmezustand würde langsam zum Normalzustand werden. Der Kampf gegen den Terrorismus, der „Long war", ist ein Kampf, der noch gut Jahrzehnte dauern kann. Terrorismus ist ein

---

[318] *Stahn* (Fn. 175), S. 196.

[319] *Fitzpatrick* (Fn. 192), S. 346. Vgl. auch *Stahn* (Fn. 175), S. 242ff.

[320] Der Begriff wird hier nicht im Sinne *Carl Schmitts* als ein ungeregelter Zustand gebraucht, sondern als ein Zustand, der eine Ausnahme zu dem Normalzustand darstellt. *Ernst-Wolfgang Böckenförde* weist in seiner Freiburger Antrittsvorlesung darauf hin, daß es wesentlich sei, daß der Ausnahmezustand weitgehend ungeregelt bleibe, weil dadurch der qualitative Unterschied der beiden Zustände betont werde. So würde „die Integrität des Rechtszustandes der Normallage nicht aufgelöst, sondern gerade gesichert" werden. *Böckenförde*, Der verdrängte Ausnahmezustand, in: Neue Juristische Wochenschrift 1978, S. 1881-1890, 1889. S. auch *Eckart Klein*, Der innere Notstand, in: Josef Isensee/Paul Kirchhof (Hrsg.), Handbuch des Staatsrechts, Bd. VII, Normativität und Schutz der Verfassung – Internationale Beziehungen, 1992, S. 388-414, insbesondere Rn. 4 und 61ff.

sehr altes Menschheitsphänomen.[321] Als Methode wird der Terrorismus wohl niemals ganz besiegt werden können, nur die einzelnen Gruppen können besiegt und ihre Mitglieder vor Gericht gebracht werden.[322] Würde nun aber das Kriegsvölkerrecht tatsächlich auf diesen Zustand appliziert werden, dann würde der rechtliche Ausnahmezustand die nächsten Jahr(zehnt)e anhalten, er würde allmählich zum Normalzustand werden. Neben den rechtlichen Schwierigkeiten verändert das vor allem das Denken: Gewalt erscheint als legitimes Mittel der Durchsetzung eigener Interessen.

"To apply the laws of armed conflict and thereby displace domestic and international criminal and human rights law below that threshold would be to do violence to human rights and civil liberties that protect us all. We owe it to ourselves and our children not to take such radical measures, which parenthetically would comport with the game plan of terrorists."[323]

Der permanente Ausnahmezustand wird enormen Einfluß auf unsere Gesellschaft haben. Er basiert auf einer Bedrohung von außen. Bedrohungen sowie unbekannte Situationen, die man als nicht bewältigbar einstuft,[324] haben Angst zur Folge. Die einzige Institution, die vor dieser Bedrohung vermeintlich schützen kann, ist der Staat. Gerade in solchen Zeiten sind Bürger empfänglich für Eingriffe in ihre Rechte.

---

[321] Vgl. nur die Schrecken, die durch die Assasinen schon im 11.-13. Jahrhundert verbreitet wurden, dazu *Gérard Chaliand/Arnaud Blin*, Zélotes et Assassins, in: dies., Histoire du Terrorisme: de l'Antiquité à al-Quaida, 2004, S. 59-101, 63ff.

[322] Allerdings können sich auch manche Terrorgruppen recht lange halten. *Waldmann* (Fn. 180), S. 221 schreibt: „[M]ehr als die Hälfte der erfassten Organisationen [existierte] über 10 Jahre lang. Ist eine gewisse Lebensdauer überschritten, erhöht sich die Chance, noch wesentlich ‚älter' zu werden. Nicht wenige Organisationen konnten sich [...] länger behaupten." Al-Qaida wurde Ende der 1980er Jahre gegründet. *David Rapaport* geht davon aus, daß der islamistische Terrorismus 35-40 Jahre andauern wird, The four Waves of Rebel Terror and September 11, in: Charles W. Kegley (Hrsg.), The new Global Terrorism. Characteristics, Causes, Controls, 2003, S. 36-52.

[323] *Gabor Rona* (Fn. 174).

[324] *Wiebke Putz-Osterloh*, Angst und Handeln aus psychologischer Sicht, in: Franz Bosbach (Hrsg.), Angst und Politik in der europäischen Geschichte, 2000, S. 1-11, 6f.

„Angst läßt sich nutzbar machen für Machterhalt und Machterweiterung, sie ist eine Autobahn für Sicherheitsgesetze; Angst schafft freie Bahn für alles, was die Angst zu lindern verspricht."[325]
Moralische Maßstäbe verändern sich. Die Diskussionen über Folter in Ausnahmezuständen ist nur ein erster Hinweis auf die drohenden Gefahren.[326]
Aber nicht nur das: Auch in der muslimischen Welt würde der Ausnahmezustand, der zu „unserem" angeblichen Schutz vor „denen" besteht, eine Radikalisierung zur Folge haben. Diese Radikalisierung, die ja schon sichtbar ist, schafft ein Umfeld, in dem der Terrorismus wachsen und gedeihen kann.[327] Das hat zweierlei zur Folge: Zum einen werden Menschen viel eher bereit sein, selbst (Selbstmord-) Anschläge zu verüben. Sichtbar ist diese Entwicklung im Irak, der inzwischen nach dem nicht öffentlich zugänglichen Bericht "Trends in Global Terrorism: Implications for the United States" der US-amerikanischen Geheimdienste zu einer Brutstätte für Terroristen geworden ist.[328] Zum anderen decken mehr und mehr Menschen Terroristen und ihre Machenschaften. Der Terrorismus braucht ein helfendes Umfeld von Sympathisanten. Geht ihm dies verloren, ist er angreifbar und vor allem besiegbar durch polizeiliche Ermittlungsarbeit und Zugriffe. Die Sichtweise, den Kampf gegen den Terror als Krieg zu verstehen und die damit verbundene Anwendung des Kriegsrechtes schadet also auch der Effektivität der Terrorbekämpfung:

> "The paradox is that the military means and methods used to eradicate terrorism, applied in heavy doses and for long periods, usually achieve the opposite result."[329]

---

[325] *Heribert Prantl*, Keine Panik, in: Süddeutsches Magazin, 26. Mai 2006, S. 8-14, 10.

[326] Siehe *Thomas Bruha*, Wege aus dem Niemandsland, in: Vereinte Nationen 2004, S. 73; zur Renaissance des (*Carl*) Schmittianischen Denkens in den Kategorien des Ausnahmezustandes im Zusammenhang mit Folter: *Giorgio Agamben*, Ausnahmezustand (Homo sacer II.), 2004. Vgl. auch *John T. Parry*, The Shape of Modern Torture: Extraordinary Rendition and Ghost Detainees, in: 6 Melbourne Journal of International Law 2005, S. 516-533, insbesondere 522ff.

[327] Ähnlich *Fischer* (Fn. 179), S. 94f.

[328] *Mark Mazetti*, Spy Agencies Say Iraq War Worsens Terrorism Threat, in: The New York Times, 24. September 2006.

[329] *Ben-Yishai* (Fn. 213).

Auch von der Zielrichtung her sind die Genfer Konventionen nicht auf die Terrorismusbekämpfung ausgerichtet. Der „Krieg gegen den Terror" ist ein asymmetrischer Kampf. Terrorismus ist immer ein „poor man's fight", ein Kampf der Schwachen gegen die Starken.[330] Die Genfer Konventionen beziehen sich aber auf die konventionelle Kriegsführung mit regulären Armeen. "This poses in an acute manner the question of their adequacy and their practical applicability to guerrilla warfare."[331] Der Begriff Krieg wird im Kontext der Terrorismusbekämpfung nur der Wirkung halber eingesetzt, nicht etwa weil er ein technischer Begriff ist.[332] So gibt es ebenso den „Krieg gegen die Armut", den „Krieg gegen die Drogen" oder den „Krieg gegen den Krebs".[333] Aber keiner würde hier behaupten wollen, daß die Genfer Konventionen Anwendung finden müßten, obwohl die Zahl der Toten in diesen „Kriegen" weitaus höher ist.

Ebenso spricht Art. 4 Absatz 2 lit. d Protokoll II gegen eine Einbeziehung von Terrorgruppen in den Anwendungsbereich des humanitären Völkerrechts. Dieser verbietet „terroristische Handlungen".[334] Damit wird klargestellt, daß diese Art der Konfliktführung nicht geschützt ist. Zwar fallen Personen, die terroristische Handlungen begehen, nicht automatisch aus dem Schutzbereich der Genfer Konventionen heraus – die Missbilligung aber wird klar zum Ausdruck gebracht. Wenn aber ein verbotenes Mittel der Kriegsführung das Hauptmittel oder sogar das einzige Mittel der Kriegsführung ist, so erscheint es abstrus, dennoch diese Regeln anzuwenden.

---

[330] Vgl. zum asymmetrischen Krieg *Herfried Münkler*, Der Wandel des Krieges: von der Symmetrie zur Asymmetrie, 2. Aufl. 2006.

[331] *Abi-Saab* (Fn. 181), S. 223.

[332] So erwähnt die Satzung der Vereinten Nationen den Begriff „Krieg" einzig in der Präambel in dem Zusammenhang, daß die Geißel der Menschheit, der Krieg, zu bekämpfen sei. Der verwendete terminus technicus ist die Androhung oder Anwendung von Gewalt in den internationalen Beziehungen (Art. 2 Nr. 4 SVN) bzw. eine Bedrohung oder ein Bruch des Friedens oder eine Angriffshandlung vorliegt (Art. 39 SVN). Siehe zu dem Begriff „Krieg" auch den Essay von *Susan Sontag*, Real Battles and Empty Metaphors, in: The New York Times, 10. September 2002.

[333] Darauf weist auch *Rona* (Fn. 174) hin.

[334] Für eine umfassende Darstellung des Verbots terroristischer Handlungen im humanitären Völkerrecht, vgl. *Hans-Peter Gasser*, Prohibition of terrorist acts in international humanitarian law, in: Revue internationale de la Croix-Rouge/International Review of the Red Cross No. 253 (1985), S. 200-212, 204ff.

Zu guter Letzt ist noch darauf hinzuweisen, daß durch die Anwendung des Kriegsrechts den Terroristen ein Status zugebilligt wird, der ihnen nicht zusteht. Parteien in einem bewaffneten Konflikt treffen sich auf Augenhöhe. Terroristen aber sind unabhängig von der möglichen Ehrenhaftigkeit ihrer Motivation aufgrund der Wahl ihrer Mittel Verbrecher. Der Staat hat sie zu bekämpfen, zu verfolgen, zu fangen, vor Gericht zu stellen und sie gebenenfalls zu bestrafen – all das im Rahmen des Rechts.

Aus dem Gesagten läßt sich erkennen, daß das humanitäre Völkerrecht nicht auf den Terrorismus und seine Bekämpfung zugeschnitten ist. Das sollte es nicht leisten, das kann es nicht leisten und das ist auch gar nicht notwendig. Dort wo ein bewaffneter Konflikt herrscht, der im Zusammenhang mit dem „Krieg gegen den Terrorismus" steht, etwa in Afghanistan bis 2002 oder im Irak bis 2004[335] findet das humanitäre Völkerrecht Anwendung. Dort aber, wo diese Schwelle nicht überschritten wird, findet das Friedensölkerrecht Anwendung, insbesondere die Menschenrechte. Sie bilden eine Grenze, die nicht überschritten werden darf. Durch die Notstandsregeln, Einschränkungsmöglichkeiten auf Grund eines Gesetzes und auslegungsbedürftige Rechtsbegriffe sind sie gleichzeitig offen genug, um ausreichend Raum für die effektive Terrorekämpfung zu lassen. Es bedarf also in dieser Hinsicht keiner Weiterentwicklung des Völkerrechts.

Damit bleibt festzuhalten, daß das humanitäre Völkerrecht – unabhängig von der Frage, ob ein international oder nichtinternational – zwar Anwendung finden kann, jedoch nur dann wenn ein bewaffneter Konflikt oder ein Besatzungsstatus vorliegt. Im Fall *el-Masri* ist dies zu verneinen. Auch die anderen Opfer des Extraordinary-renditions-Programms sind – bis auf eine Ausnahme – weder in einem Land, das besetzt war oder in dem ein bewaffneter Konflikt vorlag, gefangengenommen worden oder dorthin verbracht worden. Auch auf sie findet ausschließlich das menschenrechtliche Regime Anwendung.

Allerdings gehen die USA von einer Anwendbarkeit zumindest des gemeinsamen Art. 3 GA aus. Außerdem könnten doch zu Zeiten der

---

[335] S. oben S. 61.

Besatzung entweder Afghanistans oder des Iraks diese beiden Länder eine Rolle im Extraordinary-renditions-Programm gespielt haben; zumindest einmal ist dies ja auch der Fall gewesen. Deshalb soll im nächsten Kapitel trotz der eigentlich klaren Rechtslage kurz auf das Verhältnis der beiden Rechtsgebiete zueinander eingegangen werden.[336]

E. Verhältnis Humanitäres Völkerrecht und Menschenrechte

Das Verhältnis von humanitärem Völkerrecht zu den Menschenrechten wird von zwei Fragen bestimmt. Erstens, ob beide überhaupt parallel nebeneinander anwendbar sind, und – sollte dies bejaht werden können – zweitens, wie das Verhältnis der beiden Rechtsgebiete konkret zueinander aussieht.

I. Parallele Anwendbarkeit?

Ursprünglich wurde das Völkerrecht streng zwischen Friedensvölkerrecht und Kriegsvölkerrecht unterschieden. Kriegszustände wurden vom Kriegsvölkerrecht geregelt und erst mit der Rückkehr zum Frieden fanden die Normen des Friedensvölkerrechts wieder Anwendung. Dieser Zustand kann mit der Entstehung der Satzung der Vereinten Nationen als überwunden bezeichnet werden, denn diese enthält Normen, die sowohl Krieg- als auch Friedenszeiten betreffen.[337] Allerdings sind gewisse Normen des Friedensvölkerrechts im Kriegsfall ipso facto suspendiert oder gar annulliert.[338]

Anders aber verhält es sich mit den Menschenrechten. Diese sehen keine Suspendierungsmöglichkeit des Vertrages im Kriegsfall vor. Jedoch enthalten sie alle die Möglichkeit der Derogation einzelner

---

[336] Umfassend zu dem Verhältnis der beiden Rechtsgebiete, *Schäfer* (Fn. 124).

[337] *Hans-Joachim Heintze*, Konsequenzen der Konvergenz von Menschenrechtsschutz und humanitärem Völkerrecht, in: Horst Fischer et al. (Hrsg.), Krisensicherung und Humanitärer Schutz – Crisis Management and Humanitarian Protection. Festschrift für Dieter Fleck, 2004, S. 243-265, 243.

[338] *Jost Delbrück*, War, Effect on Treaties, in: Rudolf Bernhardt (Hrsg.), Encyclopedia of Public International Law, Bd. IV, 2000, S. 1367-1373, 1370f.

Normen im Fall des öffentlichen Notstands (s.o.). Dabei erwähnen die Antifolterkonvention, die Europäische Menschenrechtskonvention und auch die Amerikanische Menschenrechtskonvention den Krieg als eine Situation, in der die Derogation möglich ist. Durch diese ausdrückliche Bezugnahme auf den Kriegsfall wird deutlich, daß die Menschenrechtsverträge ihre Weitergeltung im Kriegsfall wollten. Bestritten wird dies von den USA, die eine Anwendbarkeit in Kriegszeiten ablehnen[339] und diese Ansicht im Falle Guantánamo Bay erst wieder bestätigt haben.[340] Allerdings geht der UN-Sicherheitsrat, in dem die USA mit Veto-Macht ausgestattet sind, davon aus, daß Menschenrechte im Falle eines bewaffneten Konflikts weitergelten.[341] Die parallele Anwendbarkeit wird auch vom Internationalen Gerichtshof in seinem Nuklearwaffengutachten[342] und im Mauergutachten[343] ausdrücklich bestätigt. Sollte etwas anderes gelten, hätten keine Regelungen getroffen werden müssen, die den öffentlichen Notstand betreffen. Auch der Einwand, daß zumindest der Zivilpakt nicht von Krieg, sondern „nur" von öffentlichem Notstand spreche und deshalb die Derogationsmöglichkeiten sich nur auf Situationen unterhalb der Kriegsschwelle beziehen, kann nicht verfangen. Denn der Grund für die Nichtaufnahme des Wortes „Krieg" in den Art. 4 IPbpR war, daß nicht der Eindruck entstehen sollte, daß die Vereinten Nationen Krieg akzeptierten.[344] Der Menschenrechtsausschuß weist daraufhin, daß Art. 4 IPbpR als Grenze der Derogierbarkeit die anderen völkerrechtlichen

---

[339] AKMR, *Coard et al. ./. United States* (Fn. 82), Nr. 38, in bezug auf das interamerikanische Menschenrechtssystem.

[340] US Department of Defense, Working Group Report on Detainee Interrogations in the Global War on Terrorism: Assessment of Legal, Historical, Policy and Operational Considerations, 6. März 2003, S. 6, abrufbar unter: www.cdi.org/news/law/pentagon-torture-memo.pdf (10. Februar 2007). Es wird ausgeführt, daß "[t]he United States has maintained consistently that the Covenant does not apply [...] to operations of the military during an international armed conflict." Unverständlicherweise – da inkonsistent – gehen die USA aber gleichzeitig von der Anwendbarkeit der Antifolterkonvention in Kriegszeiten aus.

[341] Vgl. nur die SR-Resolutionen 1265 vom 17. September 1999 und 1296 vom 19. April 2000.

[342] IGH, Gutachten v. 8. Juli 1996, ICJ Rep. 1996, S. 226, Nr. 25.

[343] IGH, Mauergutachten (Fn. 78), Nr. 106.

[344] UN-Dok. A/2929 (Fn. 83), S. 23, Nr. 39; *Nowak* (Fn. 83), Art. 4, Rn. 12.

Verpflichtungen nennt und betont, daß damit "particularly the norms of international humanitarian law" gemeint seien.[345] Menschenrechte gelten also auch im Krieg, d.h. in bewaffneten Konflikten. Und sie gelten wie oben festgestellt wurde, nicht nur auf dem eigenen Territorium, sondern auch auf fremden Territorium. Wie sie aber genau gelten, ob vollumfänglich oder eingeschränkt, ist abhängig vom Verhältnis zu den kriegsvölkerrechtlichen Verpflichtungen.

II. Ausgestaltung des Verhältnisses

Sowohl das humanitäre Völkerrecht als auch die Menschenrechte dienen dem Menschen. Das humanitäre Völkerrecht soll (auch) die Schrecken und Leiden des Krieges abmindern, die Menschenrechte sollen primär den Menschen vor staatlichen Übergriffen schützen. Es geht also jeweils um den Schutz des einzelnen vor einer großen und starken Macht:

> "The essence of the whole corpus of international humanitarian law as well as human rights law lies in the protection of the human dignity of every person [...]. The general principle of respect for human dignity is [...] the very *raison d'être* of international humanitarian law and human rights law; indeed in modern times it has become of such paramount importance as to permeate the whole body of international law. This principle is intended to shield human beings from outrages upon their personal dignity, whether such outrages are carried out by unlawfully attacking the body or by humiliating and debasing the honour, the self-respect or the mental well being of a person."[346]

So benutzt die Wiener Vertragsrechtskonvention, die immerhin von 108 Staaten ratifiziert wurde,[347] den Begriff der „Verträge humanitärer Art" (Art. 60 Abs. 5) sowohl für Menschenrechte als auch für humanitäres Völkerrecht.[348] Auch Resolutionen der Generalversammlung, z.B. Res. 2444 (XXIII) vom 19. Dezember 1968, Res.

---

[345] MRA, General Comment Nr. 29 (Fn. 244), Nr. 9.

[346] ICTY, *Prosecutor ./. Furundzija* (Fn. 246), Nr. 183.

[347] http://untreaty.un.org/ilc/texts/1_1.htm (10. Februar 2007).

[348] Karl Josef Partsch, Human Rights and Humanitarian Law, S. 910-912, in: Rudolf Bernhardt (Hrsg.), Encyclopedia of Public International Law, Bd. II, 1995, S. 910-912, 911.

2677 (XXV) vom 9. Dezember 1970 oder Res. 3318 (XXIX) vom 14. Dezember 1974 belegen, daß das humanitäre Völkerrecht u.a. der Einhaltung der Menschenrechte in bewaffneten Konflikten dient.[349] Der Internationale Gerichtshof hat unter Verweis auf seine Korfu-Kanal Entscheidung aus dem Jahre 1949 festgehalten, daß viele Regeln des humanitären Völkerrechts "are so fundamental to the respect of the human person and elementary considerations of humanity."[350]

Da beide Rechtsregime im Gedanken der Humanität wurzeln, gibt es teilweise Bestrebungen, die Rechtsregime als eines zu betrachten.[351] Dies ist die sog. Konvergenztheorie. Sie sieht beide Rechtsgebiete als so eng verbunden an, „so daß von einem einheitlichen Komplex der Menschenrechte unter verschiedenen institutionellen Dächern gesprochen werden kann."[352] Dem ist zwar zuzugeben, daß die inhaltliche Übereinstimmung sehr groß ist, aber die Unterschiede der beiden Regime immer noch sehr frappierend sind: So differieren die Anwendungsvoraussetzungen und auch die Durchsetzungsmechanismen sind ganz andere.[353] Gegen die Konvergenztheorie spricht auch und vor allem, daß das Prinzip der militärischen Notwendigkeit ein wichtiger Pfeiler des humanitären Völkerrechts ist. Es hat z.B. zur Folge, daß die Tötung von Zivilisten zulässig sein kann. Ein solches Prinzip dient der Kriegsführung, nicht dem Menschen. Im Recht des Krieges ist ein solches Prinzip wichtig, es hat aber in einem Menschenrechtsregime nichts zu suchen. Besser scheint daher die Theorie der Komplementarität zu sein.[354] Diese besagt, daß beide Rechtsregime sich ergänzen.

---

[349] *Stefanie Schmahl*, Der Menschenrechtsschutz in Friedenszeiten im Vergleich zum Menschenrechtsschutz im Krieg, in: Jana Hasse et al. (Hrsg.), Humanitäres Völkerrecht, 2001, S. 41-77, 71 m.w.N.

[350] IGH, Nuklearwaffengutachten (Fn. 342), Nr. 79, unter Verweis auf IGH, Urteil v. 15. Dezember 1949, ICJ Rep. 1949, S. 4, 22 – Korfu Kanal.

[351] Es gibt auch Versuche, aus beiden Rechtsgebieten einen Minimalstandard zu extrahieren, vgl. die von Experten verfaßte sog. Turku Deklaration oder Declaration of Minimum Humanitarian Standards aus dem Jahre 1990, eine überarbeitete Version erschien in 89 AJIL 1995, S. 218–223.

[352] *Heintze* (Fn. 337), S. 247

[353] Darauf verweist auch *Klein* (Fn. 157), S. 15.

[354] Ebenso *Schäfer* (Fn. 124), S. 42.

Der Internationale Gerichtshof sieht dementsprechend das humanitäre Völkerrecht richtigerweise als Lex specialis in bezug auf die Menschenrechte an.[355] Darin kommt zum Ausdruck, daß die Menschenrechte als Lex generalis allgemeine Geltung beanspruchen. Sie gelten auch in Kriegszeiten. Bloß hier werden sie von den kriegsrechtlichen Regeln modifiziert. Sehr deutlich macht das der Internationale Gerichtshof am Recht auf Leben fest. Das menschenrechtliche Tötungsverbot gilt auch im Krieg. Allerdings erfährt der auslegungsbedürftige Begriff der „willkürlichen" Tötung des notstandsfesten Art. 6 IPbpR seine nähere Bestimmung erst durch das humanitäre Völkerrecht. Andere „Einfallstore" können z.B. der Begriff der Rechtmäßigkeit sein oder auch das Verhältnismäßigkeitsprinzip. Hierbei muß es aber nicht immer um eine Einschränkung der menschenrechtlichen Norm gehen. Viele kriegsvölkerrechtliche Normen sind viel differenzierter und genauer. So ist zwar das Verschwindenlassen einer Person eine Menschenrechtsverletzung,[356] es gibt aber kein ausdrückliches Verbot. Welche Verhaltenspflichten des Staates aus einem solchen Verbot folgen, läßt die menschenrechtliche Norm – mangels ausdrücklicher Kodifizierung – offen. Das humanitäre Völkerrecht ist hier genauer und legt den Staaten mehrere Pflichten auf, u.a. Informationspflichten gegenüber den Angehörigen, die Pflicht nach Verschwundenen zu suchen, etc.[357] Aber selbst wenn das humanitäre Völkerrecht mangels Vorliegen eines bewaffneten Konflikts keine Anwendung finden kann, läßt sich das humanitäre Völkerrecht zur Auslegung der menschenrechtlichen Normen unter Berücksichtigung seines spezifischen Anwendungsbereichs heranziehen.[358] Dies liegt daran, daß

---

[355] IGH, Mauergutachten (Fn. 78), Nr. 106; IGH, Nuklearwaffengutachten (Fn. 342), Nr. 25.

[356] Zum Verschwindenlassen und seiner Völkerrechtswidrigkeit, s. unten S. 120. S. inzwischen auch den Vertragsentwurf der Vereinten Nationen über eine International Convention of All Persons From Enforced Disappareance, UN-Dok. E/CN.4/2006/57, S. 30ff.

[357] Genauer zu den Konkurrenzen, aber auch zur gegenseitigen Ergänzung der Normen *Schäfer* (Fn. 124), S. 46ff.

[358] So hat der EGMR in *Ergi ./. Türkei* (23818/94), Urteil v. 28. Juli 1998, RJD 1998-IV, Nr. 79, davon gesprochen, daß Art. 2 EMRK [Recht auf Leben] auch verletzt sein kann, „where they fail to take all feasible precautions in the choice of means and methods of a security operation mounted against an opposing group with a view to

→

beide einen "common nucleus of non-derogable rights and a common purpose of protecting human life and dignity"[359] teilen. Gleichzeitig hat das zur Folge, daß die Jurisdiktionsorgane der Menschenrechtsverträge über humanitäres Völkerrecht judizieren können.[360]

Das Ausgeführte gilt für das humanitäre Völkerrecht in internationalen Konflikten, es muß erst recht für das Recht der nichtinternationalen Konflikte gelten. Denn dieses erlaubt keine Schädigungshandlungen, sondern enthält ausschließlich Pflichten der kriegführenden Parteien. Die Menschenrechte sind hier also komplett und uneingeschränkt anwendbar.[361]

Im folgenden werden mögliche Verstöße gegen das humanitäre Völkerrecht nicht geprüft. Da der gemeinsame Art. 3 GA aber mit den menschenrechtlichen Garantien übereinstimmt (s.o.), ist er jedenfalls immer dann verletzt, wenn die entsprechende menschenrechtliche Norm verletzt ist und man – wie die US-Administration – davon ausgeht, daß ein bewaffneter, nicht-internationaler Konflikt vorliegt.

---

avoiding and, in any event, to minimising, incidental loss of civilian life." Dies ist – ohne explizite Nennung – ein Rückgriff auf den Verhältnismäßigkeitsgrundsatz des humanitären Völkerrechts, *Hans-Joachim Heintze*, Europäischer Menschenrechtsgerichtshof und Durchsetzung der Menschenrechtsstandards des humanitären Völkerrechts, in: Zeitschrift für Rechtspolitik 2000, S. 506-511, 509.

[359] AKMR, *Abella ./. Argentinien* (11.137), Entscheidung v. 18. November 1997, Report No. 55/97, OAS-Dok. OEA/Ser.L/V/II.98, doc 7 rev. (1998), Nr. 158.

[360] Ausdrücklich AKMR, Report on Terrorism and Human Rights (Fn. 72), Nr. 62. Relevant wurde das zuletzt im Rahmen eines durch Nichtregierungsorganisationen eingeleiteten Antrags auf einstweilige Maßnahmen in bezug auf die Guantánamo-Häftlinge. Die Kommission entschied im März 2002, daß der Rechtsstatus der Guantánamo-Insassen von einem zuständigen Gericht („competent tribunal") festgestellt werden müsse. Dies folge aus Art. 5 GA III. AKMR, Detainees in Guantánamo Bay, Cuba. Adoption of Precautionary Measures, vom 13. März 2002, z.T. abgedruckt in: 96 AJIL 2002, S. 730f.; 23 HRLJ 2002, S. 15f. S. dazu auch *Brian D. Tittemore*, Guantanamo Bay and the Precautionary Measures of the Inter-American Commission on Human Rights: A Case for International Oversight in the Struggle Against Terrorism, in: 6 Human Rights Law Review 2006, S. 378-402. Vgl. auch MRA, General Comment Nr. 29 (Fn. 244), Nr. 10, zitiert in Fn. 281.

[361] *Partsch* (Fn. 348), S. 911f.

F. Normverstoß

Nachdem geklärt wurde, welches Recht Anwendung findet, soll im folgenden geprüft werden, ob in concreto Verstöße gegen menschenrechtliche Normen vorliegen. Der Schwerpunkt wird auf dem Recht auf Freiheit und Sicherheit (I.) und dem Verbot von Folter, grausamer, unmenschlicher oder erniedrigender Behandlung (III.) liegen. Zusätzlich wird das Verhältnis von Habeas corpus und Folter beleuchtet (II.). Desweiteren sind Verstöße gegen

- das Diskriminierungsverbot (Gleichheitsgebot);
- das Recht, als Rechtspersönlichkeit anerkannt zu sein;
- das Recht, eine wirksame Beschwerde einlegen zu können;
- das Recht auf einen fairen Prozeß;
- das Recht auf Freizügigkeit;
- das Recht auf Privatleben;
- und das Verbot der Ausweisung von Ausländern ohne Rechtsgrundlage

in Erwägung zu ziehen (IV.). Zwar wird der Hauptschwerpunkt der Prüfung auf dem Fall *el-Masri* liegen, im Rahmen dessen wird aber auch das Extraordinary-renditions-Programm juristisch betrachtet.

I. Recht auf Sicherheit und Freiheit

Das Recht auf Sicherheit und Freiheit ist ein umfassendes Recht, das sich in mehrere Teilbereiche aufgliedert. Dazu gehören u.a. das Verbot willkürlicher Freiheitsentziehung und Haft, das Recht bei der Festnahme über deren Gründe aufgeklärt zu werden, das Recht auf Habeas corpus, sowie das Recht, im Falle der Verletzung dieses Rechts eine Entschädigung zu erhalten.

1. Verbot willkürlicher Freiheitsentziehung (Art. 9 Abs. 1 IPbpR, Art. XXV Abs. 1 AMRD)

Das Verbot willkürlicher Freiheitsentziehung ist sowohl in Art. 9 Abs.1 IPbpR als auch in Art. XXV Abs. 1 AMRD niedergelegt. Art. 9 Abs. 1 IPbpR lautet: „Jedermann hat ein Recht auf persönliche Freiheit und Sicherheit. Niemand darf willkürlich festgenommen oder in Haft gehalten werden. Niemand darf seine Freiheit entzogen werden, es sei denn aus gesetzlich bestimmten Gründen und unter Beachtung des im Gesetz vorgeschriebenen Verfahrens." Art. XXV Abs. 1 AMRD besagt: "No person may be deprived of his liberty except in the cases and according to the procedures established by pre-existing law."[362]

Nach beiden Normen darf der Freiheitsentzug nicht willkürlich sein, d.h. weder Festnahme noch Haft dürfen willkürlich sein oder gegen das Gesetz verstoßen.[363] Nach Ansicht der USA liegt Willkür dann vor, wenn die Haft "is not pursuant to law; it may be arbitrary also if it is incompatible with the principles of justice or with the dignity of the human person."[364] Dies umfaßt "elements of inappropriateness, injustice, lack of predictability and due process of law."[365] Zudem gehört „unreasonableness" (Unvernunft oder Unvertretbarkeit), „capriciousness" (Launenhaftigkeit) und Unverhältnismäßigkeit dazu.[366] Dementsprechend schließt selbst das Vorhandensein eines Gesetzes Willkür nicht notwendigerweise aus.

Die Festnahme *el-Masris* erfolgte durch Beamte des Staates Mazedonien und zwar ohne Haftbefehl. Eine Festsetzung ohne Haftbefehl stellt einen Verstoß gegen das Verbot der willkürlichen Freiheitsentziehung dar.[367] Dieser Verstoß müßte den USA zugerechnet werden können.

---

[362] Die Norm gehört nach umstrittener Ansicht sogar zum Ius cogens, vgl. *Meron* (Fn. 248), S. 15.

[363] MRA, *Samba Jalloh ./. Niederlande* (794/1998), Auffassung v. 26. März 2002, UN-Dok. CCPR/C/74/D/794/1998, Nr. 8.2; *Womah Mukong ./. Kamerun* (458/1991), Auffassung v. 21. Juli 1994, UN-Dok. CCPR/C/OP/5, Nr. 9.8: "'arbitrariness' is not to be equated with ‚against the law', but must be interpreted more broadly to include elements of inappropriateness, injustice, lack of predictability and due process of law. As the Committee has observed on a previous occasion, this means that remand in custody pursuant to lawful arrest must not only be lawful but reasonable in all the circumstances." Ebenso MRA, *Hugo van Alphen ./. Niederlande* (305/1988), Auffassung v. 23. Juli 1990, UN-Dok. A/45/40 Vol. II (1990), Annex IX sect. M, Nr. 5.8.

[364] Statement der US-Delegation zur 13. Generalversammlung, UN-Dok. A/C.3/SR.863, S. 137 (1958), zitiert nach: American Law Institute (Fn. 248), S. 164.

[365] MRA, *Samba Jalloh ./. Niederlande* (Fn. 363), Nr. 8.2.

[366] *Nowak* (Fn. 83), Art. 9, Rn. 29.

[367] Vgl. MRA, *Ilda Thomas ./. Uruguay* (139/1983), Auffassung v. 17. Juli 1985, UN-Dok. CCPR/C/OP/2, Nr. 10.

Grundsätzlich ist jeder Staat (nur) für seine eigenen Handlungen verantwortlich. Im Recht der Staatenverantwortlichkeit gibt es eine völkergewohnheitsrechtliche Regelung, die diesen Grundsatz teilweise durchbricht. Danach tritt die Verantwortung dann ein, wenn Handlungen, die an sich einem Staat zurechenbar sind – hier also Mazedonien – von einem dritten Staat unterstützt werden[368] oder unter der Kontrolle und Anleitung des dritten Staates geschehen sind.[369] Ebenso tritt sie ein, wenn ein Verhalten, das einem Staat nicht zugerechnet werden kann, von diesem als sein eigenes Verhalten anerkannt und angenommen wird.[370] Ob im vorliegenden Fall von Kontrolle und Anleitung der Mazedonier durch die Vereinigten Staaten gesprochen werden kann, ist aufgrund der dünnen Informationslage nicht feststellbar. Durch die Übergabe *el-Masris* an die US-Amerikaner und ihre weitere Vorgehensweise haben die USA die Taten Mazedoniens als eigenes Verhalten anerkannt und angenommen.

Sie sind ihnen jedenfalls dann aufgrund eigenen Handelns zurechenbar, sofern das Recht der Staatenverantwortlichkeit auf das Menschenrechtsschutzsystem übertragen werden kann. Sobald es um die Frage eines Verstoßes gegen eine vertragsrechtliche Norm geht, sind die vertragsrechtlichen Normen nämlich spezieller und somit vorrangig.[371] Die hier relevanten Menschenrechtsdokumente verlangen jedoch nur die Achtung und die Gewährleistung der Menschenrechte; weitere Regelungen treffen sie nicht. Deshalb ist Platz für die Regelungen des Rechts über die Staatenverantwortlichkeit. So stellen sowohl der Menschenrechtsausschuß[372] als

---

[368] Vgl. Art. 16 der Völkergewohnheitsrecht kodifizierenden Draft Articles on Responsibility of States for Internationally Wrongful Acts (ILC-E), UN-Dok. A/56/10 Suppl. No. 10., dazu auch *Eckart Klein*, Beihilfe zum Völkerrechtsdelikt, in: Ingo von Münch (Hrsg.), Staatsrecht – Völkerrecht – Europarecht, Festschrift für Hans-Jürgen Schlochauer, 1981, S. 425-438.

[369] Vgl. Art 17 ILC-E (Fn. 368).

[370] Vgl. Art. 11 ILC-E (Fn. 368).

[371] Kommentar der ILC zu Art. 2 ILC-E, Report of the International Law Commission. 53rd session, UN-Dok. A/56/10 Suppl. No. 10, S. 70.

[372] MRA, *Jegatheeswara Sarma ./. Sri Lanka* (950/2000), Auffassung v. 16. Juli 2003, UN-Dok CCPR/C/78/D/950/2000, Nr. 9.2.

auch der Interamerikanische Gerichtshof für Menschenrechte[373] auf die allgemeinen (Zurechnungs-)Regeln des Völkerrechts ab.[374] Eine Verletzung des Verbots der willkürlichen Freiheitsentziehung durch die Festnahme ist zu bejahen.

Daneben stellt das In-Haft-Behalten *el-Masris* über einen Zeitraum von mehr als vier Monaten hinweg einen Verstoß gegen das Recht auf Freiheit und Sicherheit dar. Zwar beruhen die Extraordinary renditions auf einer besonders weiten Presidential order.[375] Unabhängig davon, ob eine solche Presidential order überhaupt nach US-Recht rechtmäßig ist, schaltet alleine das Vorhandensein eines Gesetzes die Willkürlichkeit nicht ipso iure aus (s.o.). Incommunicado-Haft (d.h. Haft ohne jeden Kontakt zur Außenwelt) und Enforced disappearances (Verschwindenlassen) sind typische Beispiele für die Willkürlichkeit der Haft,[376] genauso wie die Entführung durch Geheimagenten außerhalb des eigenen Hoheitsbereichs.[377] Besonders betont dies der Europäische Gerichtshof für Menschenrechte im Fall *Taş*:

---

[373] AGMR, *Velásquez Rodriguez ./. Honduras*, Urteil v. 29. Juli 1988, Series C No. 4 (1988), Nr. 164, abgedruckt in: 9 HRLJ 1988, S. 212ff., 28 ILM 1989, S. 291ff.; AGMR, *Godinez Cruz ./. Honduras*, Urteil v. 20. Januar, 1989, Series C Nr. 5 (1989), Nr. 173; AGMR, *Caballero-Delgado and Santana ./. Kolumbien*, Urteil v. 8. Dezember 1995, Series C Nr. 17, Nr. 56, abgedruckt in: 17 HRLJ 1996, S. 24ff.

[374] *Katja Wiesbrock*, Internationaler Schutz der Menschenrechte vor Verletzungen durch Private, 1999, S. 202.

[375] *Douglas Jehl/David Johnston*, Rule Change Lets C.I.A. Freely Send Suspects Abroad to Jails, in: The New York Times, 6. März 2005. Diese Presidental order ist leider Verschlußsache.

[376] *Nowak* (Fn. 83), Art. 9, Rn. 34, vgl. z.B. MRA, *Bleier ./. Uruguay*, (30/1978), Auffassung v. 29. März 1982, UN-Dok. CCPR/C/OP/1, Nr. 13 i.V.m. Nr. 14; MRA, *Almeida de Quinteros ./. Uruguay* (107/1981), Auffassung v. 21. Juli 1983, UN-Dok. CCPR/C/OP/2, Nr. 12.1 i.V.m. Nr. 13; MRA, *Sanjúan Arevalo ./. Kolumbien* (181/1984), Auffassung v. 3. November 1989, UN-Dok. A/45/40 Vol. II (1990) Annex IX sect. B , Nr. 10; MRA, *Mojica ./. Dominikanische Republik* (449/1991), Auffassung v, 15. Juli 1994, UN-Dok. A/49/40, Vol. II (1994), Annex IX, sect. W, Nr. 5.4; MRA, *Laureano ./. Peru* (540/1993), Auffassung v. 25. März 1996, UN-Dok. A/51/40, Vol. II (1996), Annex VIII, sect. P, Nr. 8.6; MRA, MRA, *Jegatheeswara Sarma ./. Sri Lanka* (Fn. 372), Nr. 9.4.

[377] Vgl. z.B. MRA, *Lopez Burgos ./. Uruguay* (Fn. 84), Nr. 12.3; MRA, *Lilian Celiberti ./. Uruguay* (Fn. 90), Nr. 10.3; *Domukovsky et al. ./. Georgien* (623, 624, 625, 627/1995), Auffassung v. 6. April 1998, UN-Dok. CCPR/C/62/D/623, 624, 626 & 627/1995), Nr. 18.2.

"unacknowledged detention of an individual is a complete negation of these guarantees and discloses a most grave violation of Article 5 [EMRK]".[378] Art. 5 EMRK entspricht Art. 9 IPbpR. Auch durch die Haft haben die USA gegen das Verbot der willkürlichen Freiheitsentziehung verstoßen.

Da die Haft ohne richterliche Kontrolle ein typisches Merkmal der Extraordinary renditions ist, verstößt das Programm per se gegen das Verbot der willkürlichen Freiheitsentziehung.

2. Aufklärung über Gründe der Festnahme (Art. 9 Abs. 2 IPbpR)

Nach Art. 9 Abs. 2 IPbpR ist jeder Festgenommene bei seiner Festnahme über die Gründe der Festnahme zu unterrichten und die gegen ihn erhobenen Beschuldigungen sind ihm unverzüglich mitzuteilen.[379] Eine vergleichbare Norm findet sich nicht in der AMRD. Bis heute hat *el-Masri* nicht erfahren, warum er eigentlich festgenommen und nach Afghanistan verbracht wurde. Auch diese Norm wurde verletzt.

3. Recht auf rechtliches Gehör (Art. 9 Abs. 3 IPbpR, Art. XXV Abs. 3 S. 1 Alt. 2 AMRD)

Jeder, der unter dem Vorwurf einer strafbaren Handlung festgenommen worden ist, hat Anspruch auf ein Gerichtsverfahren innerhalb angemessener Frist oder auf Entlassung aus der Haft (Art. 9 Abs. 3 IPbpR, Art. XXV Abs. 3 S. 1 Alt. 2 AMRD). Entscheidende

---

[378] EGMR, *Taş ./. Türkei* (24396/94), Urteil v. 14. November 2000, Nr. 84.

[379] Jedem Ausländer steht gemäß Art. 36 Abs. 1 lit. b Wiener Übereinkommen über konsularische Beziehungen, vom 24. April 1963, 596 UNTS 261, BGBl. 1969 II S. 1585, das Recht zu, daß seine konsularische Vertretung informiert wird, so daß sie ihm juristisch beistehen kann. Dazu vgl. IGH, Urteil v. 27. Juni 2001, ICJ Rep. 2001, S. 466 – LaGrand; IGH, Urteil v. 31. März 2004 – Avena; und jüngst BVerfG, Beschluß v. 19. September 2006, 2 BvR 2115/01; 2 BvR 2131/01; 2 BvR 348/03. S. dazu auch *Marten Breuer*, Die Begründung individueller Rechte in völkerrechtlichen Verträgen nichtmenschenrechtlicher Art, in: Gilbert Gorning et al. (Hrsg.), Gedächtnisschrift für Dieter Blumenwitz, im Erscheinen. Dieses Recht wurde hier also auch verletzt, vgl. *Weissbrodt/Bergquist* (Fn. 247), S. 145ff.

Voraussetzung für die Anwendbarkeit der Norm ist der Vorwurf einer strafbaren Handlung.[380] Mangels dieses Vorwurfs kommt eine Verletzung des Rechts auf rechtliches Gehör nicht in Betracht.

4. Recht auf Habeas corpus (Art. 9 Abs. 4 IPbpR, Art. XXV Abs. 3 S. 1 Alt. 1 AMRD)

Nicht nur innerhalb eines Gerichtsverfahrens hat ein Gefangener das Recht, einen Richter zu sprechen. Das Recht auf Habeas corpus garantiert die Überprüfung einer fortdauernden Haft. Dieses Recht ist eines der ältesten Menschenrechte überhaupt. Vielfach wird geschrieben, daß es im Jahre 1679 im englischen Habeas Corpus Act das erste Mal kodifiziert wurde,[381] es gab aber schon mehr als zwei Jahrhunderte vorher, 1430/1433, einen Habeas-corpus-Akt in Polen.[382] Art. 9 Abs. 4 IPbpR bestimmt:

> „Jeder, dem seine Freiheit durch Festnahme oder Haft entzogen ist, hat das Recht, ein Verfahren vor einem Gericht zu beantragen, damit dieses unverzüglich über die Rechtmäßigkeit der Freiheitsentziehung entscheiden und seine Entlassung anordnen kann, falls die Freiheitsentziehung nicht rechtmäßig ist."

Art. XXV Abs. 3 S. 1 AMRD bestimmt:

> "Every individual who has been deprived of his liberty has the right to have the legality of his detention ascertained without delay by a court."

Seine besondere Relevanz liegt u.a. darin, daß dieses Recht vor Folter schützt, indem es eine unabhängige Kontrolle von außen verlangt (s.u. II.)

---

[380] MRA, General Comment Nr. 8: Liberty and Security of Person, UN-Dok. CCPR/C/21/Rev.1/ (1982), Nr. 1. Eine deutsche Übersetzung findet sich in Deutsches Institut für Menschenrechte (Hrsg.) (Fn. 89), S. 45-46.

[381] Statt vieler: *Fritz Hartung*, Die Entwicklung der Grundrechte seit 1776, in: Gerhard Commichau, Die Entwicklung der Menschen- und Bürgerrechte von 1776 bis zur Gegenwart, 6 . Aufl. 1998, S. 15-33, 16.

[382] *Dieter Bingen*, Tausend Jahre wechselvoller Geschichte, in: Bundeszentrale für politische Bildung (Hrsg.), Polen, Informationen zur politischen Bildung Nr. 273, 2001, S. 3-24, 4.

El-Masri hat verlangt, einen Richter zu sehen. Aber weder einem Richter noch einer anderen unabhängigen Person,[383] die über die Rechtmäßigkeit der Haft zu entscheiden hat, wurde er vorgeführt. Damit haben die USA gegen das Recht auf Habeas corpus verstoßen. Ebenso wie gegen das Verbot der willkürlichen Freiheitsentziehung verstößt das Extraordinary-renditions-Programm mangels richterlicher Kontrolle als solches gegen die Habeas-corpus-Garantie.

5. Recht auf Entschädigung (Art. 9 Abs. 5 IPbpR)

Verstößt ein Staat gegen eine der Bestimmungen des Art. 9 Abs. 1 bis 4 IPbpR,[384] so ist er gegenüber dem Opfer entschädigungspflichtig. Art. 9 Abs. 5 IPbpR bestimmt: „Jeder, der unrechtmäßig festgenommen oder in Haft gehalten worden ist, hat einen Anspruch auf Entschädigung." Inzwischen hat *el-Masri* in den USA eine Zivilklage gegen die Verantwortlichen, u.a. den damaligen Chef des CIA *George Tenet,* eingereicht.[385] Entschädigungen werden grundsätzlich durch Gerichte zugesprochen. Man wird den Ausgang des Verfahrens abwarten müssen, bevor man zu einer Verletzung dieser Norm Stellung nehmen kann – die im übrigen keine Entsprechung in der Amerikanischen Menschenrechtsdeklaration hat. Es ist aber festzuhalten, daß aufgrund von Art. 9 Abs. 5 IPbpR *el-Masri* ein Anspruch auf Entschädigung zusteht.[386]

---

[383] Das „Gericht" muß kein Gericht im klassischen Sinne sein. Es muß aber gewährleistet sein, daß es unabhängig und unparteiisch richtet, *Theodor Schilling*, Internationaler Menschenrechtsschutz, 2004, Rn. 154.

[384] Eine Entschädigung wird durch Art. 9 Abs. 5 IPbpR auch dann garantiert, wenn gegen nationales Recht verstoßen wurde, das die unrechtmäßige Ingewahrsamnahme oder Verhaftung verbietet, *Nowak* (Fn. 83), Art. 9, Rn. 54.

[385] Diese wurde in 1. Instanz vom US-District Court for the Eastern District of Virginia am 12. Mai 2006 als unzulässig abgewiesen, Case No. 1:05cv1417, abrufbar unter: www.aclu.org/pdfs/safefree/elmasri_order_granting_motion_dismiss_051206.pdf (10. Februar 2007). Das Gericht argumentierte damit, daß das „state secrets privilege" absolut gelte. Das Verfahren wird aber fortgeführt und befindet sich momentan vor dem US-Court of Appeals for the Fourth Circuit in Richmond, Virgina.

[386] Allerdings wird wohl kaum direkt aus der Norm ein Anspruch ableitbar sein können. Dazu müßte sie self-executing sein; die USA haben aber erklärt, daß sie die Normen als nicht self-executing ansehen. Z.T. wird bestritten, daß eine solche Er- →

II. Zusammenhang zwischen Habeas corpus und Freiheit von Folter

Das Recht auf Habeas corpus ist eine Garantie, die auch und gerade dem Schutz des einzelnen vor Folter dient. Ein Mensch, der in die Gewalt eines anderen gelangt, ist diesem physisch und psychisch ausgeliefert. Ohne Kontrolle von außen ist er völlig in dessen Hand. Die Erfahrung zeigt, daß die meisten Fälle von Folter innerhalb der ersten 24 Stunden in Polizeigewahrsam geschehen. Deshalb wird z.T. sogar vertreten, daß das Recht auf Habeas corpus kein primäres Menschenrecht sei, sondern eine institutionelle Sicherheitsmaßnahme für den Schutz von Freiheit und Sicherheit darstelle.[387] Im Fall *Aksoy* führte der Europäische Gerichtshof für Menschenrechte aus:

> "Although the Court is of the view – which it has expressed on several occasions in the past [...] – that the investigation of terrorist offences undoubtedly presents the authorities with special problems, it cannot accept that it is necessary to hold a suspect for fourteen days without judicial intervention. This period is exceptionally long, and left the applicant vulnerable not only to arbitrary interference with his right to liberty but also to torture."[388]

Und weiter erkennt der Gerichtshof:

> "The applicant pointed out that long periods of unsupervised detention, together with the lack of safeguards provided for the protection of prisoners, facilitated the practice of torture. Thus, he was tortured with particular intensity on his third and fourth days in detention, and was held thereafter to allow his injuries to heal; throughout this time he was denied access to either a lawyer or a doctor."[389]

Ebenso betont der US-Supreme Court in seinem Urteil *Hamdi et al.* gegen *Rumsfeld et al.* den Zusammenhang zwischen Folter und einem der richterlichen Kontrolle entzogenen Gefängnissystem:

---

klärung zulässig sei. Jedenfalls sind die USA völkerrechtlich verpflichtet, eine solche Entschädigung zu zahlen.

[387] *Gerald L. Neuman*, Comment, Counter-terrorist Operations and the Rule of Law, in: 15 EJIL 2004, S. 1019-1029, 1023.

[388] EGMR, *Aksoy ./. Türkei* (Fn. 265), Nr. 78.

[389] EGMR, *Aksoy ./. Türkei* (Fn. 265), Nr. 80.

"Moreover, as critical as the Government's interest may be in detaining those who actually pose an immediate threat to the national security of the United States during ongoing international conflict, history and common sense teach us that an unchecked system of detention carries the potential to become a means for oppression and abuse of others who do not present that sort of threat."[390]

Am ausführlichsten beschäftigte sich der Interamerikanische Gerichtshof mit dem Zusammenhang von Folter und dem Recht auf Habeas corpus in seinem Gutachten "Habeas Corpus in Emergency Situations" aus dem Jahre 1987. Zunächst zitiert er die Interamerikanische Menschenrechtskommission:

"As has been pointed out already, the immediate aim of this remedy is to bring the detainee before a judge, thus enabling the latter to verify whether the detainee is still alive and whether or not he or she has been subjected to torture or physical or psychological abuse. The importance of this remedy cannot be overstated, considering that the right to humane treatment recognized in Article 5 of the American Convention on Human Rights is one of the rights that may not be suspended under any circumstances."[391]

In seinen eigenen Betrachtungen schließt er sich der Kommission an:

"[H]abeas corpus performs a vital role in ensuring that a person's life and physical integrity are respected, in preventing his disappearance or the keeping of his whereabouts secret and in protecting him against torture or other cruel, inhumane, or degrading punishment or treatment."[392]

Weiter stellt der Gerichtshof fest:

"This conclusion is buttressed by the realities that have been the experience of some of the peoples of this hemisphere in recent decades, particularly disappearances, torture and murder committed or tolerated by some governments. This experience has demonstrated over and over again that the right to life and to humane treatment are threatened whenever the right to habeas corpus is partially or wholly

---

[390] US-Supreme Court, *Hamdi et al. ./. Rumsfeld, Secretary of Defense, et al.* (Fn. 173), S. 23.
[391] AGMR, Habeas Corpus in Emergency Situations (Fn. 261), Nr. 13.
[392] AGMR, Habeas Corpus in Emergency Situations (Fn. 261), Nr. 35.

suspended. As the President of the Commission stated in the hearing on this request,

'The Commission is convinced that thousands of forced disappearances could have been avoided in the recent past if the writ of habeas corpus had been effective and if the judges had investigated the detention by personally going to the places that had been denounced as those of detention. This writ is the best instrument available to correct promptly abuses of authority involving arbitrary deprivation of freedom. It is also an effective means of preventing torture and other physical and psychological abuses, such as exile, perhaps the worst punishment, which has been so abused in our hemisphere, where thousands of exiles make up a true exodus.

As the Commission has painfully recalled in its last Annual Report, these tortures and constraints tend to occur during long periods of incommunication, during which the prisoner lacks the legal means and remedies to assert his rights. It is precisely under these circumstances that the writ of habeas corpus is of greatest importance.'

Those who drafted the Convention were aware of these realities, which may well explain why the Pact of San Jose [Amerikanische Menschenrechtskonvention] is the first international human rights instrument to include among the rights that may not be suspended essential judicial guarantees for the protection of the non-derogable rights."[393]

Das Recht auf Habeas corpus ist also eine wesentliche Schutzklausel vor Folter. Gerade deshalb ist es nicht verwunderlich, daß die Extraordinary renditions mit dem Stichwort „Geheimgefängnis" verbunden sind. In diesen passiert dann exakt das oben Beschriebene: Der Inhaftierte wird schutzlos gestellt, steht alleine da und ist der Willkür seiner Bewacher ausgeliefert. Die mangelnde Kontrolle hat unmittelbar eine erhöhte Brutalität zur Folge, die eventuell bis hin zur Folter gehen kann. Der Antifolterausschuß geht sogar so weit, daß er diese Praxis als Verstoß gegen die Antifolterkonvention als Ganzes wertet.[394] Ob dies tatsächlich der Fall ist und ob auch im

---

[393] AGMR, Habeas Corpus in Emergency Situations (Fn. 261), Nr. 36.

[394] CAT, Concluding Observations on the 2nd US-report, 17./18. Mai 2006, UN-Dok. CAT/C/USA/CO/2, Nr. 17. "The State party should ensure that no one is detained in any secret detention facility under its de facto effective control. Detaining persons in such conditions constitutes, *per se*, a violation of the Convention."

Fall *el-Masri* der Verstoß gegen das Recht auf Habeas corpus zu Folter geführt hat, soll im folgenden geprüft werden.

III. Folterverbot

Das Folterverbot findet sich in Art. 7 und 10 Zivilpakt, in der Anti-Folterkonvention, in verklausulierter Form in Art. XXV Abs. 3 S. 2 und in Art. XXVI Abs. 2 AMRD wieder.

Gemäß Art. 7 S. 1 IPbpR darf „niemand [...] der Folter oder grausamer, unmenschlicher oder erniedrigender Behandlung oder Strafe unterworfen werden." Die Amerikanische Menschenrechtsdeklaration umschreibt das Folterverbot in ihrem Art. XXV Abs. 3 S. 2 – also als Teil des Rechts auf Sicherheit und Freiheit wie folgt: "He also has the right to humane treatment during the time he is in custody." Auch Art. 10 Abs. 1 IPbpR stellt auf den Gefangenenstatus ab: „Jeder, dem die Freiheit entzogen ist, muß menschlich und mit Achtung vor der dem Menschen innewohnenden Würde behandelt werden." Im Art. XXVI Abs. 2 AMRD wird die grausame Bestrafung verboten: "Every person accused of an offense has the right [...] not to receive cruel, infamous or unusual punishment." Art. 1 der Antifolterkonvention verbietet und definiert die Folter: Folter ist demnach

> „jede Handlung, durch die einer Person vorsätzlich große körperliche oder seelische Schmerzen oder Leiden zugefügt werden, zum Beispiel um von ihr oder einem Dritten eine Aussage oder ein Geständnis zu erlangen, um sie für eine tatsächlich oder mutmaßlich von ihr oder einem Dritten begangene Tat zu bestrafen oder um sie oder einen Dritten einzuschüchtern oder zu nötigen, oder aus einem anderen, auf irgendeiner Art von Diskriminierungen beruhenden Grund, wenn diese Schmerzen oder Leiden von einem Angehörigen des öffentlichen Dienstes oder einer anderen in amtlicher Eigenschaft handelnden Person, auf deren Veranlassung oder mit deren ausdrücklichem oder stillschweigendem Einverständnis verursacht werden. Der Ausdruck umfaßt nicht Schmerzen oder Leiden, die sich lediglich aus gesetzlich zulässigen Sanktionen ergeben, dazu gehören oder damit verbunden sind."

Und gemäß Art. 16 CAT

> „verpflichtet sich [jeder Vertragsstaat], in jedem seiner Hoheitsgewalt unterstehenden Gebiet andere Handlungen zu verhindern, die eine grausame, unmenschliche oder erniedrigende Behandlung oder

Strafe darstellen, ohne der Folter im Sinne des Art. 1 gleichzukommen, wenn diese Handlungen von einem Angehörigen des öffentlichen Dienstes oder einer anderen in amtlicher Eigenschaft handelnden Person, auf deren Veranlassung oder mit deren ausdrücklichem oder stillschweigendem Einverständnis begangen werden."

Weiter bestimmt Art. 16 CAT, daß nicht alle Normen der Antifolterkonvention auf die grausame, unmenschliche oder erniedrigende Behandlung anzuwenden sind. So ist Art. 3 CAT, der die Auslieferung verbietet, ausschließlich in Fällen von drohender Folter anwendbar.

Das Verhältnis zwischen den Normen, die wie Art. 10 IPbpR die Achtung der menschlichen Würde von Gefangenen oder wie Art. XXV Abs. 3 S. 2 AMRD eine humane Behandlung von Gefangenen verlangen, zu den Normen, die Folter und grausame, unmenschliche oder erniedrigende Behandlung verbieten, ist noch nicht abschließend geklärt. Es wird davon auszugehen sein, daß jede Behandlung eines Gefangenen, die Folter oder grausame, unmenschliche oder erniedrigende Behandlung darstellt, auch gegen das Würdegebot und das Gebot der menschlichen Behandlung verstößt. Dies ergibt sich schon alleine daraus, daß eine Form der Verletzung des Verbots der grausamen, unmenschlichen oder erniedrigenden Behandlung die erniedrigende Behandlung ist. Behandelt man jemanden erniedrigend, so verstößt man gegen seine Menschenwürde. Und eine unmenschliche Behandlung kann nicht menschlich sein. So hat der Menschenrechtsausschuß kürzlich erst entschieden, daß er die Handlungen, die gegen Art. 10 Abs. 1 IPbpR, also das Würdegebot verstoßen, nicht mehr an Art. 7 IPbpR prüft, da Art. 10 Abs. 1 IPbpR spezieller sei.[395] Im folgenden soll daher nur ein Verstoß gegen das Verbot der Folter und der grausamen, unmenschlichen oder erniedrigenden Behandlung geprüft werden.

---

[395] MRA, *Madafferi ./. Australien* (1011/2001), Auffassung v. 26. Juli 2004, UN-Dok. CCPR/C/81/D/1011/2001, Nr. 9.3: "In the light of this finding in respect of article 10, a provision of the Covenant dealing specifically with the situation of persons deprived of their liberty and encompassing for such persons the elements set out generally in article 7, it is not necessary to separately consider the claims arising under article 7."

Kann dies bejaht werden, so sind auch die anderen Normen mit verletzt worden.

1. Vorbehalte

Die USA haben sowohl im Rahmen der Antifolterkonvention als auch im Rahmen des Zivilpakts Vorbehalte eingelegt. Beide Vorbehalte sind nahezu wortgleich. Der Vorbehalt zum Zivilpakt lautet:

> "[T]he United States considers itself bound by Article 7 to the extent that 'cruel, inhuman or degrading treatment or punishment' means the cruel and unusual treatment or punishment prohibited by the Fifth, Eigth and/or Fourteenth Amendments to the Constitution of the United States."[396]

Grundsätzlich gilt, daß Vorbehalte, sollte ihre Zulässigkeit nicht ausdrücklich ausgeschlossen sein und sollten sie mit Ziel und Zweck des Vertrages vereinbar sein, zulässig sind (Art. 19 WVK). Die betreffende Regelung gilt dann für die den Vorbehalt einlegende Partei in der Form, die sie durch den Vorbehalt erhält. Selbst wenn eine andere Vertragspartei diesen Vorbehalt zurückweist, tritt der Vertrag in Kraft, außer der zurückweisende Staat bringt „seine gegenteilige Absicht eindeutig zum Ausdruck." (Art. 20 Abs. 4 lit. b WVK). Tritt der Vertrag zwischen den beiden Parteien in Kraft, so findet die Regel, „auf die sich der Vorbehalt bezieht, in dem darin vorgesehenen Ausmaß zwischen den beiden Staaten keine Anwendung" (Art. 21 Abs. 3 WVK). Allerdings kann die Wiener Vertragsrechtskonvention aus Gründen ratione temporis keine direkte Anwendung finden und gerade im Bereich der Wirkung von Vorbehalten ist die völkergewohnheitsrechtliche Geltung des Inhalts ihrer Normen mehr als fraglich.[397] Dies schadet aber nicht, da die rele-

---

[396] Der Vorbehalt zur Antifolterkonvention lautet: „[T]he United States considers itself bound by the obligation under article 16 to prevent `cruel, inhuman or degrading treatment or punishment', only insofar as the term `cruel, inhuman or degrading treatment or punishment' means the cruel, unusual and inhumane treatment or punishment prohibited by the Fifth, Eighth, and/or Fourteenth Amendments to the Constitution of the United States." Vgl. allgemein zur Praxis der USA in bezug auf Vorbehalte und Interpretationserklärungen, *Thomas Buergenthal*, International Human Rights in a nutshell, 2. Aufl. 1995, S. 290-298.

[397] *Wolfgang Graf Vitzthum*, Begriff, Geschichte und Quellen des Völkerrechts, in: ders. (Hrsg.), Völkerrecht, 3. Aufl. 2004, S. 1-77, Rn. 114.

vante Frage, was mit einem Vorbehalt geschieht, der nach Ansicht einiger Staaten gegen Ziel und Zweck eines Menschenrechtsvertrages verstößt, durch die Wiener Vertragsrechtskonvention nicht beantwortet wird. Denn nach ihr wäre die Rechtsfolge eines unzulässigen Vorbehaltes, daß diese Norm zwischen den beiden Parteien keine Anwendung findet, Art. 21 Abs. 2 WVK. Aber menschenrechtliche Verträge sind von ihrer Struktur her anders angelegt als andere Verträge. Nicht nur das zwischenstaatliche Verhältnis wird von ihnen erfaßt, sondern auch das Verhältnis eines jeden einzelnen zum Staat. Darauf passen die Vorbehaltsregeln der Wiener Vertragsrechtskonvention nicht.[398] Durch den Rückgriff auf das Vorbehaltsregime der Wiener Vertragsrechtskonvention bzw. dem ihr zugrunde liegenden Gewohnheitsrecht kann keine Antwort bezüglich der Rechtsfolge gewonnen werden.

Weder der Zivilpakt noch die Antifolterkonvention sehen ein ausdrückliches Verbot von Vorbehalten vor. Daraus läßt sich aber nicht schließen, daß jede Art von Vorbehalt zulässig ist.[399] Sie müssen – wie gesehen – mit Ziel und Zweck des Vertrages übereinstimmen. Für den Menschenrechtsausschuß ist Ziel und Zweck des Zivilpaktes

> "to create legally binding standards for human rights by defining certain civil and political rights and placing them in a framework of obligations which are legally binding for those States which ratify; and to provide an efficacious supervisory machinery for the obligations undertaken."[400]

Gerade wenn ein Vorbehalt die internationale Norm dem nationalen Recht unterstellt, kann von der Schaffung eines Standards keine Rede sein. Der Vorbehalt der USA besagt, daß die Verpflichtung aus dem Vertrag, eine grausame, unmenschliche oder erniedrigende Behandlung zu unterlassen, nur so weit geht, wie es die US-Verfassung schon verbietet. Der Vertrag wird der Verfassung

---

[398] Dazu ausführlich unten, S. 134.
[399] MRA, General Comment Nr. 24 (Fn. 101), Nr. 6.
[400] MRA, General Comment Nr. 24 (Fn. 101), Nr. 7.

untergeordnet.[401] Sollten Garantien des Art. 7 IPbpR weitergehen als die Verfassung, so gilt dies nicht für die USA. Dadurch wird der Anwendungsbereich des Folterverbots erheblich eingeschränkt. Vor allem bedeutet es, daß Ausländer außerhalb der USA gefoltert werden dürfen, da genau dieses von der US-Verfassung nicht verboten ist.[402]

Des weiteren geht der Menschenrechtsausschuß davon aus, daß ein Vorbehalt gegen eine Ius-cogens-Norm unzulässig ist.[403] Allerdings wird man kaum davon ausgehen können, daß eine Norm des Vertragsrechts eine Ius-cogens-Norm ist, sie reflektiert diese nur inhaltsgleich.[404] Nichtsdestotrotz verstößt ein Vorbehalt im Rahmen eines Menschenrechtsvertrages gegen Ziel und Zweck des Vertrages, wenn die Norm, gegen die ein Vorbehalt eingelegt wird, Ius cogens widerspiegelt.[405] Menschenrechtliche Ius-cogens-Normen schützen den absoluten Mindeststandard an Menschenrechten: das Sklaverei-, das Genozid- und das Folterverbot sowie das Recht auf Leben werden jedenfalls dazu gezählt.[406] Diese Minimalgarantien zu schützen ist in jedem Fall Ziel und Zweck eines jeden menschenrechtlichen Vertrages. Diese Ansicht wird unterstützt durch die zahlreichen Einsprüche gegenüber den US-amerikanischen Vorbehalten gegen die zwei Ius-cogens-Normen widerspiegelnden Artikel des

---

[401] Gleichzeitig wird so versucht, den zukünftigen Auslegungen des Art. 7 IPbpR durch den Menschenrechtsausschuss zu entgehen, *Catherine J. Redgwell*, Reservations to Treaties and Human Rights Committee General Comment Nr. 24 (52), in: 46 International and Comparative Law Quaterly 1997, S. 390- 412, 400.

[402] US-Supreme Court, *United States ./. Verdugi-Urquidez* (Fn. 73); *Lalmalani* (Fn. 73).

[403] MRA, General Comment Nr. 24 (Fn. 101), Nr. 8.

[404] *Klein* (Fn. 277), S. 62f., der aber darauf hinweist, daß möglicherweise die Vertragsnorm den Ius-cogens-Charakter der völkergewohnheitsrechtlichen Norm annimmt. *Richard B. Lillich*, Civil Rights, in: Theodor Meron (ed.), Human Rights in International Law, Legal and Policy Issue, S. 115-170, 120, dort Fn. 28, umgeht dieses Problem, indem er nicht von Ius cogens, sondern vom Ius-cogens-Status schreibt: "Reservations to the Political Covenant [...] presumably have no force or effect if these rights actually have acquired *jus cogens* status."

[405] Ebenso *Eckart Klein*, Menschenrechte und Ius Cogens, in: Jürgen Bröhmer et al. (Hrsg.), Internationale Gemeinschaft und Menschenrechte, Festschrift für Georg Ress, 2005, S. 151-163, 162.

[406] Vgl. die Nachweise in Fn. 246.

Zivilpaktes, das Recht auf Leben (Art. 6 IPbpR) und das Folterverbot.[407] Dabei äußerte Schweden besonders harsche Kritik: "Reservations of this nature contribute to undermining the basis of international treaty law."[408] Im Übrigen soll hier nur erwähnt sein, daß das Folterverbot als Ius cogens ungeachtet eines Vorbehalts auf völkergewohnheitsrechtlicher Grundlage weiter gilt. Würde man also einen Vorbehalt als zulässig ansehen, so könnten sich die USA mit Hilfe eines Vorbehalts nur den Überwachungsmechanismen des Zivilpaktes entziehen, nicht aber dem materiell-rechtlichen Norminhalt.[409]

Der Vorbehalt der USA richtet sich gegen eine Norm, die Ius cogens widerspiegelt und verstößt gegen Ziel und Zweck des Vertrages.[410] Er ist unzulässig.

Wie aber ist mit solchen unzulässigen Vorbehalten umzugehen? An sich gilt die Norm zwischen den Vertragsparteien nur in dem Rahmen, den der Vorbehalt vorgibt. Alle Staaten, die den Vorbehalt der USA gegen das Verbot der Folter als unvereinbar mit Ziel und Zweck des Vertrages erklärt haben, haben gleichzeitig auch erklärt, daß dieser Einspruch kein Hindernis für das Inkrafttreten des Vertrages zwischen ihnen und den USA darstellt.[411] Das könnte darauf

---

[407] Die Staaten, die gegen die Vorbehalte der USA bezüglich Art. 6 und 7 IPbpR Widersprüche einlegten und sie größtenteils als mit Ziel und Zweck des Vertrages inkompatibel erklärten, waren: Dänemark (1. Oktober 1993), Finnland (28. September 1993), Deutschland (29. September 1993), Italien (5. Oktober 1993), die Niederlande (28. September 1993), Norwegen (4. Otkober 1993), Portugal und Spanien (5. Oktober 1993) sowie Schweden (18. Juni 1993). Belgien (5. Oktober 1993) und Frankreich (4. Oktober 1993) widersprachen nur dem Vorbehalt zu Art. 6 IPbpR. Abrufbar unter www.ohchr.org/english/countries/ratification/4_2.htm (10. Februar 2007).

[408] Erklärung Schwedens vom 18. Juni 1993, abrufbar unter: www.ohchr.org/english/countries/ratification/4_2.htm (10. Februar 2007).

[409] Diese umschließt auch das Verbot des Non-refoulement, *Stefan Kadelbach*, Zwingendes Völkerrecht, 1992, S. 295. Einer Prüfung des inhaltsgleichen Rechts stünde also nichts im Wege.

[410] MRA, Concluding Observations on the initial US-report, 3. Oktober 1995, UN-Dok. CCPR/C/79/Add. 50, Nr. 279. Siehe auch die Anmerkungen von *David Kretzmer* und *Prafullachandra Bhagwati*, in: UN-Dok. CCPR/C/SR.402, 29. März 1995, Nr. 3 bzw. 22.

[411] Dazu gehören Dänemark, die Niederlande, Norwegen, Spanien und Schweden. Finnland sah nur im Vorbehalt gegen Art. 6 einen Verstoß gegen Ziel und Zweck →

hindeuten, daß die Staaten trotz aller Bedenken den Vertrag im Sinne des Vorbehalts der USA zustande kommen lassen wollten. Der Menschenrechtsausschuß geht hingegen davon aus, daß hier der Grundsatz der Reziprozität keine Anwendung finden könne, da dieses Vertragsregime den Menschen zum Gegenstand habe.[412] Daraus folgt, daß die Rechtsfolge nicht etwa die partielle Unanwendbarkeit der Norm sei, sondern daß die Norm ohne Vorbehalt voll zur Geltung komme.[413] Vorbehalt und Norm werden somit voneinander getrennt. Denselben Weg schlägt auch der Europäische Gerichtshof für Menschenrechte ein. In seiner *Belilos*-Entscheidung sieht er einen Vorbehalt der Schweiz zu Art. 6 EMRK als unvereinbar mit dem damaligen Art. 64 EMRK[414] an.[415] Nach dieser Norm darf ein Vorbehalt nicht allgemeiner Art sein. Nach Feststellung der Verletzung des Ex-Artikel 64 EMRK führte der Gerichtshof aus:

> "At the same time, it is beyond doubt that Switzerland is, and regards itself as, bound by the Convention irrespective of the validity of the declaration."[416]

Der Europäische Gerichtshof für Menschenrechte stellt folglich auf den Willen des Staates ab, an die Konvention als Ganzes gebunden zu sein. Im Fall *Loizidou* erklärt die Türkei, daß sie sich nicht an die Unterwerfung unter die damals noch optionale Individualbeschwerde gebunden sieht, falls ihre Vorbehalte dazu nicht als zulässig aner-

---

des Vertrages, ebenso wie Deutschland und Italien. Der Vorbehalt gegen Art. 7 IPbpR verstoße nach Ansicht Finnlands gegen den Grundsatz, daß nationales Recht nicht über Völkerrecht stehen dürfe. Deutschland, und ähnlich auch Italien, sehen in dem Vorbehalt keinen Vorbehalt, sondern eine Referenz zu Art. 2 IPbpR, so daß sich der Vertragsinhalt deshalb auch nicht ändere. Portugal sieht nur den Vorbehalt gegen Art. 7 IPbpR als gegen Ziel und Zweck des Vertrages verstoßend an, der Vorbehalt zu Art. 6 IPbpR verstoße dagegen nur gegen Art. 6 selbst, www.ohchr.org/english/countries/ratification/4_2.htm (10. Feburar 2007). Vgl. zu den Staaten, die Vorbehalte eingelegt haben Fn. 407.

[412] MRA, General Comment Nr. 24 (Fn. 101), Nr. 17.
[413] MRA, General Comment Nr. 24 (Fn. 101), Nr. 18.
[414] Nach der Reform der Europäischen Menschenrechtskonvention durch das 11. Zusatzprotokoll ist dies der heutige Art. 57 EMRK.
[415] EGMR, *Belilos ./. Schweiz* (10328/83), Urteil v. 29. April 1988, A132, Nr. 55.
[416] EGMR, *Belilos ./. Schweiz* (Fn. 415), Nr. 60.

kannt werden würden. Diese Erklärung erkannte der Gerichtshof nicht an. Da die Europäische Menschenrechtskommission schon vor der Unterwerfung der Türkei keinerlei Vorbehalte zu Art. 46 a.f. EMRK anerkannt habe und einige Staaten vor der Vorbehaltserklärung auf deren Unzulässigkeit hingewiesen hätten, sei die Türkei bewußt das Risiko eingegangen, daß ihre Vorbehalte durch die Konventionsorgane als unzulässig zurückgewiesen werden.[417] In beiden Fällen wird der Vorbehalt von der Verpflichtung abgetrennt: Die Verpflichtung bleibt intakt, der Vorbehalt hingegen wird zurückgewiesen. Selbst der Internationale Gerichtshof, der die Trennbarkeit von Norm und Vorbehalt zwar selbst gar nicht in Betracht gezogen hatte, unterstützt das Ergebnis durch folgende Aussage:

"[I]t must clearly be assumed that the contracting States are desirous of preserving intact at least what is essential to the object of the Convention; should this desire be absent, it is quite clear that the Convention itself would be impaired both in its principle and in its application."[418]

Ein anderes Ergebnis außer der Trennbarkeit wäre auch abstrus: Die Rechtsprechungsorgane haben Recht, wenn sie davon ausgehen, daß Menschenrechtsverträge eine andere Behandlung erfahren müssen als andere Verträge. Ein Vorbehalt im menschenrechtlichen Bereich soll ja nicht dazu führen, daß ein Vertragsstaat gegenüber einem anderen Vertragsstaat nicht mehr an die Norm gebunden ist, sondern letztlich dazu, daß er seinen eigenen Staatsangehörigen gegenüber nicht mehr an die Norm gebunden

---

[417] EGMR, *Loizidou ./. Türkei* (15318/89), Urteil über die Einwendungen gegen die Zulässigkeit der Klage v. 23. Februar 1995, A 310, Nr. 95.

[418] IGH, Gutachten v. 28. Mai 1951, ICJ Rep. 1951, S. 27 – Reservations to the Genocide Convention. Es ist ein Fehler anzunehmen, der IGH hätte sich in seinem Gutachten ausdrücklich zu den Folgen von unzulässigen Vorbehalten geäußert und die Trennbarkeit als Rechtsfolge ausgeschlossen. So bezeichnet *Rosalyn Higgins* unter Beachtung des IGH-Urteils die Rechtsfolge der Nichtigkeit des Vorbehalts unter gleichzeitiger Aufrechterhaltung der Bindung als "entirely consistent with [established legal practice]" und damit auch dem IGH-Urteil; *dies.*, Introduction, in: J.P. Gardner (Hrsg.), Human Rights as General Norms and a State's Right to Opt Out, 1997, S. xv-xxix, S. xxvii; *Frederick Alexander Mann*, The Doctrine of Jus Cogens in International in Law:, in: Horst Ehmke et al. (Hrsg.), Festschrift für Ulrich Scheuner, 1973, S. 399-418, S. 404.

ist.[419] Menschenrechtsverträge sind nicht staatszentriert, sondern menschenzentriert. Der Internationale Gerichtshof betont:

"In such a Convention the Contracting States do not have any interests of their own; they merely have, one and all, a common interest, namely, the accomplishment of those high purposes which are the *raison d'etre* of the Convention. Consequently, in a Convention of this type one cannot speak of individual advantages or disadvantages of States, or of the maintenance of a perfect contractual balance between rights and duties."[420]

Ähnlich drückt es der Interamerikanische Gerichtshof aus:

"[M]odern human rights treaties in general [...] are not multilateral treaties of the traditional type concluded to accomplish the reciprocal exchange of rights for the mutual benefit of the contracting States. Their object and purpose is the protection of the basic rights of individual human beings irrespective of their nationality, both against the State of their nationality and all other contracting States. In concluding these human rights treaties, the States can be deemed to submit themselves to a legal order within which they, for the common good, assume various obligations, not in relation to other States, but towards all individuals within their jurisdiction."[421]

Und weiter führt der Gerichtshof aus:

"Viewed in this light and considering that the Convention was designed to protect the basic rights of individual human beings irrespective of their nationality, against States of their own nationality or any other State Party, the Convention must be seen for what in reality it is: a multilateral legal instrument of framework enabling States to make binding unilateral commitments not to violate the human rights of individuals within their jurisdiction."[422]

Vorbehalte, die gegen Ziel und Zweck verstoßen, können aus diesen Gründen nicht zur Unanwendbarkeit der Norm führen.

Außerdem konnten die US-Amerikaner – sofern man überhaupt auf dieses Kriterium, das bisher nur vom Europäischen Gerichtshof für

---

[419] So auch *Higgins* (Fn. 418), S. xxv.
[420] IGH, Reservations to the Genocide Convention (Fn. 418), S. 23.
[421] AGMR, Effect of Reservations (Fn. 153), Nr. 29.
[422] AGMR, Effect of Reservations (Fn. 153), Nr. 33.

Menschenrechte angewendet wird, bestehen sollte – auch mit einer Unzulässigkeit des Vorbehalts rechnen: Das Folterverbot ist eines der grundlegendsten Menschenrechte überhaupt, es ist nicht derogierbar und gehört zum Ius cogens.[423] Kein anderer Staat hatte bis dahin einen Vorbehalt gegen diese Norm eingelegt. Schließlich verpflichtet auch Art. 2 Abs. 2 IPbpR die Staaten,

"wirksame gesetzgeberische oder sonstige Vorkehrungen zu treffen, die notwendig sind, um den in diesem Pakt anerkannten Rechten Wirksamkeit zu verleihen."

Dieser Pflicht kommt ein Staat aber nicht mehr nach, wenn er sein nationales Recht über den Vertrag stellt.[424] Gegen die Vorhersehbarkeit spricht auch nicht, daß der Menschenrechtsausschuß Vorbehalte vorher diskussionslos akzeptiert hat: diese betrafen alleine die Art. 5 1. ZP IPbpR (Prüfungsverfahren der Individualbeschwerde), Art. 27 IPbpR (Minderheiten) und Art. 14 IPbpR (Recht auf ein faires Verfahren), nicht aber Ius-cogens-Normen. Der Vorbehalt der USA ist somit unzulässig. Art. 7 IPbpR und Art. 3 CAT gelten uneingeschränkt.[425] Es gilt:

"Der zwingende Charakter des [...] Folterverbots macht entsprechende Vorbehalte zu menschenrechtlichen Konventionen wirkungslos."[426]

---

[423] Richter *Tanaka* ging schon 1969 in seiner Dissenting opinion im Festlandsockelfall, IGH, Urteil v. 20. Februar 1969 (Fn. 230), S. 182, ausdrücklich davon aus, daß aus einem dem Ius Cogens widersprechenden Vorbehalt dessen Nichtigkeit folgt: "[A] reservation would in itself be null and void as [it is] contrary to [...] jus cogens."

[424] Ebenso *Thomas Giegerich*, Vorbehalte zu Menschenrechtsabkommen: Zulässigkeit, Gültigkeit und Prüfungskompetenz von Vertragsregimen – Ein konstitutioneller Ansatz, in: ZaöRV 55 (1995), S. 713-782, 747f.

[425] So äußert der Antifolterausschuß in bezug auf den Vorbehalt der USA nur lapidar: "The reservation [is] in violation of the Convention." CAT, Concluding Observations on the initial US-report, 15. Mai 2000, UN-Dok. A/55/44, Nr. 179 (b); s. auch MRA, Concluding Observations on the initial US-report (Fn. 410), Nr. 279; *Markus G. Schmidt*, Reservations to United Nations Human Rights Treaties – The Case of the Two Covenants, in: J.P. Gardner (Fn. 419), S. 20-34, 22; s. auch die Einsprüche der europäischen Staaten (Fn. 411).

[426] *Kadelbach* (Fn. 404), S. 294.

2. Interpretationserklärungen

Neben dem Vorbehalt haben die USA zu der Antifolterkonvention Interpretationserklärungen abgegeben. Die drei für diesen Fall wichtigsten Erklärungen sind, daß erstens der Folterbegriff dergestalt eingeschränkt wird, daß moderne Foltermethoden, die auf seelische, nicht körperliche Schmerzen abzielen und insbesondere von der CIA angewandt werden[427] – „self-inflicted pain" (selbst zugefügte Schmerzen) und „sensory deprivation" (Techniken der Sinnberaubung) – nicht von der Antifolterkonvention umfaßt sein sollen; daß zweitens der Maßstab, nach dem die Gefahr von Folter eines Auszuliefernden in seinem Heimatstaat gemessen wird, gesenkt wird; und daß drittens Wiedergutmachung nur für Folter im Inland gewährt wird. Die Interpretationserklärung lautet:

> "The Senate's advice and consent is subject to the following understandings, which shall apply to the obligations of the United States under this Convention:
>
> (1) (a) That with reference to article 1, the United States understands that, in order to constitute torture, an act must be specifically intended to inflict severe physical or mental pain or suffering and that mental pain or suffering refers to prolonged mental harm caused by or resulting from (1) the intentional infliction or threatened infliction of severe physical pain or suffering; (2) the administration or application, or threatened administration or application, of mind altering substances or other procedures calculated to disrupt profoundly the senses or the personality; (3) the threat of imminent death; or (4) the threat that another person will imminently be subjected to death, severe physical pain or suffering, or the administration or application of mind altering substances or other procedures calculated to disrupt profoundly the senses or personality. [...]
>
> (2) That the United States understands the phrase, 'where there are substantial grounds for believing that he would be in danger of being subjected to torture,' as used in article 3 of the Convention, to mean 'if it is more likely than not that he would be tortured.'
>
> (3) That it is the understanding of the United States that article 14 requires a State Party to provide a private right of action for damages

---

[427] Vgl. dazu *Alfred McCoy*, A Question of Torture, CIA Interrogation, from the Cold War to the War on Terror, 2006, S. 7ff.

only for acts of torture committed in territory under the jurisdiction of that State Party."[428]

Außerdem hat die US-Regierung am 3. Juni 1994, also vor der Abgabe der Ratifikationsurkunde, im Auftrag des US-Senats eine Erklärung gegenüber dem UN-Generalsekretär abgegeben, mit der Bitte, alle Staaten darüber zu informieren, daß

"nothing in this Convention requires or authorizes legislation, or other action, by the United States of America prohibited by the Constitution of the United States as interpreted by the United States."[429]

Zunächst gilt festzustellen, ob es sich bei diesen sog. Interpretationserklärungen tatsächlich um Interpretationserklärungen oder doch um Vorbehalte handelt.[430] Gemäß dem Völkergewohnheitsrecht reflektierenden Art. 2 lit. d WVK[431] kommt es nicht auf die Bezeichnung der Erklärung an. Ein Vorbehalt liegt immer dann vor, wenn der Staat mit einer Erklärung bezweckt, „die Rechtswirkung einzelner Vertragsbestimmungen [...] auszuschließen oder zu ändern." Zielt die Interpretationserklärung auf eine Verringerung der Vertragspflichten ab, so handelt es sich um einen Vorbehalt.[432] Die entscheidende Frage lautet: Liegt die Erklärung noch im Rahmen der Auslegung? Dies bedeutet nach Art. 31 WVK, daß die Erklärungen mit der gewöhnlichen, den Bestimmungen des Vertrages in dessen Zusammenhang zukommender Bedeutung und seinem Ziel und Zweck vereinbar sein müssen.

---

[428] U.S. reservations, declarations, and understandings, Convention Against Torture and Other Cruel, Inhuman or Degrading Treatment or Punishment, Congressional Record S17486-01, 27. Oktober, 1990, abrufbar unter: www1.umn.edu/humanrts/usdocs/tortres.html (10. Februar 2007).

[429] www.ohchr.org/english/countries/ratification/9.htm#N11 (10. Februar 2007).

[430] Der Antifolterausschuß äußert sich zu dieser Frage interessanterweise gar nicht, sondern schlägt nur vor, die Vorbehalte und Erklärungen zurückzunehmen. CAT, Concluding Observations on the initial US-report (Fn. 425) Nr. 180 a; CAT, Concluding Observations on the 2nd US-report (Fn. 394), Nr. 40.

[431] *Monika Heymann*, Einseitige Interpretationserklärungen zu multilateralen Verträgen, 2005, S. 34f. mit zahlreichen Nachweisen.

[432] *Heymann* (Fn. 431), S. 38f.

Teil 1a der Erklärung – in bezug auf Art. 1 CAT – schließt gewisse Behandlungen aus, die dem Wortlaut der Legaldefinition[433] des Art. 1 CAT nach Folter darstellen, nämlich fast alle Schmerzen, die seelischer Natur sind.[434] Gerade die von der CIA entwickelten und inzwischen weit verbreiteten Techniken des „self-inflicted pain" und der „sensory deprivation" werden so ausgeschlossen. Diese Foltermethoden werden exemplifiziert von dem weltbekannten Bild des Häftlings mit der Kapuze in *Abu Ghraib*, der mit Elektroden an den Händen auf einer Holzkiste steht und dem gedroht wurde, daß er sich selbst in die Luft jage, sobald er seine Haltung verändere. Die Europäische Menschenrechtkommission hat im Nordirland-Fall eine Kombination aus beiden Methoden schon als Folter bezeichnet.[435] Dort wurden die sog. fünf Techniken benutzt: stundenlanges Stehen an einer Wand, so daß das Körpergewicht von Zehen und Händen getragen werden muß; Überstülpen einer Hülle über den Kopf; intensiver Lärm; Entzug von Schlaf und von Nahrung und Trinken. Dies hört sich möglicherweise harmlos an, geht aber zurück auf Forschungsarbeiten im Rahmen eines US-Regierungsprogramms unter Führung der CIA, die man als die erste wahre Erneuerung in der Anwendung von Folter seit dem 17. Jahrhundert bezeichnen kann.[436]

"In the first stage, interrogators employ the simple, nonviolent techniques of hooding or sleep deprivation to disorient the subject; sometimes sexual humiliation is used as well. Once the subject is dis-

---

[433] Die Bandbreite eines Auslegungsergebnisses ist geringer je weiter die Norm präzisiert ist. Gerade im Bereich von Legaldefinitionen ist die Normpräzision hoch, *Heymann* (Fn. 431), S. 69.

[434] Zustimmend die Niederlande in ihrem Einspruch gegen die Vorbehalte und Erklärungen der USA vom 26. Februar 1996: "This understanding appears to restrict the scope of the definition of torture under article 1 of the Convention.", www.ohchr.org/english/countries/ratification/9.htm (10. Februar 2007).

[435] EKMR, *Irland ./. Vereinigtes Königreich* (5310/71), Bericht v. 25. Januar 1976, 19 Yearbook of the European Convention on Human Rights 1976, S. 792, dazu auch: *Michael O'Boyle*, Torture an Emergency Powers und the European Convention on Human Rights: Irland ./. Vereinigtes Königreich, in: 71 AJIL 1977, S. 674-706; *Robert J. Spjut*, Torture Under the European Convention on Human Rights, in: 73 AJIL 1979, S. 267-272, 270.

[436] *Alfred McCoy*, Torture at Abu Ghraib followed CIA's manual, in: The Boston Globe, 14. Mai 2004. Vgl. auch *Harald Neuber*, Die Folter hat System, in: Junge Welt, 14. Mai 2004, S. 8.

oriented, interrogators move on to a second stage with simple, self-inflicted discomfort such as standing for hours with arms extended. In this phase, the idea is to make victims feel responsible for their own pain and thus induce them to alleviate it by capitulating to the interrogator's power."[437]

Hier wird dem Menschen zwar kein physischer Schmerz zugefügt, jedoch sind die Folgen viel schlimmer:

"Although seemingly less brutal, no-touch torture leaves deep psychological scars. The victims often need long treatment to recover from trauma far more crippling than physical pain."[438]

Die Folgen dieser Techniken werden in einem Brief aus dem US-Justizministerium offenbart: Dort wird z.B. von Gefangenen berichtet, die sich in Fötalposition auf dem Boden winden und vor Schmerzen weinen oder von einem Gefangenen, der drei Monate lang in einer Zelle mit 24-Stunden Lichtbestrahlung isoliert war und daraufhin schwerste Traumafolgen zeigte: er sprach mit nichtexistenten Menschen, hörte Stimmen und kauerte unter einer Decke in der Ecke seiner Zelle.[439] Diese Folgen sind nichts Außergewöhnliches. So leidet etwa jeder dritte Traumatisierte an Angstzuständen, Schlaflosigkeit, Verzweiflungszuständen und seelischen Störungen. Gar die Hälfte entwickelt chronische Gemütskrankheiten, manche bringen sich selbst um.[440] Hier wird also ein wesentlicher Teil der Behandlungen ausgeschlossen, vor denen die Antifolterkonvention schützen soll. Der Normwirkbereich wird in erheblichem Maße verringert. Es handelt sich um einen Vorbehalt. Und da Behandlungen legal sein sollen, die Folter darstellen, verstößt die Erklärung gegen Ius cogens und deshalb gegen Ziel und Zweck des Vertrages. Sie ist somit unbeachtlich.

Ob Teil 2 einen Vorbehalt oder eine Interpretationserklärung darstellt, spielt im Rahmen der Extraordinary renditions keine Rolle. Zwar kann der Unterschied zwischen den beiden Kriterien „stichhal-

---

[437] *McCoy* (Fn. 436), ebd.

[438] *McCoy* (Fn. 436), ebd.

[439] *Paisley Dodds*, FBI letter alleged abuse of Detainees, in: The Boston Globe, 7. Dezember 2004.

[440] *Sabine Rückert*, Gequält, begafft, vergessen, in: Die Zeit, 16. November 2006, S. 17-20, 18.

tige Gründe für die Annahme, daß [die Person] dort Gefahr liefe, gefoltert zu werden" und "more likely than not that he would be tortured" im Einzelfall immens sein. So ist der Standard des "more likely than not" um einiges geringer als die Anforderungen des Völkerrechts.[441] Da aber im Rahmen der Extraordinary renditions die Folter immer zumindest "more likely than not" ist – denn sie ist ja Teil des Programms – macht diese Erklärung in der Sache keinen Unterschied.

Teil 3 der Erklärung verengt die Anwendbarkeit von Art. 14 CAT, der eine Wiedergutmachungs- und Entschädigungpflicht vorschreibt, auf Folter, die „in territories under the jurisdiction" der USA begangen werden. Damit wiederholen die USA nahezu wortgleich die Rationeloci-Regel der Antifolterkonvention. Entweder ist dies so zu verstehen, daß Art. 2 Abs. 1 CAT auch auf Art. 14 CAT Anwendung finden soll. Dies wäre aber überflüssig. Folglich können die USA nur gemeint haben, die Anwendbarkeit des Art. 14 CAT auf im Ausland begangene Folter auszuschließen. Da die Antifolterkonvention wie gesehen auch im Ausland anwendbar ist, handelt es sich hierbei nicht mehr um eine Auslegungsfrage, vielmehr wird der Anwendungsbereich stark verkürzt. Es handelt sich um einen Vorbehalt. Ein umfassender Schutz gegen Folter – Art. 14 CAT ist aufgrund von Art. 16 CAT nicht im Rahmen einer grausamen, unmenschlichen oder erniedrigenden Behandlung anwendbar – bedarf der Überwachung durch die Gerichte. Dazu gehört nicht nur die Strafbarkeit der Täter, sondern auch, daß ein Recht auf Wiedergutmachung und Entschädigung besteht. Im US-Recht besteht trotz des Vorbehalts die Möglichkeit für auch im Ausland erlittene Folter Entschädigung zu erhalten. Dies gilt sowohl für Folteropfer, die nicht US-Bürger sind,[442] als auch für Folteropfer, die

---

[441] "The relevant human rights treaties contain significantly more protective standards concerning the level of risk of torture or CID [cruel, inhuman or degrading] treatment [than the US-law]." *Center for Human Rights and Global Justice* (Fn. 1), S. 4, Fn. 9.

[442] Nach dem Alien Tort Claims Act kann jedes ausländische Folteropfer in den USA auf Wiedergutmachung und Entschädigung klagen, 28 US-Code § 1350: "The district courts shall have original jurisdiction of any civil action by an alien for a tort only, committed in violation of the law of nations or a treaty of the United States." Vgl. dazu *Thomas Giegerich*, Extraterritorialer Menschenrechtsschutz durch U.S.-Gerichte: Sachwalterschaft für die internationale Gemeinschaft oder judizieller Im-
→

US-Bürger sind.[443] Da im US-Recht der vertraglichen Verpflichtung nachgekommen wird, soll hier die Frage offengelassen werden, welche Wirkung der Vorbehalt hat. Es bedarf zu ihrer Beantwortung einer umfassenderen Untersuchung, wenn auch einiges dafür spricht, daß ein Vorbehalt gegen diese Norm unzulässig ist.

Die Erklärung, die die USA vor der Ratifikation abgegeben haben, bindet die Antifolterkonvention in den Rahmen der US-Verfassung ein. Nichts was die Verfassung verbietet, darf durch die Antifolterkonvention erlaubt sein. Inwiefern dieses Primat des Verfassungsrechts über das Völkerrecht zulässig ist, bedarf hier aber nicht der weiteren Erörterung, da die US-Verfassung ein totales und umfassendes Folterverbot ja nicht verbietet.

Im Ergebnis ist festzuhalten, daß nur Teil 1a der Erklärungen definitiv unzulässig ist.

3. Abgrenzung Folter / grausame, unmenschliche oder erniedrigende Behandlung

Die Unterscheidung zwischen Folter und der grausamen, unmenschlichen oder erniedrigenden Behandlung richtet sich vor allem nach der Intensität der Schmerzzufügung,[444] wenngleich auch eine gewisse Abstufung nach Art und Zweck der Behandlung vorgenommen wird.[445] Sinn der Unterscheidung ist dabei nicht etwa eine

---

perialismus, in: Eckart Klein/Christoph Menke (Hrsg.), Menschheit und Menschenrechte, 2001, S. 73-82.

[443] Der Torture Convention Implementation Act, 18 US-Code § 2340 A (b) bestimmt: "There is jurisdiction over the activity prohibited in subsection (a) [i.e. Folter im Ausland] if (1) the alleged offender is a national of the United States; or (2) the alleged offender is present in the United States, irrespective of the nationality of the victim or alleged offender."

[444] So wird Folter im engeren Sinn oft als "an aggravated and deliberate form of cruel, inhuman or degrading treatment or punishment" beschrieben, vgl. *Ann-Marie Bolin Pennegard*, Article 5, in: Gudmundur Alfredsson/Asbjørn Eide (Hrsg.) The Universal Declaration of Human Rights, A Common Standard of Achievement, 1999, S. 121-146, 122.

[445] Vgl. etwa EGMR, *Irland ./. Vereinigtes Königreich* (Fn. 268), Nr. 167; *Manfred Nowak* (Fn. 83), Art. 7 Rn. 4; *Yoram Dinstein*, Right to Life, Physical Integrity, and Liberty, in: Louis Henkin (Hrsg.), The International Bill of Rights – The Covenant on Civil an Political Rights, 1981, S. 114-137, 123f.; *Jochen Abr. Frowein/Wolfgang*

Verwässerung oder Abschwächung des Verbotes, sondern eine Erweiterung der Verpflichtungen auch auf weniger intensive Verletzungen.[446] Außerdem ist die Differenzierung zwischen den einzelnen Merkmalen nicht statisch, sondern kann nur unter Berücksichtigung des sich ständig wandelnden Ordre public erfolgen.[447] Demnach sinkt nach der Rechtsprechung etwa des Europäischen Gerichtshofs für Menschenrechte die Schwelle für die Annahme von Folter mit zunehmend höheren Menschenrechtsstandards.[448] Hinsichtlich der Intensität können des weiteren das subjektive Empfinden,[449] unter Umständen sogar die Konstitution des Opfers[450] eine entscheidende Rolle spielen. Insgesamt sind also jeweils die Umstände des Einzelfalls maßgeblich.

4. Verstoß gegen das Folterverbot

Im folgenden sollen der Fall *el-Masri* im einzelnen auf mögliche Verstöße gegen das Folterverbot und das Verbot der grausamen, unmenschlichen oder erniedrigenden Behandlung geprüft werden. Sowohl Art. 7 des Zivilpakts als auch Art. 3 CAT verbieten Ausweisungen, Abschiebungen und Auslieferungen in ein Land, in dem die Gefahr besteht, gefoltert zu werden. Dieses sog. Refoulement-Verbot (oder Non-refoulement-Gebot) wird im Anschluß einer gesonderten Prüfung unterzogen (E.), ebenso wie ein möglicher Verstoß gegen Bestrafungs- und Wiedergutmachungspflichten (F.). Die Prüfung der Vorgänge wird im folgenden chronologisch vorgenommen und die Geschehnisse in Einzelabschnitte unterteilt. Die Vorfälle in Mazedonien selbst, bevor *el-Masri* den US-Amerikanern

---

Peukert, Europäische Menschenrechtskonvention. EMRK-Kommentar, 2. Aufl. 1996, Art. 3 Rn. 5.

[446] Vgl. *Louis Favoreu,* Droits des libertés fondamentales, 2000, S. 403.

[447] *Nowak* (Fn. 83), Art. 7 Rn. 5.

[448] EGMR, *Selmouni ./. Frankreich* (25803/94), Urteil v. 28. Juli 1999, RJD 1999-V, Nr. 101.

[449] *Nowak* (Fn. 83), Art. 7 Rn. 8; *Cherif Bassiouni/Daniel Derby,* An Appraisal of Torture in International Law and Practice: The Need for an International Convention for the Prevention and Suppression of Torture, in: 48 Revue International de Droit Penal 1977, S.17-114, 38f.

[450] EGMR, *Irland ./. Vereinigtes Königreich* (Fn. 268), Nr. 162.

übergeben wurde, werden aufgrund mangelnder Informationen über die Involvierung der CIA oder anderer US-Behörden beiseite gelassen, zumal keine Hinweise auf Mißhandlungen vorliegen.

Alle Handlungen, die *el-Masri* erlitten hat, haben drei Elemente der Folterdefinition gemein: Sie wurden von öffentlichen Bediensteten ausgeführt, sie geschahen vorsätzlich und sie hatten den Zweck, Informationen zu erhalten. Die entscheidende Frage im folgenden wird sein, welche Intensität an Schmerzen *el-Masri* zu erleiden hatte. Hierbei wird entscheidend auf die Spruchpraxis der internationalen Jurisdiktionsorgane abzustellen sein, selbst wenn die Interpretation des Zivilpaktes durch den Menschenrechtsausschuß sowie der Antifolterkonvention durch den Antifolterausschuß nicht rechtlich verbindlich sind. Gleiches gilt für die Interamerikanische Kommission. In jedem Fall hat die Rechtsprechung der drei Organe eine hohe Autorität. Fälle von Entführungen auf fremden Staatsgebiet, des Verschwindenlassens oder der Incommunicado-Haft sind dem Menschenrechtsausschuß zudem aus den Zeiten der Militärdiktaturen in Lateinamerika gut bekannt: seine Rechtsprechung zeugt dementsprechend von einer profunden Kenntnis und Auseinandersetzung mit dieser Materie.

a. Abflughafen

Am Abflughafen wurde *Khaled el-Masri* mit Fäusten und einem dicken Stock geschlagen, seine Kleidung wurde aufgeschnitten, seine Unterwäsche wurde ihm mit Gewalt ausgezogen. Ihm wurde ein festes Objekt in den Anus eingeführt. Während der ganzen Zeit wurde er fotografiert. Schlußendlich wurde er betäubt und in ein Flugzeug verfrachtet.

Das Einführen von Flaschen oder Gewehrkolben in den Anus hat der Ausschuß im Falle *Grille Motta* als Folter angesehen.[451] Jedoch kamen hier weitere Umstände hinzu, so wurde das Opfer über einen Zeitraum von 50 Tagen mehrfach dergestalt gefoltert, aber auch mit Elektroschocks und mit dem auch von den US-Amerikaner benutzten Waterboarding mißhandelt. Beim Waterboarding wird der Kopf

---

[451] MRA, *Alberto Grille Motta ./. Uruguay* (11/1977), Auffassung v. 29. Juli 1980, CCPR/C/OP/1, Nr. 2 i.V.m. Nr. 16.

unter Wasser gedrückt, bis man das Gefühl hat zu ersticken.[452] Hier fand eine verschärfte Version Anwendung: das Wasser war mit Urin, Blut und Erbrochenem versetzt. Zudem mußte er tagelang stehen, konnte dabei nichts sehen, war mit Handschellen gefesselt und ein Stück Holz war in seinen Mund geschoben worden. Der Ausschuß hat erkannt, daß alle Mißhandlungen zusammengenommen Folter darstellen. Aus seinem View läßt sich aber nicht schließen, daß auch jede einzelne Tat schon Folter darstellt. Hier ist wiederum auf die Intensität der Schmerzen abzustellen. Obwohl eine solche Behandlung niederträchtig und schmerzhaft ist, muß der Begriff der Folter für die extremsten Fälle reserviert bleiben, ansonsten entwertet man ihn. Begriffe wie Menschenwürde oder Folter dürfen nicht zu „kleiner Münze" verkommen (*Günter Dürig*). Man wird alleine das Einführen eines festen Objekts nicht als Folter, sondern nur als eine grausame Behandlung bezeichnen können. Auch diese verstößt jedoch gegen alle hier zu prüfenden Normen.

Hinzu kommen das Aufschneiden der Kleidung, das Ausziehen der Unterwäsche und das Fotografieren. Einen Menschen, vor allem einen gläubigen Muslim,[453] vor anderen mit Gewalt zu entkleiden ist demütigend, besonders wenn er in einem solchen Zustand fotografiert wird. Es erlaubt ein Zur-Schau-Stellen – so wie wir es in den letzten Jahren oft genug in ähnlichen Zusammenhängen, z.B in Abu

---

[452] Gerade das Waterboarding zeigt, wie leicht es passieren kann, daß eine Mißhandlungstechnik als nicht allzu brutal gilt. Die gängigen Beschreibungen dieser Methode erwecken z.T. den Eindruck eines harmlosen Spielchens im Freibad. Tatsächlich lesen sich die Erfahrungsberichte ganz anders: der Mißhandelte hat das Gefühl, das Wasser dringe in seinen ganzen Körper ein, ein unheimlicher Druck lastet auf dem Gehirn und man hat Angst zu sterben. *Jennifer Harbury*, Outline of Presentation of Torture, in: Reader zur Konferenz „Das Folterverbot und der „Kampf gegen Terror" – Rechtlos im Rechtsstaat, Berlin, 13./14. Oktober 2006, S. 18-24, 21, schreibt: "He [das Opfer] reports that he was held down until there was terrible pain in his head and he thought his ear-drums would burst. He was gagging then vomiting in the water. Finally he went into convulsions. The next thing he remembers he was on the floor, and they were giving him CPR [Cardiopulmonary Resuscitation, Herz-Lungen Reanimation]. Then they drowned him again."

[453] *Andrian Kreye*, Schlimmer als der Tod, Interview mit Bernhard Haykel, in: Süddeutsche Zeitung, 7./8. Mai 2004, S. 15. Siehe aber auch die Kritik an der Deutung, daß Muslime von einer solchen Behandlung mehr betroffen sind als andere, *Stefan Reinicke*, Abu Ghraib – das sind wir, in: Die Tageszeitung, 15. Mai 2004, S. 3.

Ghraib, sehen mußten. Es gibt hier einen entfernt vergleichbaren Fall, den der Menschenrechtsausschuß zu entscheiden hatte. Dort wurde ein gefangener Gewerkschaftsführer in einem Käfig der Öffentlichkeit und auch der Presse vorgeführt. Dies sah der Ausschuß als eine erniedrigende Behandlung an.[454] Der Unterschied hier ist die Öffentlichkeit der Zur-Schau-Stellung.[455] Aber nach all dem, was über die Tauschbörsen von Fotos im Internet bekannt ist und den Erfahrungen mit den Bildern von *Abu Ghraib*, besteht die Gefahr, daß der Öffentlichkeit diese Bilder zugänglich gemacht werden. Und schon alleine die Möglichkeit der Zur-Schau-Stellung führt hier in der Verbindung mit dem gewaltsamen Entkleiden zu der Bejahung einer erniedrigenden Behandlung.

b. Zielflughafen

In Kabul auf dem Flughafen wurde *el-Masri* wiederholt geschlagen, u.a. auf den Kopf und ins Kreuz. Diese Schläge stellen für sich genommen keine Folter dar. Dafür ist eine unmenschliche Behandlung zu bejahen. Diese liegt jedenfalls dann vor, wenn Schläge von einer gewissen Dauer sind und eine Körperverletzung hervorrufen.[456] Der Menschenrechtsausschuß bejaht das Vorliegen einer erniedrigenden Behandlung, wenn das Opfer schwer geschlagen wurde.[457] Schläge in das Kreuz und auf den Kopf sind grundsätzlich als

---

[454] MRA, *Polay Campos ./. Peru* (577/1994), Auffassung v. 6. November 1997, UN-Dok. CCPR/C/61/D/577/1994, Nr. 8.5.

[455] Der EGMR hatte 1978 im Fall *Tyrer* entschieden, daß die körperliche Züchtigung in Schulen u.U. unter den Art. 3 EMRK fallen kann, EGMR, *Tyrer ./. Vereinigtes Königreich* (5856/72), Urteil v. 25. April 1978, A26, NR. 35. Im Fall *Costello-Roberts ./. Vereinigtes Königreich* (13134/87), Urteil v. 25. März 1994, A247-C, Nr. 32 hingegen wurde eine Züchtigungsmaßnahme nicht als Verstoß gegen Art. 3 EMRK betrachtet. Ein gewichtiger Unterschied – neben der geringeren Härte – war, daß die Züchtigung nicht vor Publikum, sondern im Zimmer des Schulleiters stattgefunden hat. Allerdings hielt der Gerichtshof schon im *Tyrer*-Urteil, Nr. 32, fest, daß auch Züchtigungen ohne Publikum gegen Art. 3 EMRK verstoßen könnten, da es "may will suffice that the victim is humiliated in his own eyes, even not in the eyes of others."

[456] EGMR, *Kudła ./. Polen* (30210/96), Urteil v. 26. Oktober 2000, RJD 2000-XI, Nr. 92.

[457] MRA, *McCordie Morrison ./. Jamaica* (663/1995), Auffassung v. 3. November 1998, UN-Dok. CCPR/C/64/D/663/1995, Nr. 8.3.

gefährlich und schwer zu erachten. Eine erniedrigende Behandlung liegt vor.

c. Haftbedingungen

Auch Haftbedingungen können gegen das Folterverbot verstoßen. Zur Erinnerung: *El-Masri* wurde dort in einer Zelle gefangen gehalten, in der eine Militärdecke als Bett diente, ein mit alten Kleidungsstücken gefüllter Sack als Kissen. Nachts konnte er wegen der Kälte of nicht schlafen. Es gab kein frisches Wasser, nur eine Flasche mit brackiger Brühe, die laut *el-Masri* „stank wie ein seit Wochen nicht gereinigtes Aquarium". Diese Zelle durfte er nicht verlassen, es gab nichts zu lesen und er durfte nicht schreiben. Dort und in den anderen drei vergleichbaren Zellen, in die er verlegt wurde, mußte er vier Monate bleiben.

Einzelhaft gehört zu den perfidesten und erfolgreichsten Mitteln, um einen Menschen zu brechen:

> "Prolonged isolation has been shown to cause depression, paranoia, aggression and hallucinations; the psychological trauma can last a lifetime. Where the detainee has "disappeared", the effects of enforced solitude are compounded by a pervasive sense of uncertainty and anxiety about the future, which can be similarly destructive."[458]

Der Menschenrechtsausschuß entschied im Fall eines Häftlings, der von Mitte Oktober 1980 bis März 1981 nur einmal Besuch empfangen durfte, mißhandelt wurde, und einen Monat in einem Gefängnistrakt mit dem schönen, aber unzutreffende Assoziationen hervorrufenden, Namen „La Isla" gefangengehalten wurde – einem fensterlosen Zellentrakt, der 24 Stunden am Tag mit künstlichem Licht beleuchtet wird, ein Zementbett und ein Loch im Boden als Toilette enthielt – daß eine erniedrigende Behandlung vorlag und Art. 7 und 10 Abs. 1 IPbpR verletzt worden sind.[459] In einem anderen Fall wurde der Leiter des Büros für Menschenrechte in der Dominikanischen Republik, *Ramon Martinez Portorreal* morgens um sechs Uhr verhaftet und in eine 100m² große Zelle gesperrt, in der

---

[458] Amnesty International (Fn. 4), S. 8.
[459] MRA, *Larossa ./. Uruguay* (88/1981), Auffassung v. 29. März 1983, UN-Dok. CCPR/C/OP/2, Nr. 2.5 i.V.m. Nr. 11.5.

ungefähr 125 Kriminelle untergebracht waren. Weil es dort so eng war, mußten einige Gefangene auf Exkrementen sitzen. *Portorreal* bekam an diesem Tag weder Essen noch Trinken. Nach 50 Stunden Gefängnisaufenthalt wurde freigelassen. Obwohl der Autor die Verletzung des Art. 7 IPbpR gar nicht gerügt hatte, entschied der Menschenrechtsausschuß, daß die Art. 7 und 10 Abs. 1 IPbpR verletzt seien, da *Portorreal* Opfer einer unmenschlichen und erniedrigenden Behandlung war.[460] In einem dritten Fall, in dem der Gefangene „incommunicado" gehalten wurde, mit Folter und Tod bedroht und eingeschüchtert wurde, kein Essen erhielt, und für mehrere Tage in einer Zelle verschlossen war, sah der Menschenrechtsausschuß Art. 7 IPbpR wegen einer grausamen, unmenschlichen und erniedrigenden Behandlung als verletzt an.[461] Als letztes soll hier der Fall des *Polay Campos* zur Veranschaulichung dienen. Er wurde in ein Hochsicherheitsgefängnis in 4.000m Höhe gebracht, wo er neun Monate lang in einer Zelle ohne Wasser- und Stromanschluss gefangengehalten wurde, in der es zwischen 0 und -5° C kalt war. Er durfte mit niemanden sprechen, durfte nicht schreiben und die Zelle nur für eine halbe Stunde pro Tag verlassen. Der Ausschuß bejahte einen Verstoß gegen Art. 10 IPbpR.[462] Anschließend wurde *Polay Campos* in ein zweites Gefängnis verbracht. Dort durfte er für ein Jahr weder Post absenden noch erhalten und auch keine Besuche empfangen. Dies sei eine unmenschliche Behandlung i.S.d. Art. 7 IPbpR und gleichzeitig ein Verstoß gegen Art. 10 IPbpR.[463] Die Tatsache, daß *Polay Campos* in dem zweiten Gefängnis in einer Zelle gefangen war, die 2x2 Meter maß, er diese nur für eine Stunde verlassen durfte und er nur zehn Minuten Sonne in der Zelle hatte, führte für den Ausschuß zu einer Verletzung von sowohl Art. 7 IPbpR als auch Art. 10 IPbpR.[464] In weiteren Fällen entschied er, daß eine Incommunicado-Haft über

---

[460] MRA, *Martinez Portorreal ./. Dominikanische Republik* (188/1984), Auffassung v. 5. November 1987, UN-Dok. CCPR/C/OP/2, Nr. 9.2 i.V.m. Nr. 11.
[461] MRA, *Womah Mukong ./. Kamerun* (Fn. 363), Nr. 9.4.
[462] MRA, *Polay Campos ./. Peru* (Fn. 454), Nr. 8.4.
[463] MRA, *Polay Campos ./. Peru* (Fn. 454), Nr. 8.6.
[464] MRA, *Polay Campos ./. Peru* (Fn. 454), Nr. 8.7.

mehr als drei Jahre Folter darstellt.[465] Eine Verletzung des Art. 7 IPbpR wegen unmenschlicher Behandlung sah er in einem Fall als gegeben an, in dem der Gefangene dreimal für jeweils sechs Wochen „incommunicado" gehalten wurde.[466] In einem weiteren Fall bejahte der Menschenrechtsausschuß eine Verletzung des Art. 7 IPbpR, weil das Opfer drei Monate „incommunicado" gehalten wurde.[467] Der Interamerikanische Gerichtshof hat in einem „landmark case"[468] entschieden, daß

> "prolonged isolation and deprivation of communication are in themselves cruel and inhuman treatment, harmful to the psychological and moral integrity of the person and a violation of the right of any detainee to respect for his inherent dignity as a human being."[469]

Auch der Interamerikanische Gerichtshof bejaht somit in derartigen Fällen einen Verstoß gegen das Verbot der grausamen Behandlung, sieht aber die Schwelle zum Folterverbot als noch nicht überschritten an.[470]

Diese Beispiele zeigen, daß man im Fall *el-Masri* nur schwerlich von Folter wird sprechen können – das hat der Ausschuß in bezug auf die Haftbedingungen auch noch nie (bis auf die erwähnte Ausnahme) getan, obwohl sich Schlimmes und Schlimmstes darunter befand, z.B. wochenlanges Angekettetsein. Die Tatsache, daß *el-Masri* keinen Kontakt zu anderen Gefangenen haben durfte, seine

---

[465] MRA, *Megreisi ./. Lybien* (440/1990), Auffassung v. 24. April 1994, UN-Dok. A/49/40, Vol. II (1994), Annex IX, sect. T, Nr. 5.4: "El-Megreisi […] is the victim of torture and cruel and inhuman treatment, in violation of articles 7 and 10, paragraph 1."

[466] MRA, *Acosta ./. Uruguay* (162/1983), Auffassung v. 29. März 1984, UN-Dok. A/44/40 (1989) Annex X sect. A, Nr. 13.2 i.V.m. Nr. 15.

[467] MRA, *Vasilskis ./. Uruguay* (80/1980), Auffassung v. 31. März 1983, UN-Dok. CCPR/C/OP/2, Nr. 9.2 i.V.m. Nr. 11.

[468] So *Frederic L. Kirgis*, Alleged Secret Detentions of Terrorism Suspects, ASIL Insight, 14. Februar 2006, Vol. 10, Issue 3, abrufbar unter: www.asil.org/insights/ 2006/02/insights060214.html (10. Februar 2007).

[469] AGMR, *Velásquez Rodriguez ./. Honduras* (Fn. 373), Nr. 156.

[470] Zu der Frage der Verlegung innerhalb eines Gefängnisses gibt es keine Rechtsprechung. Diese dient der Sinnesberaubung sowie der Verhinderung der Verfestigung sozialer Kontakte und ist Teil der Mißhandlung. Die Verlegung alleine verstößt aber noch nicht gegen das Verbot der Folter und der grausamen, unmenschlichen oder erniedrigenden Behandlung.

Zelle außer zu den Verhören nicht verlassen durfte und derart harschen Bedingungen ausgesetzt war, u.a. kein sauberes Wasser zur Verfügung hatte, verschmutztes Essen bekam, kein Mal die Sonne sah, nachts frieren mußte und weder lesen noch schreiben durfte, führt allerdings dazu, daß eine grausame, erniedrigende und unmenschliche Behandlung vorliegt.

d. Verhöre

Das erste Verhör begann damit, daß *el-Masri* sich ausziehen mußte und fotografiert wurde. Gedroht wurde ihm mit den Worten: „Du bist in einem Land, in dem keine Gesetze für dich gelten." Insgesamt wurde er drei bis vier Mal verhört, jedes Mal wurde er dabei bedroht, beleidigt und gestoßen. Als er nicht wie gewünscht Verbindungen zu Terroristen gestand, hieß es: „Sie sind nicht kooperativ, wir werden Sie einfach in Ihrer Zelle vergessen."

El-Masri wurde also unverhohlen mit Tod und Mißhandlungen bedroht. Fraglich ist, ob dies selbst schon als Folter zu bewerten ist. In der Literatur wird teilweise schon die bloße Androhung von Folter mit Folter gleichgesetzt. Dies gelte zumindest dann, wenn der Eindruck erweckt werde, die Nichtbeachtung der Drohung ziehe automatisch deren Umsetzung in die Tat nach sich,[471] was in der Regel der Fall sein wird (anderenfalls liefe die Androhung ins Leere). Jedes andere Verständnis sei ein „sprachtheoretisches Spielchen"[472] oder „sophistisch"[473]. Außerdem sei auch früher schon das Zeigen der Folterinstrumente als erster Grad der Tortur verstanden worden.[474]

---

[471] Otto Triffterer, Das Folterverbot im nationalen und im internationalen Recht – Anspruch und Wirklichkeit, in: amnesty international (Hrsg.), Folter, 1976, S. 125-169, 133. Auch der US-amerikanische *Torture Convention Implementation Act*, 18 US-Code § 2340 (2) (D) setzt die Androhung von "severe physical pain or suffering" mit Folter gleich.

[472] *Heinz Düx*, Meinungen zur Folterdiskussion, in: Zeitschrift für Rechtspolitik 2003, S. 180.

[473] *Christian Fahl*, Angewandte Rechtsphilosophie – „Darf der Staat foltern?", in: Juristische Rundschau 2004, S. 182-191, 184.

[474] *Bernhard Kretschmer*, Folter in Deutschland: Rückkehr einer Ungeheuerlichkeit?, in: Recht und Politik 2003, S. 102-118, 106. Diese Einbeziehung war allerdings

Diese Ansicht geht jedoch zu weit. Es macht nämlich im Blick auf die Wirkungen auf das Opfer sehr wohl einen Unterschied, ob eine Folter im engeren Sinne nur angedroht oder ob sie tatsächlich ausgeführt wird. Diese Differenzierung ist nicht nur rein semantischer Art, sondern vielmehr Ausdruck des (auch im Völkerrecht geltenden)[475] Verhältnismäßigkeitprinzips. Zu Recht unterscheidet auch das Strafrecht zwischen Vorbereitungsstadium, Versuch und Vollendung einer Tat.[476] Es mag zwar sein, daß bereits die Androhung von Folter dem Opfer seelische Schmerzen (Erniedrigungsgefühle, Angst) bereiten kann. Zwangsläufig stellen seelische Wirkungen jedoch noch keine Folter im engeren Sinne dar; anderenfalls würde die von den Menschenrechtsverträgen nicht ohne Grund vorgenommene Differenzierung sowohl zwischen seelischen und körperlichen Schmerzen als auch von Folter einerseits und unmenschlicher oder erniedrigender Behandlung andererseits sinnentleert. Vielmehr müssen die seelischen Schmerzen durch die Androhung einen Intensitätsgrad erreicht haben, der es erlaubt, von großen seelischen Schmerzen i.S.d. Folterdefinition zu sprechen. Davon ist hier allerdings wohl nicht auszugehen. Allerdings wirkt eine solche Drohung im konkreten Fall demütigend und muß zumindest als erniedrigende Behandlung eingestuft werden[477]. Dies ist auch hier so. Die Beleidigungen und Stöße sind ebenfalls als erniedrigende Behandlung zu werten.

e. Hungerstreik und Zwangsernährung

Zwangsernährung und ihre Implikationen sind bislang leider nicht Gegenstand der Rechtsprechung des Menschenrechtsausschusses

---

eine Besonderheit des „Codex juris bavarici criminalis" von 1751, vgl. *Friedrich-Christian Schroeder*, Der Begriff der Folter, in: Nestor Courakis (Hrsg.), Die Strafrechtswissenschaft im 21. Jahrhundert, Festschrift für Dionysios Spinellis, 2001, S. 983-1003, 989.

[475] *Jost Delbrück*, Proportionality, in: Rudolf Bernhardt (Hrsg.), Encyclopedia of Public International Law, Bd. III, 1997, S. 1140-1144, 1144.

[476] Vgl. *Kristian Kühl*, Strafrecht Allgemeiner Teil, 4. Aufl. 2002, § 1 Rn. 14 ff.

[477] Vgl. *Kretschmer* (Fn. 474), S. 107. Der EGMR äußerte sich im Fall *Campbell and Cosans ./. Vereinigtes Königreich* (7511/76; 7743/76), Urteil v. 25. Februar 1982, A48, Nr. 26 wie folgt dazu: "to threaten an individual with torture might in some circumstances constitute at least 'inhuman treatment'".

oder des Antifolterausschusses gewesen. Jedoch haben sich auf europäischer Ebene sowohl die Europäische Menschenrechtskommission als auch der Europäische Gerichtshof für Menschenrechte damit befaßt. Hier wird eine differenzierte Antwort gegeben: Zwangsernährung kann gegen Art. 3 EMRK verstoßen, tut dies aber nicht in allen Fällen.

In dem Fall X ./. Deutschland erkannte die Kommission keine Verletzung des Art. 3 EMRK an, da die Umstände und die Art und Weise der Zwangsernährung nicht die Schwere erreicht haben, um von Folter oder unmenschlicher oder erniedrigender Behandlung zu sprechen.[478] Ein entscheidender Gesichtspunkt in der Entscheidung war, daß die Bundesrepublik per Gesetz vorsah, daß ein Richter die Zwangsernährung anordnen mußte und nach deutschem Recht – aufgrund der Schutzpflicht des Staates aus Art. 2 Abs. 1 Grundgesetz – die Zwangernährung in gewissen Fällen sogar verpflichtend ist. Zudem wird darauf abgestellt, daß die Konvention den Konflikt zwischen dem Lebensschutz und dem Verbot aus Art. 3 EMRK selbst nicht auflöst. Es wird aber festgehalten, daß grundsätzlich Zwangsernährung eine Verletzung von Art. 3 EMRK darstellen kann. In seiner neuesten Entscheidung zu dieser Frage stellt der Gerichtshof im Einklang mit der damaligen Kommissionsentscheidung fest, daß grundsätzlich Zwangsernährung nicht als unmenschlich oder erniedrigend zu bezeichnen ist, sofern sie auf Lebenserhaltung ausgerichtet und medizinisch notwendig ist.[479] Zusätzlich müssen die prozeduralen Voraussetzungen des nationalen Rechts eingehalten worden sein und die Art und Weise der Zwangsernährung darf nicht die Schwelle zu Art. 3 EMRK über-

---

[478] EKMR, X ./. Deutschland (10565/83). Eine Zusammenfassung dieses ansonsten nicht veröffentlichen und auch nicht mit einem Datum versehenen Falls ist in 7 European Human Rights Reports 1984, S. 152-154 abgedruckt.

[479] EGMR, *Nevmerzhitsky* ./. Ukraine (54825/00), Urteil v. 5. April 2005, Nr. 94, unter Verweis auf EGMR, *Herczegfalvy* ./. Österreich (10533/83), Urteil v. 24. September 1992, A244, Nr. 82: "The established principles of medicine are admittedly in principle decisive in such cases; as a general rule, a measure which is a therapeutic necessity cannot be regarded as inhuman or degrading. The Court must nevertheless satisfy itself that the medical necessity has been convincingly shown to exist."

schreiten.⁴⁸⁰ D.h. also, daß sowohl die Zwangsernährung selbst als auch die Art und Weise jeweils für sich betrachtet gegen Art. 3 EMRK verstoßen können. Auch der Special Rapporteur on Torture der Vereinten Nationen, *Manfred Nowak*, sieht Zwangsernährung unter Umständen als grausame Behandlung an,⁴⁸¹ möglicherweise sogar als Folter.⁴⁸²

In dem eben beschriebenen Fall wurden die prozeduralen Voraussetzungen nicht eingehalten und die medizinische Notwendigkeit konnte von der Hohen Vertragspartei nicht dargelegt werden. Obwohl die Art und Weise der Zwangsernährung den Vorschriften entsprach, erkannte der Europäische Gerichtshof für Menschenrechte in einem ähnlich gelagerten Fall dennoch einen Verstoß gegen Art. 3 EMRK: Die Fesselungen, die vorgenommen wurden (Handschellen, daneben wurden ein Mundweiter und ein spezieller Gummischlauch, der in die Speiseröhre eingeführt wurde, benutzt) seien dann als Folter anzusehen, wenn Gewalt angewendet wird und keine medizinische Notwendigkeit für eine Zwangsernährung besteht.⁴⁸³

---

⁴⁸⁰ EGMR, *Nevmerzhitsky ./. Ukraine* (Fn. 479), Nr. 94. "The Court reiterates that a measure which is of therapeutic necessity from the point of view of established principles of medicine cannot in principle be regarded as inhuman and degrading. The same can be said about force-feeding that is aimed at saving the life of a particular detainee who consciously refuses to take food. The Convention organs must nevertheless satisfy themselves that the medical necessity has been convincingly shown to exist (see *Herczegfalvy v. Austria*, judgment of 24 September 1992, Series A no. 244, p. 26, Nr. 83). Furthermore, the Court must ascertain that the procedural guarantees for the decision to force-feed are complied with. Moreover, the manner in which the applicant is subjected to force-feeding during the hunger strike shall not trespass the threshold of a minimum level of severity envisaged by the Court's case law under Article 3 of the Convention."

⁴⁸¹ www.warcrimeswatch.org/news_details.cfm?artid=239&cat=5 (10. Dezember 2006).

⁴⁸² Report on the Situation of detainees at Guantanamo Bay by the five Special Rapporteurs, UN-Dok. E/CN.4/2006/120, Nr. 54.

⁴⁸³ EGMR, *Nevmerzhitsky ./. Ukraine* (Fn. 479), Nr. 97: "As to the manner in which the applicant was fed, the Court assumes, in view of the submissions of the parties, that the authorities complied with the manner of force-feeding prescribed by decree (see paragraph 62 above). However, in themselves the restraints applied – handcuffs, a mouth-widener (*роторозширювач*), a special rubber tube inserted into the food channel – in the event of resistance, with the use of force, could amount to torture within the meaning of Article 3 of the Convention, if there is no medical →

Es gilt also Folgendes: Zwangernährung kann Folter oder eine grausamen, unmenschliche oder erniedrigende Behandlung darstellen, sofern keine medizinische Notwendigkeit vorliegt. Welche Art von Behandlung vorliegt, ist abhängig von der Art und Weise der Zwangsernährung und den daraus resultierenden Schmerzen. Liegt eine medizinische Notwendigkeit vor, so darf Zwang angewendet werden. Sobald dieser Zwang über das notwendige Maß hinausgeht, ist von einer erniedrigenden Behandlung auszugehen, eventuell läßt sich auch eine unmenschliche oder gar grausame Behandlung bejahen. Folter wird aber in diesen Fällen aufgrund des fehlenden diskriminierenden Zwecks – der Zweck der Zwangsernährung ist ja die Rettung eines Menschenlebens – nicht vorliegen. Würde man im Falle einer medizinischen Notwendigkeit das Vorliegen einer grausamen, unmenschlichen oder erniedrigenden Behandlung immer ausschließen, so würde das Opfer schutzlos gestellt werden.

Nach 37 Tagen Hungerstreik wird man von einer medizinischen Notwendigkeit ausgehen müssen, so daß die Zwangsernährung selbst nicht gegen das Folterverbot verstößt. Die Art und Weise aber war brutal: *El-Masri* wurde fixiert und ihm wurde auf brutalste Art und Weise ein Schlauch durch seine Nase geschoben. Tagelang hatte er danach schwere Schmerzen, die durch die Prozedur hervorgerufen worden sind.[484] Da eine medizinische Notwendigkeit zu

---

necessity (see paragraph 63 above - restraints in accordance with the European Prison Rules)." Weiter führt der Gerichtshof in Nr. 98 aus: "In the instant case, the Court finds that the force-feeding of the applicant, without any medical justification having been shown by the Government, using the equipment foreseen in the decree, but resisted by the applicant, constituted treatment of such a severe character warranting the characterisation of torture."

[484] *Vladimir Bukovsky*, der zwölf Jahre in der Sowjetunion inhaftiert war, beschreibt die auch bei *el-Masri* angewandte Technik wie folgt: "The feeding pipe was thick, thicker than my nostril, and would not go in. Blood came gushing out of my nose and tears down my cheeks, but they kept pushing until the cartilages cracked. I guess I would have screamed if I could, but I could not with the pipe in my throat. I could breathe neither in nor out at first; I wheezed like a drowning man – my lungs felt ready to burst. The doctor also seemed ready to burst into tears, but she kept shoving the pipe farther and farther down. Only when it reached my stomach could I resume breathing, carefully. Then she poured some slop through a funnel into the pipe that would choke me if it came back up. They held me down for another half-hour so that the liquid was absorbed by my stomach and could not be vomited →

bejahen ist, liegt hier keine Folter vor. Von einer grausamen Behandlung ist aufgrund der Intensität der Schmerzen jedoch auszugehen.

f. Zurück in Europa

Es bleiben noch zwei Komplexe zu prüfen. Zum einen wurde *el-Masri* auf einer dunklen Straße mitten im Gebirge in Albanien ausgesetzt und hatte Angst, erschossen zu werden. Zum anderen war seine Frau inzwischen davon ausgegangen, daß *el-Masri* die Familie verlassen hatte.

Zu beiden Fällen liegen nicht genug in Informationen vor, so daß man hier nicht von einem Verstoß gegen Art. 7 IPbpR oder gegen die Antifolterkonvention ausgehen kann. Es soll aber zum einen darauf hingewiesen werden, daß der Menschenrechtsausschuß erkannt hat, daß nicht nur die entführte und verschwundene Person Opfer einer grausamen, unmenschlichen oder erniedrigenden Behandlung sein kann, sondern auch Familienmitglieder.[485] Zum anderen soll der Hinweis nicht fehlen, daß Scheinhinrichtungen, also Situationen, in denen der Betroffene denken muß, gleich erschossen zu werden, gegen Art. 7 IPbpR oder die Antifolterkonvention verstoßen können.[486]

g. Fazit

Es scheinen zwar viele grausame, erniedrigende und unmenschliche Behandlungen vorzuliegen, aber keine Folter. Jedoch hat schon der erste hier zitierte Fall – entschieden vom Menschenrechtsausschuß – gezeigt, daß nicht nur die einzelnen Tathandlungen zu bewerten, sondern als Gesamtkomplex zu betrachten

---

back, and then began to pull the pipe out bit by bit." *Vladimir Bukovsky*, Torture's Long Shadow, in: The Washington Post, 18. Dezember 2005, S. B01.

[485] MRA, *Fatma Boucherf ./. Algerien* (1196/2003), Auffassung v. 30. März 2006, UN-Dok. CCPR/C/86/D/1196/2003, Nr. 9.7.

[486] S.o. S. 149f. Vgl. auch MRA, *Nina Muteba ./. Zaire* (124/1982), Auffassung v. 24. Juli 1984, UN-Dok. A/39/40 (1984) Annex XIII, Nr. 10.2 i.V.m. Nr. 12.

sind. So führt der Europäische Gerichtshof für Menschenrechte aus, daß die Bewertung, ob Folter vorliege,

"depends on all the circumstances of the case, such as the duration of the treatment, its physical or mental effects and, in some cases, the sex, age and state of health of the victim."[487]

Dabei reicht es nicht, einfach die verschiedenen Mißhandlungen zu addieren. Rechtswissenschaft ist keine Mathematik. Im Rahmen einer Gesamtbetrachtung muß man anhand der vier Merkmale der Folterdefinition bewerten, ob diese erfüllt sind. Die ersten drei Merkmale sind es: Staatsdiener handeln vorsätzlich und sie verfolgen einen bestimmten Zweck, die Beschaffung von Informationen. Wie sieht es aber mit den starken Schmerzen aus? Wenn man bedenkt, daß *Khaled el-Masri* insgesamt fast sechs Monate in einer Position war, in der er sich nie sicher sein konnte, ob und wie er den nächsten Tag noch erleben werde und er durch die Ereignisse seiner Entführung und Gefangenhaltung, die mit dauernden entwürdigenden, z.T. unmenschlichen und grausamen Handlungen und Zuständen verbunden waren, heute noch traumatisiert ist und „starke Seelenpein" erleidet, dann wird man das Vorliegen von großen Schmerzen ohne weiteres bejahen müssen. *Khaled el-Masri* ist das Opfer von Folter geworden.

In der genauen Behandlung der Häftlinge werden sich die Geschichten aller Opfer des Extraordinary-renditions-Programms in Einzelheiten unterscheiden. Im großen und ganzen werden sie aber das Gleiche erlebt haben: Sie wurden über Monate „incommunicado" unter erbärmlichen Bedingungen gefangen gehalten, wurden erniedrigt, körperlich angegangen und seelisch verletzt. Immer dabei war die Ungewißheit, lebend nach Hause zurückkehren. In vielen Fällen ist die Vergangenheitsform unangebracht: Viele sind noch immer irgendwo inhaftiert. Das wird in fast jedem Einzelfall Folter darstellen.

Unabhängig von der konkreten Behandlung, ist parallel zu der schon oben zitierten Aussage des Interamerikanischen Menschenrechtsgerichtshofs, daß

---

[487] EGMR, *Selmouni ./. Frankreich* (Fn. 448), Nr. 100.

"prolonged isolation and deprivation of communication are in themselves cruel and inhuman treatment, harmful to the psychological and moral integrity of the person and a violation of the right of any detainee to respect for his inherent dignity as a human being",[488]

festzustellen, daß Extraordinary renditions per se eine grausame, unmenschliche oder erniedrigende Behandlung und darüber hinaus auch fast immer Folter darstellen.

Damit haben die USA im Fall *Khaled el-Masri* gegen die Antifolterkonvention, gegen Art. 7 IPpbR, gegen Art. 10 IPbpR und gegen die Art. XXV Abs. 3 S. 2 und Art. XXVI Abs. 2 AMRD verstoßen und tun dies über diesen Fall hinaus durch die Aufrechterhaltung des Extraordinary-renditions-Programms auch weiterhin.

5. Verbot des Refoulement bei drohender Folter

a. Einleitung

Das Verbot des Refoulement ist Teil des Folterverbots. Es folgt aus Art. 7 IPbpR und aus Art. 3 CAT. Hierbei geht es nicht um die schadens- oder strafrechtliche Ahndung und Sanktionierung geschehener Folter, sondern um den Schutz vor bevorstehender Folter. Abschiebungen in Länder, in denen den Abgeschobenen die Folter droht, sind noch immer an der Tagesordnung.[489] Die Entscheidung über den Aufenthalt von Personen auf seinem Staatsgebiet trifft ein Staat grundsätzlich selbst.[490] Dies folgt aus dem Prinzip der Souveränität. Allerdings ist er nicht völlig frei, sondern seine Entscheidungsgewalt wird durch vertragliche, aber auch völkergewohnheitsrechtliche Regeln beschränkt. Nach dem Wortlaut des Art. 3 CAT sind Ausweisungen, Abschiebungen oder Auslieferungen verboten, sofern die Gefahr von Folter besteht: "No State Party shall

---

[488] AGMR, *Velásquez Rodriguez ./. Honduras* (Fn. 373), Nr. 156.

[489] So hat z.B. aus Anlass der Vorstellung des amnesty-Jahresberichts 2005 die deutsche Generalsekretärin *Barbara Lochbihler* dem hamburgischen Innensenator *Udo Nagel* vorgeworfen, Afghanen in ein Land zurückzuschicken, in dem „die Kämpfe von Warlords andauern, die Entwaffnung von Milizen nicht vorankommt und Folter an der Tagesordnung ist", *Günther Hörbst*, Abschiebung verantwortungslos, in: Hamburger Abendblatt, 26. Mai 2005.

[490] *Doehring* (Fn. 81), Rn. 890; *Knut Ipsen*, Individualschutz im Völkerrecht, in: ders., Völkerrecht, 5. Aufl. 2004, S. 771-815, § 50, Rn. 7.

expel, return („refouler") or extradite a person." Unter Ausweisung ist die hoheitliche Anordnung zu verstehen, mit der ein Fremder aufgefordert wird, das Territorium des ausweisenden Staates zu verlassen.[491] Auslieferung ist die Überstellung einer Person an den ersuchenden Staat zum Zwecke der Strafverfolgung (Bestrafung und/oder Strafvollstreckung).[492] Abschiebung – das deutsche Wort für „return (refouler)" – ist nach deutschem Recht die Vollziehung der Anordnung, das Land zu verlassen, vgl. §§ 58ff. Aufenthaltsgesetz.[493] Allerdings wird „return (refouler)" auch mit Zurückweisung oder Zurückschickung übersetzt. Mit der Formulierung „return (refouler)" wird die Formulierung der Genfer Flüchtlingskonvention übernommen, die schon in diesem Kontext für Streit gesorgt hat.[494] Es geht dabei um die Frage, ob Flüchtlinge gar nicht erst aufgenommen werden müssen, also ihnen an der Grenze die Einreise verweigert werden darf. Dieser Streit muß hier allerdings nicht entschieden werden – auch wenn vieles darauf hindeutet, daß es keinen Unterschied macht, ob jemand schon im Land ist oder erst einreisen will. Ansonsten hätte ein Flüchtling, der illegal ins Land kommt, mehr Rechte als ein Flüchtling, der auf legalem Wege versucht einzureisen. Da aber „return (refouler)" hier erst später mit dem erklärten Ziel in den Vertrag eingefügt wurde, alle Maßnahmen zu umfassen, aufgrund derer eine Person in einen dritten Staat verbracht wird,[495] wird man darunter parallel zum deutschen Recht die Vollziehung der Anordnung, das Land zu verlassen, verstehen müs-

---

[491] *Robert Jennings/Arthur Watts* (Hrsg.) Oppenheim's International Law, 9. Aufl., 1992, S. 940ff.; *Karl Doehring*, Aliens, Expulsions and Deportation, in: Rudolf Bernhardt (Hrsg.), Encyclopedia of Public International Law, Bd. I, 1992, S. 109-112, 109.

[492] *Doehring* (Fn. 81), Rn. 904; *Ipsen* (Fn. 490), Nr. 50, Rn. 8.

[493] Gesetz über den Aufenthalt, die Erwerbstätigkeit und die Integration von Ausländern im Bundesgebiet, vom 30. Juli 2004, BGBl. I 2004 S. 1950, zuletzt geändert durch Artikel 23 des Gesetzes zur Umbennung des Bundesgrenzschutzes in Bundespolizei, vom 21. Juni 2005, BGBl. I 2005 S. 1818.

[494] *Kay Hailbronner/Albrecht Randelzhofer*, Zur Zeichnung der UN-Folterkonvention durch die Bundesrepublik Deutschland, in: EuGRZ 1986, S. 641-648, 643f.

[495] *Burgers/Danelius* (Fn. 104), S. 126.

sen.[496] Art. 3 CAT umfaßt nur Fälle, in denen Folter droht. Anders hingegen Art. 7 IPbpR. Aus ihm leitet sich ein Verbot des Refoulement auch in Fällen drohender grausamer, unmenschlicher oder erniedrigender Behandlung ab.[497] Aus der Amerikanischen Menschenrechtsdeklaration wird sich aufgrund der unterschiedlichen Formulierung das Verbot des Refoulement hingegen nicht ableiten lassen. Zusätzlich zu den schon bekannten Normen verbietet auch noch die Genfer Flüchtlingskonvention (GFK)[498] das Refoulement, allerdings nicht ausdrücklich in bezug auf die Folter, sondern bei drohender Beeinträchtigung des Lebens oder der Freiheit aus bestimmten Gründen. Wegen dieses doch erheblich unterschiedlichen Ansatzes wird hier eine getrennte Prüfung vorgenommen.

b. Zivilpakt und Antifolterkonvention

aa. Anwendbarkeit ratione materiae

Ursprünglich ist das Refoulement-Verbot geschaffen worden, damit Staaten von ihrem Territorium aus Staatsangehörige anderer Staaten nicht auf deren Territorium abschieben, wenn ihnen dort Mißhandlungen drohen. Die Fälle im Rahmen des Extraordinaryrenditions-Programms sind aber anders gelagert: In fast allen Fällen sind die Opfer dieses Programms auf fremden Territorium aufgegriffen worden. Es stellen sich also zwei Fragen, erstens, ob das Verbot des Refoulement auch dann einschlägig ist, wenn die Übergabe der Person von einer Jurisdiktion in eine andere Jurisdiktion erfolgt, unabhängig von territorialen Gegebenheiten. Zweitens, was ist in den Fällen, in denen die Jurisdiktionsgewalt nicht wechselt, sondern ein Gefangener nur in ein fremdes Land gebracht wird, dort

---

[496] Zum Teil wird die Unterscheidung auch nach der Art der Einreise getroffen: „expulsion" bezieht sich demnach auf die legale Einreise, „return (refouler)" auf die illegale Einreise, *Guy Goodwin-Gill*, The Refugee in International Law, 1996, S. 117.
[497] *Center for Human Rights and Global Justice* (Fn. 1), S. 32.
[498] Abkommen über die Rechtstellung von Flüchtlingen, vom 28. Juli 1951, 189 UNTS 150, BGBl. 1953 II S. 560.

aber weiterhin unter der Jurisdiktionsgewalt – mittelbar oder unmittelbar – des Entführerstaates steht?[499]

aaa. Wechsel der Jurisdiktion

Geht man vom Wortlaut aus, so läßt die Formulierung „to another state" offen, ob damit eine räumliche, physische Verschiebung einer Person in einen anderen Staat vorausgesetzt wird, ob also auf das Territorium abgestellt wird, oder ob damit die Jurisdiktionsgewalt gemeint ist. So läßt sich diese Formulierung auch benutzen im Zusammenhang mit einer Geldüberweisung eines Staates „to another state." Ob dieses Geld nun in diesem Staat oder stattdessen auf einem Nummernkonto des betreffenden Staates auf den Bahamas landet, läßt der Satz offen. Es kommt vielmehr darauf an, daß der Empfangsstaat über dieses – wo sich auch immer befindliche – Geld frei verfügen kann. Auch aus den Tathandlungen läßt sich mangels genau abgegrenzter Bedeutungszuweisungen keine endgültige Eingrenzung der einzelnen Merkmale ableiten. Einen Hinweis aber gibt die Debatte über die Frage, ob ein Flüchtling erst dann nicht mehr überstellt werden kann, wenn er bereits die Grenze überschritten hat oder ob dieses Verbot auch schon dann gilt, wenn er an der Grenze selbst aufgehalten wird.[500] Der Unterschied zwischen den beiden Möglichkeiten besteht darin, daß im ersten Fall Hoheitsgewalt ausgeübt wird, im zweiten Fall jedoch gerade verhindert wird, daß der Betreffende in den Bereich der Hoheitsgewalt gelangt.[501] In diesem Streit wird also – implizit – ganz wesentlich auf

---

[499] Der Menschenrechtsausschuss scheint dies Unterscheidung nicht zum treffen. Er stellte in seinen Abschließenden Bemerkungen zum Bericht der USA aus dem Jahr 2006 nach einer Bezugnahme auf den Fall el-Masri explizit fest: "The State party should take all necessary measures to ensure that detainees, including in facilities outside its own territory, are not removed to another country by way of, *inter alia*, transfer, rendition, extradition, expulsion or refoulement, if there are substantial reasons to believe that they would be in danger of being subjected to torture or cruel, inhuman or degrading treatment or punishment." MRA, Concluding Observations on the 2nd and 3rd US-report (Fn. 304), Nr. 16.

[500] Vgl. dazu *Elihu Lauterpacht/Daniel Bethlehem*, The Scope and Content of the Principle of Non-refoulement: Opinion, 28. Juni 2001, S. 28ff., abrufbar unter: www.unhcr.org/protect/PROTECTION/3b33574d1.pdf (10. Februar 2007).

[501] Wobei interessanterweise die Weigerung, jemanden in sein Territorium aufzunehmen, auch schon Ausübung von Hoheitsgewalt ist. Diese ist aber nur punktuell und nicht umfassend.

die Hoheitsgewalt abgestellt. Würde nur auf das Territorium abgestellt werden, so könnte eine Übergabe im eigenen Land an eine fremde Hoheitsgewalt rechtmäßig sein, wohingegen das Überstellen in ein fremdes Land rechtswidrig wäre – selbst wenn in beiden Fällen die abschiebende Behörde exakt dieselben Informationen über drohende Folter besitzt. In der Sache macht das keinen Unterschied, da alleine die Ausführung des Rücktransports das entscheidende Kriterium wäre. Dies kann nicht gewollt sein. Es reicht also aus, wenn in die Jurisdiktionsgewalt eines anderen Staates überstellt wird.

Auch die Erlangung und konsekutive Ausübung der Hoheitsgewalt des überstellenden Staates muß nicht auf dessen Territorium geschehen. Gemäß Art. 2 Abs. 1 CAT ist die Antifolterkonvention auch im Ausland zu beachten, sofern Jurisdiktion ausgeübt wird, also auch dann, wenn im Ausland über eine Person Herrschaftsgewalt ausgeübt wird. Deshalb reicht es aus, wenn die Jurisdiktionsgewalt wechselt, unabhängig vom Territorium, auf dem die Erlangung der Hoheitsgewalt bzw. die Übergabe stattfindet.[502] So dürften US-Amerikaner gefangene Irakis nicht an die irakischen Sicherheitskräfte übergeben, sofern die Gefahr der Folter entsprechend Art. 3 CAT besteht. Das gleiche gilt für deutsche Kräfte, z.B. das Kommando Spezialkräfte (KSK) in Afghanistan, die weder an die US-Amerikaner noch an die afghanischen Sicherheitsbehörden überstellen dürfen, sofern die Gefahr von Folter i.S.d. Refoulement-Verbots vorliegt.

bbb. Beibehaltung der Jurisdiktion

In Fällen, in denen die betreffende Person zwar in ein fremdes Land überstellt wird, die Jurisdiktionsgewalt aber in den selben Händen bleibt, sieht die Rechtslage anders aus. Art. 3 CAT ist als eine Art Auffangtatbestand zu verstehen. Foltert ein Staat selber, so verstößt er gegen das Folterverbot. Art. 3 CAT verbietet, daß ein Staat sich (fast) jeder Einflußmöglichkeit begibt, wenn die Gefahr von Folter vorliegt: Ein Staat darf das Schicksal eines Menschen nicht in die Hände einer dritten Partei legen, wenn Folter droht. Wird die Jurisdiktionsgewalt aber nicht übertragen, sondern nur das Land ge-

---

[502] Ebenso *Borelli* (Fn. 167), S. 64.

wechselt, so behält der Staat seine Einflußmöglichkeiten in dem selben Maße wie zuvor. Das Verbot des Refoulement setzt also den Wechsel der Jurisdiktion voraus. Findet dieser Wechsel nicht statt, dann kommt ein direkter Verstoß gegen das Folterverbot in Betracht.

Im Einzelfall läßt sich oft nicht feststellen, ob die Jurisdiktionsgewalt tatsächlich übertragen worden ist. Die US-Amerikaner hatten jedenfalls im Rahmen des Extraordinary-rendition-Programms einen sehr großen Einfluß; so gab es im Fall el-Masri einen US-amerikanischen Gefängnisdirektor. Die Überstellungen und die Verhöre wurden (zumindest auch) von US-Amerikanern durchgeführt. Die US-Agenten hatten damit die Möglichkeit, Folter anzuordnen bzw. sie zu beenden. Vorwiegend ist somit nicht von einem Wechsel der Jurisdiktion auszugehen, so daß ein Verstoß gegen das Verbot des Refoulement grundsätzlich nicht in Betracht kommt. Sollte in einigen Einzelfällen die Jurisdiktionsgewalt tatsächlich übergegangen sein, so ist des weiteren festzustellen, ob eine Gefahr bzw. ein Risiko der Folter vorlag.

bb. Gefahr/Risiko

Die Verbote des Art. 7 IPbpR und aus Art. 3 CAT unterscheiden sich – neben dem Schutzbereich, denn nach Art. 3 CAT ist nur die Folter ein Refoulement-Hindernis – v.a. darin, daß unterschiedliche Maßstäbe an die Wahrscheinlichkeit der drohenden Mißhandlungen angelegt werden. So verlangt Art. 7 IPbpR nach der Auslegung durch den Menschenrechtsausschuß ein „real risk". Art. 3 CAT verlangt hingegen das Vorliegen einer „Gefahr von Folter". Nach welcher Vorschrift nun ein Abschiebungshindernis eher anzunehmen ist, läßt sich kaum aus diesen beiden Formulierungen ableiten. Z.T. wird vertreten, daß Art. 3 CAT weiter und Art. 7 IPbpR in der Auslegung durch den Menschenrechtsausschuß restriktiver ist,[503] z.T. wird das genaue Gegenteil behauptet.[504] Andere plädieren für eine

---

[503] *Center for Human Rights and Global Justice* (Fn. 1), S. 32.
[504] *Ralf Alleweldt*, Schutz vor Abschiebung bei drohender Folter oder unmenschlicher oder eniedrigender Behandlung oder Strafe, 1996, S. 31.

Gleichsetzung der beiden Begriffe.[505] Daran wird ersichtlich, wie wichtig eine einheitliche Auslegung zumindest innerhalb desselben Vertrages ist. In den Fällen der Extraordinary renditions wird aber dieses Problem praktisch nie relevant: Extraordinary renditions sind ja gerade darauf ausgelegt, daß Informationen mittels Folter oder zumindest grausamer Behandlung extrahiert werden. Es besteht nicht nur ein Risiko und eine Gefahr, sondern es ist sicher und geplant, daß Foltertechniken zum Einsatz kommen. In den Fällen, in denen die Jurisdiktionsgewalt wechselt, wird man deswegen meist einen Schritt weiter gehen und von einer Beihilfe zur Folter ausgehen müssen. Dies aber löst die Staatenverantwortung nach dem Völkergewohnheitsrecht kodifizierenden Art. 16 ILC-E aus. Danach hat ein Staat völkerrechtlich für die Handlung eines anderen Staates einzustehen, wenn dessen Handlung völkerrechtswidrig ist, er selbst diese in Kenntnis der Völkerrechtswidrigkeit unterstützt und sie auch dann völkerrechtswidrig ist, wenn er sie selbst begangen hätte. In diesen Fällen wären die USA verantwortlich für die Folter dritter Staaten.[506]

cc. Absolutheit des Refoulement-Verbots?

Es gibt Tendenzen, den absoluten Schutz vor Folter in den Randbereichen des Verbots aufzuweichen.[507] So wird einerseits vertreten, die Schranke des Art. 33 Abs. 2 GFK auf das Refoulement-Verbot der Antifolterkonvention und des Zivilpaktes zu übertragen. Andererseits wird in bezug auf Art. 3 EMRK vertreten, daß das Verbot des Refoulement an der Derogationsfestigkeit des Folterverbots nicht teilhabe. Diese Argumentation, sollte sie denn stimmig sein, ließe sich unter Umständen auch auf Art. 3 CAT und Art. 7 IPbpR übertragen.

---

[505] *Walter Suntinger*, The Principle of Non-Refoulement, in: Austrian Journal of Public and International Law 1995, S. 203-225, 217.

[506] Allerdings wird man wohl nicht davon ausgehen können, daß in diesem Fall „Folter" vorliegt. Dies richtet sich nach der Primärnorm, dem Folterverbot. Und da wird wohl auf den letztlich verantwortlichen Staat abzustellen sein. Vgl. *Klein* (Fn. 368), S. 432f.

[507] Vgl. dazu *Thomas Bruha/Dominik Steiger*, Das Folterverbot im Völkerrecht, 2006, S. 41ff.

Die Schrankenübertragung von Art. 33 Abs. 2 GFK auf Art. 3 CAT wird damit begründet, daß auf Art. 3 Abs. 1 CAT keine Norm ähnlich dem Notstandsartikel 2 Abs. 2 CAT folgt.[508] Art. 33 Abs. 2 GFK bestimmt:

> „Auf die Vergünstigung [des Verbots der Ausweisung in Fällen von Lebens- oder Freiheitsbedrohung] kann sich jedoch ein Flüchtling nicht berufen, der aus schwerwiegenden Gründen als eine Gefahr für die Sicherheit des Landes anzusehen ist, in dem er sich befindet."

Dem ist zu entgegnen, daß schon rechtsmethodisch eine Schrankenübertragung höchst fragwürdig ist.[509] Hier liegt dies vor allem daran, daß die Genfer Flüchtlingskonvention fast 40 Jahre älter ist und eine Schrankenregelung in Kenntnis der älteren Konvention ja durchaus möglich gewesen wäre. Auch der Kreis der Vertragsparteien ist unterschiedlich. Gewöhnlicherweise modifiziert außerdem der jüngere Vertrag den älteren Vertrag, nicht umgekehrt.[510] Außerdem ist Art. 2 CAT eine Art „Allgemeiner Teil" der Antifolterkonvention. Er beinhaltet allgemeine Regelungen über Anwendungsbereich, allgemeine Pflichten der Staaten und absolute Verbote. Erst mit den Art. 3ff. CAT folgen die speziellen Verpflichtungen der Staaten. Deshalb kann das Argument nicht verfangen, daß eine nachgelagerte Norm fehlt, die die Absolutheit des Refoulement-Verbots betont. Die vorgelagerte Norm Art. 2 CAT erfüllt diese Aufgabe mindestens ebenso gut.

Auch der zweite Argumentationsansatz gegen die Absolutheit und für die Einschränkbarkeit des Refoulement-Verbots bezieht sich auf die Derogationsfestigkeit der Folter. Das Folterverbot sei zwar derogationsfest, jedoch sei das Non-refoulement-Prinzip aus diesem nur abgeleitet. Diese Ableitung sei aber erst später geschehen und die Notstandsfestigkeit beziehe sich nicht auf diese Auslegung, sondern nur auf den ursprünglichen Bereich des Folterverbots.[511] Dem ist

---

[508] *Gilbert Gorning*, Das „non-refoulement"-Prinzip, ein Menschenrecht „in statu nascendi", in: EuGRZ 1986, S. 521-529, 529.

[509] Vgl. für den nationalen Bereich BVerfGE 30, S. 173 (192) – Mephisto; BVerfGE 32, S. 98, (107) – Gesundbeter.

[510] Vgl. Art. 30 WVK.

[511] *Kay Hailbronner*, Art. 3 EMRK – ein neues europäisches Konzept der Schutzgewährung, in: Die Öffentliche Verwaltung 1999, S. 617-624, 621;
→

entgegenzuhalten, daß auch der Notstandsartikel weiterentwickelt werden kann. Zudem bezieht er sich laut seines Wortlauts auf das Folterverbot und nicht auf Teile hieraus. Wird nun festgestellt, daß das Folterverbot auch das Non-refoulement-Gebot beinhaltet, so muß der Notstandsartikel normlogisch auch diesen Schutz umfassen. Im Bereich der Europäischen Menschenrechtskonvention – und hier enstand diese Diskussion – spricht auch die Einordnung der Europäischen Menschenrechtskonvention als lebendiges Instrument gegen eine solche einschränkende Interpretation. Der Europäische Gerichtshof für Menschenrechte betont in einem Fall, in dem es um die Auslieferung eines Terrorverdächtigen ging und in dem Großbritannien die Absolutheit der Folter in Auslieferungsfällen bestritt:

> "Article 3 enshrines one of the most fundamental values of democratic society. The Court is well aware of the immense difficulties faced by States in modern times in protecting their communities from terrorist violence. However, even in these circumstances, the Convention prohibits in absolute terms torture or inhuman or degrading treatment or punishment, irrespective of the victim's conduct. Unlike most of the substantive clauses of the Convention and of Protocols Nos. 1 and 4 (P1, P4), Article 3 makes no provision for exceptions and no derogation from it is permissible under Article 15 even in the event of a public emergency threatening the life of the nation."[512]

Eine Einschränkung kommt vor allem deshalb nicht in Betracht, weil es qualitativ keinen Unterschied macht, ob man jemanden selbst foltert oder ob er irgendwohin hingeschickt wird, wo er gefoltert wird. Deshalb hat das Refoulement-Verbot als Teil des Folterverbots Anteil an dessen Nichteinschränkbarkeit.

c. Genfer Flüchtlingskonvention

Geschützt sind nach der Genfer Flüchtlingskonvention – wie der Name der Konvention schon sagt – Flüchtlinge (vgl. Art. 1 GFK).

Hailbronner/Randelzhofer (Fn. 494), S. 644; *Bianca Hofmann*, Grundlagen und Auswirkungen des völkerrechtlichen Refoulement-Verbots (Studien zu Grund- und Menschenrechten, Bd. 3), 1999, S. 22.

[512] EGMR, Urteil v. 15. November 1996, *Chahal ./. Vereinigtes Königreich* (22414/93), RJD 1996-V, Nr. 79.

Hierzu zählt *Khaled el-Masri* nicht. Andere Opfer des Extraordinary-rendition-Programms sind dies aber teilweise. So hatte *Ahmed Agiza* einen Antrag auf Anerkennung seines Flüchtlingsstatus gestellt.[513] Die USA sind nur Vertragspartei des Protokolls über die Rechtsstellung der Flüchtlinge vom 31. Januar 1967, nicht aber der Konvention selbst. Jedoch sind sie gemäß dessen Art. 1 Nr. 1 an die Konvention gebunden. Art. 33 Abs. 1 GFK verbietet die Ausweisung und die Zurückweisung eines Flüchtlings, sofern sein

> „Leben oder seine Freiheit wegen seiner Rasse, Religion, Staatsangehörigkeit, seiner Zugehörigkeit zu einer bestimmten sozialen Gruppe oder wegen seiner politischen Überzeugung bedroht sein würde."

Unter Zurückweisung ist die Abweisung an der Grenze gemeint.[514] Jedoch gilt dies nicht schrankenlos, Art. 33 Abs. 2 GFK. Und Art. 1 F GFK schließt gar Personen aus dem Anwendungsbereich der Genfer Flüchtlingskonvention aus, bei denen aus schwerwiegenden Gründen

> „die Annahme gerechtfertigt ist, a) daß sie ein Verbrechen gegen den Frieden, ein Kriegsverbrechen oder ein Verbrechen gegen die Menschlichkeit begangen haben [...]; b) daß sie ein schweres nichtpolitisches Verbrechen [...] begangen haben [...]; c) daß sie sich Handlungen zuschulde kommen ließen, die den Zielen und Grundsätzen der Vereinten Nationen zuwiderlaufen."

In der Person des Flüchtlings liegende Gründe können damit das Verbot selbst bei Gefahr für Leib und Leben einschränken. Zwar wird in bezug auf Art. 1 F vertreten, daß in Fällen besonders schwerer Verfolgung die Ausnahme nicht greifen soll:

> "In applying this exclusion clause, it is also necessary to strike a balance between the nature of the offence presumed to have been committed by the applicant and the degree of persecution feared. If a person has a well-founded fear of very severe persecution, e.g. persecution endangering his life or freedom, a crime must be very grave to exclude him."[515]

---

[513] CAT, *Agiza ./. Schweden* (Fn. 26), Nr. 2.4.

[514] Str., s. oben Fn. 494.

[515] *United Nations High Commissioner for Refugees*, Handbook on Procedures and Criteria for Determining Refugee Status under the 1951 Convention and the 1967 →

Dies müßte dann auch in bezug auf Art. 33 Abs. 2 GFK gelten.[516] Begründen läßt sich diese normimmanente Einschränkung mit dem Grundsatz der Verhältnismäßigkeit, der auch Bestandteil des allgemeinen Völkerrechts ist.[517] Man könnte auch auf Art. 30 Abs. 4 lit. a i.V.m. Abs. 3 WVK zurückgreifen. Danach modifiziert ein neuer Vertrag einen alten Vertrag über denselben Gegenstand zwischen den Parteien, die Vertragsstaaten beider Verträge sind. Derselbe Gegenstand wäre hier das Refoulement-Verbot im Falle drohender Folter und der modifizierende Vertrag die Antifolterkonvention. Man wird davon ausgehen müssen, daß die GFK damit auch in Fällen drohender Folter einen absoluten Schutz vor Refoulement verbietet. Zumindest aber folgt aus dem Erfordernis, daß das Abschiebehindernis nur im Falle einer Gefahr besteht, daß geeignete Verfahren zur Feststellung der Gefahrenlage bereitgestellt werden müssen. Wird dies wie im Extraordinary-renditions-Programm nicht getan, so liegt immer dann ein Verstoß gegen die GFK vor, wenn das Opfer ein Flüchtling i.S.v. Art. 1 GFK ist.

Im Ergebnis läßt sich festhalten, daß im Fall *el-Masri* die US-Amerikaner gegen das Folterverbot verstoßen haben. In bezug auf das Programm als Ganzes ist zu unterscheiden: Sofern die US-Amerikaner die Jurisdiktion ausübten, haben sie wohl in den meisten Fällen gegen das Folterverbot verstoßen. Haben sie die Jurisdiktion an einen dritten Staat übertragen und wurde gefoltert, so haben sie zumindest gegen das Verbot des Refoulement verstoßen, das ja Teil des Folterverbots ist. In manchen Fällen wird man möglicherweise (auch) von einer Verantwortlichkeit durch Beihilfe zur Folter sprechen können.

Protocol Relating to the Status of Refugees, UN-Dok. HCR/IP/4/Eng/REV.1 Reedited, Geneva, Januar 1992, UNHCR 1979, Nr. 156. Abrufbar unter: www.unhcr.org/cgi-bin/texis/vtx/home/opendoc.pdf?tbl=PUBL&id=3d58e13b4 (10. Februar 2007).

[516] David Weissbrodt/Isabel Hörtreiter, The Principle on Non Refoulement: Article 3 of the Convention Against Torture and Other Cruel, Inhuman or Degrading Treatment or Punishment in Comparison with the Non-Refoulement Provisions of Other International Human Rights Treaties, in: 5 Buffalo Human Rights Law Review 1999, S. 1-73, 62.

[517] *Delbrück* (Fn. 475).

6. Bestrafungs- und Wiedergutmachungspflichten

Aus dem Folterverbot lassen sich neben dem Refoulement-Verbot noch weitere Pflichten des Staates ableiten. Dazu gehört die Pflicht, die Täter zu bestrafen, und die Pflicht, Wiedergutmachung zu leisten.

a. Bestrafungspflichten

Eine Bestrafungspflicht ergibt sich sowohl aus der Antifolterkonvention als auch aus dem Zivilpakt. Die Bestrafungspflicht hat vor u.a. eine generalpräventive Funktion.

Art. 4 CAT sieht vor, daß Folter unter Strafe zu stellen ist und angemessene Strafen anzudrohen sind. Das schließt ein, daß entsprechende Strafen auch tatsächlich verhängt und vollzogen werden müssen.[518] Allerdings sieht die Antifolterkonvention diese Bestrafungspflicht ausdrücklich nur für die Folter vor, nicht aber für grausame, unmenschliche oder erniedrigende Behandlungen.[519] Der Antifolterausschuß hat in seinen Abschließenden Bemerkungen zum Bericht der USA aus dem Jahre 2006 in bezug auf die Extraordinary renditions festgestellt:

> "The State party should adopt all necessary measures to prohibit and prevent enforced disappearances in any territory under its jurisdiction, and prosecute and punish perpetrators, as this practice constitutes, *per se*, a violation of the Convention."[520]

Bezüglich des Zivilpaktes ergibt sich aus der Zusammenschau des Art. 7 mit Art. 2 IPbpR, daß die Vertragsstaaten einen effektiven Schutz durch Kontrollinstanzen zu garantieren haben. Daraus folgt, daß Folter pönalisiert sein muß und Folterer zur Verantwortung zu ziehen sind. Dies gilt ebenso für die grausame, unmenschliche oder

---

[518] *Michael Scharf*, The Letter of the Law: The Scope of the International Legal Obligation to Prosecute Human Rights Crimes, 41 Law and Contemporary Problems 1996, S. 41-61, 46ff.

[519] Dies ergibt sich aus Art. 16, der den Art. 4 nicht wie anderen Normen der UN-Folterkonvention für anwendbar auf die grausame, unmenschliche oder erniedrigende Behandlung erklärt. Grund hierfür war, daß die Begriffe als nicht bestimmt genug galten, *Burgers/Danelius* (Fn. 104), S. 149.

[520] CAT, Concluding Observations on the 2nd US-report (Fn. 394), Nr. 18.

erniedrigende Behandlung. Der Menschenrechtsausschuß weist in ständiger Rechtsprechung auf diese staatliche Schutzpflicht hin.[521] In Bezug auf die Extraordinary renditions mahnt er explizit die Bestrafung der Täter an:

> "The State party should ensure that those responsible are prosecuted and punished in accordance with the gravity of the crime. The State party should adopt all necessary measures to prevent the recurrence of such behaviors, in particular by providing adequate training and clear guidance to its personnel (including commanders) and contract employees, about their respective obligations and responsibilities, in line with articles 7 and 10 of the Covenant."[522]

In den USA ist Folter durch US-Amerikaner im Ausland nach dem Torture Convention Implementation Act (18 US-Code § 2340 A (a)) verboten und wird mit maximal 20 Jahren Haft bestraft:

> "Whoever outside the United States commits or attempts to commit torture shall be fined under this title or imprisoned not more than 20 years."

Die Verantwortlichen werden bis jetzt in den USA nicht verfolgt. Damit verletzen die USA ihre Pflicht, strafrechtlich gegen die Täter vorzugehen.

---

[521] MRA, General Comment Nr. 7, Prohibition of Torture, UN-Dok. HRI/GEN1/Rev. 7 (2004), Nr. 1; General Comment Nr. 20, Prohibition of Torture, UN-Dok. HRI/GEN1/Rev. 7 (2004), Nr. 8 und Nr. 13. Eine deutsche Übersetzung findet sich in Deutsches Institut für Menschenrechte (Hrsg.) (Fn. 89), S.43-44 bzw. S. 84-87. MRA, *Nina Muteba ./. Zaire* (Fn. 486) Nr.13: "The Committee, accordingly, is of the view that the State party is under an obligation to [...] conduct an inquiry into the circumstances of his torture, to punish those found guilty of torture and to take steps to ensure that similar violations do not occur in the future." Zu den Schutzpflichten vgl. Klein (Fn. 63). Zu völkerrechtlichen Bestrafungspflichten allgemein vgl. *Naomi Roht-Arriaza*, State Responsibility to Investigate and Prosecute Grave Human Rights Violations in International Law, in: 78 California Law Review 1990, S. 449-513; *Diane F. Orentlicher*, Settling Accounts: The Duty to Prosecute Human Rights Violations of a Prior Regime, in: 100 Yale Law Journal 1991, S. 2537-2615; *Christian Tomuschat*, The Duty to Prosecute International Crimes Committed by Individuals, in: Hans-Joachim Cremer (Hrsg.), Tradition und Weltoffenheit des Rechts, Festschrift für Helmut Steinberger, 2002, S. 315-349.

[522] MRA, Concluding Observations on the 2nd and 3rd US-report (Fn. 304), Nr. 14.

b. Wiedergutmachungspflichten

Wiedergutmachungspflichten zielen auf Genugtuung und Ersatz des Schadens für den Verletzten. Dazu gehört neben der Feststellung, daß ihm Unrecht widerfahren ist, vor allem eine gerechte Entschädigung in Geld. Art. 14 CAT verlangt, daß das

> „Opfer einer Folterhandlung Wiedergutmachung erhält und ein einklagbares Recht auf gerechte und angemessene Entschädigung einschließlich der Mittel für eine möglichst vollständige Rehabilitation hat."

Die USA haben in ihren Interpretationserklärungen den Anwendungsbereich des Art. 14 CAT auf Folter im Inland beschränkt. Diese Interpretationserklärung ist in Wirklichkeit ein – vermutlich unzulässiger – Vorbehalt.[523] Neben der Antifolterkonvention erkennt auch der Interamerikanische Menschenrechtsgerichtshof das Recht auf Wiedergutmachung an. Das Opfer muß eine adäquate Kompensation erhalten.[524] Auch der Zivilpakt verlangt eine Wiedergutmachung. Der Menschenrechtsausschuß verweist darauf, daß

> "States may not deprive individuals of the rights to an effective remedy, including compensation and such full rehabilitation as may be possible."[525]

Die USA entsprechen dieser Pflicht legislativ durch den Alien Tort Claims Act[526] und den Torture Convention Implementation Act.[527] Es bleibt abzuwarten, ob die Gerichte in praxi dieser völkerrechtlichen

---

[523] Vgl. oben S. 140.

[524] AGMR, *Velásquez Rodriguez ./. Honduras* (Fn. 373), Nr. 174: "The State has a legal duty to take reasonable steps to prevent human rights violations and to use the means at its disposal to carry out a serious investigation of violations committed within its jurisdiction, to identify those responsible, to impose the appropriate punishment and to ensure the victim adequate compensation."

[525] MRA, General Comment Nr. 20 (Fn. 521), Nr. 15. Zu den Wiedergutmachungspflichten unter dem Zivilpakt vgl. *Eckart Klein*, Individual Reparation Claims under the International Covenant on Civil and Political Rights: The Practice of the Human Rights Committee, in: Albrecht Randelzhofer/Christian Tomuschat (Hrsg.), State Responsibility and the Individual. Reparation in Instances of Grave Violations of Human Rights, 1999, S. 27-41.

[526] Alien Tort Claims Act, 28 US-Code § 1350 (Fn. 442).

[527] Torture Convention Implementation Act, 18 US-Code § 2340 A (Fn. 443).

Pflicht auch entsprechen. Sofern sie dies nicht tun, liegt auch hier ein Völkerrechtsverstoß vor.

IV. Weitere Menschenrechte

Neben diesen Menschenrechtsverletzungen kommen noch weitere Verletzungen in Betracht. Sie sollen der Vollständigkeit halber auch kurz erwähnt werden.

Eine Diskriminierung aufgrund der Religion oder Rasse gemäß Art. 26 IPbpR und Art. 2 AMRD läßt sich nicht bejahen, da unbekannt ist, weshalb *el-Masri* letztendlich festgesetzt wurde. Man wird aber nicht seine Religion oder seine Rasse als Ursache benennen können. Dies wird auch in anderen Extraordinary-renditions-Fällen kaum der Fall sein.

Das Recht auf Anerkennung als Rechtspersönlichkeit (Art. 16 IPbpR und Art. 17 AMRD) ist verletzt, da *el-Masri* durch die Incommunicado-Haft und des Vorenthaltens jeglicher rechtlicher Schutzmechanismen außerhalb des Rechts gestellt wurde. Ebenso trifft dies auf andere Opfer des Extraordinary-renditions-Programms zu.

Das Recht auf eine wirksame Beschwerde, Art. 2 Abs. 3 IPbpR und Art. XVIII S. 1 AMRD, ist verletzt, da zunächst kein Rechtsweg offen stand.

Das Recht auf einen fairen Prozeß, Art. 14 IPbpR und Art. XXVII und Art. XVIII AMRD,[528] konnte gar nicht verletzt werden, da kein Prozeß stattfand. Vor Beginn der Einleitung eines Prozesses schützen Art. 9 IPbpR und Art. XXV AMRD. Allerdings wird z.T. behauptet, daß das Recht auf ein faires Verfahren verletzt ist, wenn es zu keinem Gerichtsverfahren kommt, da die Staaten entgegen der garantierten Unschuldsvermutung von der Schuld des Internierten ausgehen.[529]

---

[528] Zum Recht auf ein faires Verfahren im Interamerikanischen Menschenrechtsschutzsystem vgl. *Juliane Kokott*, Fair Trial – the Inter-American System for the Protection of Human Rights, in: David Weissbrodt/Rüdiger Wolfrum (Hrsg.), The Right to a Fair Trial, 1998, S. 133-162.

[529] *Weissbrodt/Bergquist* (Fn. 247), S. 136.

Das Recht auf Freizügigkeit, Art. 12 IPbpR und Art. 8 AMRD, schützt das Recht, seinen Aufenthaltsort frei zu wählen. Das haben die USA verhindert. Ein Verstoß hiergegen ist ebenso wie in den anderen Fällen der Extraordinary renditions zu bejahen.

Bejaht werden muß auch ein Verstoß gegen Art. 17 IPbpR und Art. V AMRD, der das Privatleben und die Familie schützt. *El-Masri* hatte mit seiner Familie fast sechs Monate lang keinen Kontakt, seine Frau ging sogar in den Libanon, weil sie dachte, daß er sie und die Familie verlassen hätte.[530] Ebenso wurden seine Ehre und seine Reputation beschädigt. Auch diese Norm wird in den anderen Fällen der Extraordinary renditions verletzt sein, sofern die Opfer Familie haben.

Das Verbot der Ausweisung von Ausländern ohne Rechtsgrundlage, Art. 13 IPbpR – ohne Entsprechung in der AMRD –, ist hier nicht betroffen, da *el-Masri* von für die USA fremden Territorium aus verschleppt wurde. Wird aber von US-amerikanischem Staatsgebiet eine Person aus abgeschoben, wie dies mit *Maher Arar* geschehen ist, dann kann auch diese Norm verletzt sein.

G. Zusammenfassung und Schluß

Khaled el-Masri wurde gefoltert, sein Recht auf Vorführung vor einen Richter wurde ebenso verletzt wie sein Recht, nicht willkürlich seiner Freiheit beraubt zu werden. Daneben wurden zahlreiche weitere Menschenrechte verletzt. Sein Schicksal ist kein Einzelfall, mehr als hundert andere waren Opfer desselben Programms. Dieses Programm verstößt als solches gegen das Folterverbot, das Recht auf Habeas corpus und das Verbot der willkürlichen Verhaftung. Ebenso verletzt dieses Programm das Recht, als Rechtspersönlichkeit anerkannt zu werden, das Recht auf eine wirksame Beschwerde, das Recht auf Freizügigkeit sowie das Recht auf Privatleben und Achtung des Familienlebens. Die USA verstoßen durch die Aufnahme und Weiterführung gegen menschenrechtliche Verpflichtungen und handeln somit völkerrechtswidrig.

---

[530] Damit sind ebenso seine Frau und seine Kinder in ihrem Recht auf Schutz der Familie und des Privatlebens verletzt worden.

Ein Verstoß gegen das humanitäre Völkerrecht ist hingegen zu verneinen, da dieses mangels Vorliegen eines bewaffneten Konfliktes grundsätzlich keine Anwendung auf das Extraordinary-renditions-Programm finden kann.

Allerdings handeln nicht nur die USA völkerrechtswidrig. Ohne Mithilfe, ob aktiv oder passiv, durch die Europäer hätten die USA Europa nicht zum Umschlagplatz für ihre Extraordinary-rendition-Flüge machen können. Ersichtlich wird das u.a. an der Entführung des *Abu Omar* in Mailand: Dort sind allerhöchste italienische Stellen belastet worden. Auch im Fall *Agiza* wäre dieser ohne die Hilfe Schwedens nicht in einem Foltergefängnis in Ägypten gelandet. Einige der Flüge wurden in Stuttgart-Vaihingen – dort ist die US-Kommandozentrale in Europa EUCOM angesiedelt – koordiniert.[531] Dort arbeiten nicht nur US-Amerikaner, sondern u.a. auch zwei deutsche Verbindungsoffiziere.[532] Amnesty International hat einen Bericht über Europas Rolle in dem Programm bezeichnenderweise „Partners in Crime" benannt.[533] *Dick Marty* geht ebenfalls davon aus, daß Europas Hilfe mitursächlich gewesen ist:

> "It is inconceivable that certain operations conducted by American services could have taken place without the active participation, or at least the collusion, of national intelligence services."[534]

Bezeichnend dafür ist auch die Hilfe, die *Dick Marty* im Rahmen seiner Ermittlungstätigkeit von den Mitgliedstaaten des Europarates erhalten hat. Diese Hilfe war nach seiner eigenen Aussage quasi nicht existent, obwohl es im Rahmen der Ermittlungen um die vornehmste Aufgabe des Staates ging: das Leben und die körperliche Unversehrtheit seiner Bürger zu schützen. Stattdessen halfen Euro-

---

[531] „Guantanamo-Flüge in Stuttgart geplant", in: Süddeutsche Zeitung, 7. Dezember 2006, S. 5.

[532] Filmbeitrag „Wurden Menschenrechtsverletzungen in Deutschland organisiert?", Report aus Mainz, Sendung vom 27. November 2006, Filmbeitrag und Transskript abrufbar unter: www.swr.de/report/-/id=233454/nid=233454/did=1656206/t31cuv/index.html (10. Februar 2007).

[533] *Amnesty International*, Partners in Crime: Europe's Role in US renditions, 14. Juni 2006, abrufbar unter: http://web.amnesty.org/library/pdf/EUR010082006ENGLISH/$File/EUR0100806.pdf (10. Februar 2007).

[534] *Europarat* (Fn. 48), Nr. 230.

pas Staaten dabei mit, ihre Bürger zu entführen, zu foltern und das Rechtssystem zu unterminieren. Selbstverständlich sind die europäischen Staaten auch „Nutznießer" des Programms, indem sie durch Folter erlangte Informationen erhalten. Die Bundesrepublik entsandte sowohl Ermittler nach Guantánamo Bay, wo *Murat Kurnaz* gefangen gehalten wurde,[535] als auch nach Syrien, wo *Muhammad Zammar* noch immer gefangengehalten wird.[536] Der ehemalige britische Botschafter in Usbekistan, *Craig Murray*, berichtet, daß in Usbekistan zunächst die CIA vom usbekischen Geheimdienst infomiert wird. Die CIA gibt diese Informationen an den britischen Geheimdienst MI6 weiter. Von dort gehen die Informationen direkt an die Kabinettsmitglieder, u.a. den Premierminister.[537]

Ob allerdings das Wort „Nutznießer" angebracht ist, erscheint bei unter Folter gewonnener Information fragwürdig. Zur Vermeidung von Anschlägen ist es nötig, verläßliche Informationen über geplante Terrorakte oder über Terrorstrukturen zu erlangen. Unter Folter erlangte Geständnisse sind aber nicht verläßlich. *Craig Murray* berichtet weiter:

„In Uzbekistan it works like this, Person X is tortured and signs a statement saying he's going to crash planes into buildings, or that he's linked to Osama bin Laden. He's also asked whether he knows's person X, Y and Z in the UK who are involved in terrorism. He'll be tortured until he agrees, though he's never met them."[538]

In bezug auf andere unter Folter gewonnene Aussagen führt *Murray* aus:

"I'd look at these reports and, to be frank, I realised they were bollocks [„totaler Quatsch"]. One talked about terror camps in the hills near

---

[535] *Georg Mascolo/Holger Stark*, Reif für die Insel, in: Der Spiegel, 24. November 2003, S. 40-42.
[536] *Holger Stark*, Der vergessene Gefangene, in: Der Spiegel, 21. November 2005, S. 100-110.
[537] *Neil Mackay*, These two men are Experts on rendition: one invented it, the other has seen its full horrors, in: The Sunday Herald, 16. Oktober 2005.
[538] Ebd.

Samarkand. I knew the precise location being talked about and it wasn't true."⁵³⁹

Murray schlußfolgert aus diesen Erkenntnissen, daß die vorhandenen, nicht auf Folter basierenden Geheimdienstinformationen so entwertet werden:

„What terrifies me is that our government is saying we need to lock up various people on the basis of intelligence that can't be used in court. But we know the material is dodgy. It is not evidence. It is very important that we realise we are contaminating the pool of intelligence. It leads to false threats, public hysteria and the diversion of resources from real threats."⁵⁴⁰

Ein weiteres Beispiel ist der Fall des *Ibn al-Shaykh al-Libi.* Dieses vermeintlich hochrangige Al-Qaida-Mitglied wurde von FBI-Agenten mit herkömmlichen legalen Mitteln befragt. Die Ermittler waren mit dem Fortgang der Befragungen und den Ergebnissen zufrieden, allerdings erwartetete die CIA andere Informationen. *Tenet* holte sich daraufhin vom Weißen Haus die Erlaubnis, die Befragungen weiterzuführen. *Al-Libi* wurde so ein Opfer des Extraordinary-renditions-Programms. Der heutige Aufenthaltsort ist unbekannt.⁵⁴¹ Die CIA erreichte das, was dem FBI nicht gelang: unter Folter gestand *al-Libi* Verbindungen zwischen dem Irak und al-Qaida. Neben den Massenvernichtungswaffen und Menschenrechtsverletzungen war das eine der offiziellen Begründungen für den Irak-Krieg und möglicherweise sogar die wichtigste. US-Außenminister *Colin Powell* hat bei seiner berühmten Rede vor dem Sicherheitsrat an prominenter Stelle auf die Aussagen von *al-Libi* verwiesen.⁵⁴² Das

---

⁵³⁹ Ebd.

⁵⁴⁰ Ebd.

⁵⁴¹ *Rosa Brooks*, In the End, Torture Hurts Us, in: The Los Angeles Times, 25. November 2005.

⁵⁴² "Fortunately, this operative is now detained, and he has told his story. [...] He says bin Laden and his top deputy in Afghanistan, deceased Al Qaida leader Muhammad Atif, did not believe that Al Qaida labs in Afghanistan were capable enough to manufacture these chemical or biological agents. They needed to go somewhere else. They had to look outside of Afghanistan for help. Where did they go? Where did they look? They went to Iraq. [...] As I said at the outset, none of this should come as a surprise to any of us. Terrorism has been a tool used by Saddam for decades. Saddam was a supporter of terrorism long before these

→

Problem dabei war nur, daß *al-Libi* gelogen hatte.[543] Die von ihm gestandenen Verbindungen gab es nie. Eine Lüge unter Folter war wesentlich mitentscheidend für den Krieg im Irak, ein Krieg, der mehr als 3.000 US-Amerikanern und nach umstrittenen Zahlen der renommierten Johns-Hopkins-Universität mehr als 600.000 Irakis das Leben gekostet hat.[544] Ein effektiverer Weg der Terrorismusbekämpfung ist die Rückbesinnung auf traditionelle Polizei- und Geheimdienstarbeit.[545] An der Unverläßlichkeit solcher Informationen zeigt sich, daß ganz pragmatische Gründe gegen die Extraordinary renditions sprechen.

Zu diesen Gründen, die gegen das Extraordinary-renditions-Programms sprechen, gehören dessen Folgen auf die muslimische Welt. Dort nehmen Verbitterung und Haß mehr und mehr zu. Das Bild einer Nation, die mit allen Mitteln ihre Interessen durchsetzt, Folter nicht scheut und die Menschenwürde nicht achtet, hat sich tief in das Bewußtsein der Muslime eingegraben. In dem Bericht der Regierungskommission, die den 11. September 2001 umfassendend untersucht hat, wird festgestellt:

terrorist networks had a name. And this support continues. The nexus of poisons and terror is new. The nexus of Iraq and terror is old. The combination is lethal. With this track record, Iraqi denials of supporting terrorism take the place alongside the other Iraqi denials of weapons of mass destruction. It is all a web of lies." US-Secretary of State *Colin Powell* vor dem UN-Sicherheitsrat am 6. Februar 2003, abrufbar unter: www.whitehouse.gov/news/releases/2003/02/20030205-1.html (10. Februar 2007).

[543] Der Glaube an *al-Libis* Aussagen war wohl sogar so groß, daß selbst ein geheimer Bericht der Defense Intelligence Agency vom Februar 2002 missachtet wurde. Dort hieß es, daß *al-Libi* möglicherweise gefoltert wurde, und daß u.a. deswegen zu vermuten sei, daß er die Vernehmungsbeamten in die Irre geschickt habe. *Douglas Jehl*, Iraq war intelligence linked to coercion, in: The New York Times, 9. Dezember 2005.

[544] *David Brown*, Study Claims Iraq's 'Excess' Death Toll Has Reached 655,000, in: The Washington Post, 11. Oktober 2006, S. A12. Die USA gehen hingegen von weniger als 50,000 toten Irakis aus.

[545] Ebenso *Stefanie Schmahl*, Specific Methods of Prosecuting Terrorists in National Law, in: Christian Walter et al. (Hrsg.), Terrorism as a Challenge for National and International Law: Security versus Liberty?, 2004, S. 81-118, 110.

"Allegations that the United States abused prisoners in its custody make it harder to build the diplomatic, political, and military alliances the government will need."⁵⁴⁶

Auf diese Art verblassen Anerkennung und Respekt für die USA und die Tatsache, daß sie das Land sind, in dem die Menschenrechte, so wie wir sie heute kennen, ihren Ausgang genommen haben, das Land, das Europa von dem Schrecken der nationalsozialistischen Diktatur befreit und jahrzehntelang die Welt vor einer sowjetischen Diktatur bewahrt hat. Selbst in Deutschland, das den USA u.a. seine Demokratisierung zu verdanken hat, nimmt der Anti-Amerikanismus zu. Hier führt dies anders als in der muslimischen Welt jedoch nicht zu Gewalt. Ein gemeinsamer, als geheim eingestufter Bericht aller US-Geheimdienste stellt fest, daß aufgrund der Politik der US-Regierung seit dem 11. September 2001, zu der auch das Extra-ordinary-renditions-Programm gehört, die Welt ein unsicherer Ort geworden ist.⁵⁴⁷

Neben der Schaffung einer größeren terroristischen Bedrohungslage ist der Staat gleichzeitig auf dem besten Weg, selbst zu einem großen Bedrohungsmoment zu werden. Um es mit den Worten des englischen Lord-Richters *Hoffmann* auszudrücken:

"The real threat to the life of the nation, in the sense of a people living in accordance with its traditional laws and political values, comes not from terrorism but from laws as these. That is the true measure of what terrorism may achieve. It is for Parliament to decide whether to give the terrorists such a victory."⁵⁴⁸

Wenn das Parlament seiner Aufgabe nicht gerecht wird, so ist es an der Justiz, die Grund- und Menschenrechte der Bürger zu schützen:

"[J]udicial insistence [...] does not weaken our Nation's ability to deal with danger. To the contrary, that insistence strengthens the Nation's

---

⁵⁴⁶ National Commission on Terrorist Attacks upon the United States, 9-11 Commission Report, 2004, S. 379, abrufbar unter: www.9-11commission.gov/report/index.htm (10. Februar 2007).

⁵⁴⁷ *Mazetti* (Fn. 328).

⁵⁴⁸ House of Lords, *A (FC) et al. ./. Secretary of State for the Home Department* (UKHL 56), Urteil v. 16. Dezember 2004, Lord Leonard Hoffmann, Nr. 97, abrufbar unter: www.publications.parliament.uk/pa/ld200405/ldjudgmt/jd041216/a&others.pdf (10. Februar 2007). Das erwähnte Gesetz ist der UK Terrorism Act.

ability to determine – through democratic means – how best to do so."[549]

Neben der Prüfung von Antiterrorgesetzen an den Maßstäben der Verfassung sind Verletzungen der grundlegendsten Menschenrechte zivil- und strafrechtlich zu ahnden. Auf den ersten Blick scheinen Verfahren wie das gegen *Donald Rumsfeld* und andere in Deutschland[550] ein zugleich nutzloses wie auch unverhältnismäßiges Unterfangen zu sein. Sollte aber *Rumsfeld* absichtlich ein Umfeld geschaffen haben, in dem Folter alltäglich wird – und alles scheint darauf hinzudeuten – dann trägt er mehr weit Verantwortung als der, der (nur) seinen Willen ausführt. Unabhängig von Stellung und Rang der Täter muß den Opfern Gerechtigkeit widerfahren. Wenn Folter zur Staatsräson erhoben wird, dann müssen die dafür Verantwortlichen ins Gefängnis. Aussichtsreicher scheint es aber zu sein, auf zivilrechtlichem Wege direkt in den USA vorzugehen, da schwierige Fragen der Immunität einerseits und Habhaftwerdung der Täter andererseits den Erfolg anderer Verfahren illusorisch erscheinen lassen. Sie sind eher als Zeichen zu verstehen, als Zeichen, das in die Zukunft deutet. Ob zivil- oder strafrechtlich, ein effektives Sanktionssystem ist jedenfalls notwendig:

"Only an effective system of sanctions against perpetrators and appropriate reparation to victims will serve as deterrent to future violations. Reparation and deterrence/prevention go hand in hand."[551]

Letztlich dienen Menschenrechte immer dem Menschen. Gerade Opfer solcher Straftaten bedürfen der Anerkennung ihrer Leiden, ob nun durch ein Gericht, Repräsentanten des Staates, die Gesellschaft und durch jeden einzelnen. Dies gelang auch in Deutschland nicht immer. Dem Guantánamo-Opfer *Murat Kurnaz* wurde die Aufenthaltsgenehmigung entzogen, weil er sich nach sechs Monaten nicht bei der Ausländerbehörde in Bremen gemeldet hatte, um eine

---

[549] US-Supreme Court, *Hamdan ./. Rumsfeld, Secretary of Defense, et al.* (Fn. 183), *Justice Breyer*, concurring opinion, S. 1.

[550] Die Bundesstaatsanwaltschaft prüft gerade eine Strafanzeige mehrer Nichtregierungsorganisationen wegen Verletzung des Völkerstrafgesetzbuches, *Christine-Felice Röhrs*, Sie klagen an, in: Der Tagesspiegel, 14. November 2006, S. 3.

[551] *Alfred-Maurice de Zayas*, Human Rights and indefinite detention, in: Revue internationale de la Croix-Rouge/International Review of the Red Cross No. 857 (2005), S. 15-38, 37.

Verlängerung zu beantragen. Dies wurde durch ein Urteil des Verwaltungsgerichts Bremen rückgängig gemacht.[552] Khaled el-Masri als Deutscher hatte mit solchen Schwierigkeiten nicht zu kämpfen, aber dafür mußte er insgesamt acht Mal Unterstützung für eine psychologische Beratung beantragen – sieben Mal wurde sie ihm verwehrt. Sein Anwalt wurde über Monate abgehört und kein Politiker, ob Lokal-, Landes- oder Bundespolitiker, hat es für nötig befunden, el-Masri sein Beileid auszudrücken oder gar zu fragen, ob man ihm helfen könne. Der damalige Innenminister *Otto Schily* behauptete, daß *el-Masri* entschädigt worden sei – was nicht der Wahrheit entspricht.[553] Ein wichtiger Zeuge, dessen Name der Staatsanwaltschaft mitgeteilt wurde, ist inzwischen verschwunden, ohne je gehört worden zu sein.[554] Das Mitglied des BND-Untersuchungsausschusses, *Max Stadler*, äußerte, daß in Einzelfällen rechtsstaatliche Grundsätze nichts gegolten hätten und in bezug auf *Khaled el-Masri* Deutschland seine staatliche Schutzpflicht nicht erfüllt hätte.[555] Insgesamt wurde für die Opfer des Extraordinary-renditions-Programms *Khaled el-Masri* und *Muhammed Zammar*, der in Syrien vor Gericht steht, und ebenso für *Murat Kurnaz* zu wenig getan.

Aus den genannten Gründen ist es an der Zeit, die Praxis der Extraordinary renditions aufzugeben, die von diesem Programm Betroffenen entweder vor Gericht zu stellen oder sie freizulassen und alle – ob schuldig oder nicht – für das erlittene Unrecht zu entschädigen, so daß den Opfern Genugtuung widerfährt. Wenn die USA dies von alleine nicht tun, ist es aufgrund der Schutzpflicht des Staates gegenüber seinen Bürgern die Aufgabe der europäischen Partner,

---

[552] Verwaltungsgericht Bremen (4 K 1013/05), Urteil v. 30. November 2005, abrufbar unter: www.verwaltungsgericht.bremen.de/sixcms/media.php/13/05k1013-u01.pdf.

[553] Ganz anders hingegen das Verhalten Kanadas im Fall *Maher Arar*. Der Premierminister *Stephen Harper* hat sich offiziell im Namen der kanadischen Regierung bei ihm entschuldigt und ein Gericht hat ihm 10,5 Millionen kanadische Dollar Entschädigung zugesprochen, *Nicolas Richter*, Sieben Millionen Dollar für Folter-Opfer, in: Süddeutsche Zeitung, 29. Januar 2007, S. 7. [Der Titel des Artikels ist falsch. Er müßte korrekterweise lauten: Sieben Millionen Euro für Folter-Opfer.]

[554] Richter (Fn. 50), S. 5.

[555] *Peter Blechschmidt*, „Schutzpflicht nicht erfüllt", in: Süddeutsche Zeitung, 19. Dezember 2006, S. 6.

Druck auf die USA auszuüben und sie auf den Pfad des Rechts zurückzubringen. Dies gebieten nicht nur das Recht, sondern auch ganz praktisch der Kampf um die Herzen und den Verstand der Menschen in aller Welt. Der Kampf gegen den Terror darf „kein Ödland der Verwüstung zurücklassen, wo die Würde des Menschen mit Füßen getreten wird."[556] Sollte dieser Kampf um die Menschen gewonnen werden, dann kann auch der Terror besiegt werden.

---

[556] Christian Tomuschat, Internationale Terrorismusbekämpfung als Herausforderung für das Völkerrecht, in: Die Öffentliche Verwaltung 2006, S. 357-369, 358.

Literaturverzeichnis

Abi-Saab, Georges, Non-International Armed Conflicts, in: UNESCO (Hrsg.), International Dimensions of Humanitarian Law, 1988, S. 217-239.

Aeschlimann, Alain, Protection of Detainees: ICRC action behind bars, in: Revue internationale de la Croix-Rouge/International Review of the Red Cross No. 857 (2005), S. 83-122.

Agamben, Giorgio, Ausnahmezustand (Homo sacer II.), 2004.

Alleweldt, Ralf, Schutz vor Abschiebung bei drohender Folter oder unmenschlicher oder erniedrigender Behandlung oder Strafe. Refoulement-Verbote im Völkerrecht und im deutschen Recht unter besonderer Berücksichtigung von Artikel 3 der Europäischen Menschenrechtskonvention und Artikel 1 des Grundgesetzes, 1996.

ders., Präventiver Menschenrechtsschutz. Ein Blick auf die Tätigkeit des Europäischen Komitees zur Verhütung von Folter und unmenschlicher oder erniedrigender Behandlung oder Strafe (CPT), in: EuGRZ 1998, S. 245-271.

Alston, Philip, Bericht "Effective Functioning of Bodies Established Pursuant to United Nations Human Rights Instruments" vom 27. März 1997, UN-Dok. E/CN.4/1997/74.

The American Law Institute (Hrsg.), Restatement of the Law. The Foreign Relations Law of the United States, Vol. 2, §§ 501-End, 1987.

Amnesty International, United States of America, Below the radar: Secret flights to torture and „disappearance", 2006, http://web.amnesty.org/library/pdf/ AMR510512006ENGLISH/$File/AMR5105106.pdf.

daß., Partners in Crime: Europe's Role in US renditions, 14. Juni 2006, http://web.amnesty.org/library/pdf/EUR010082006ENGLISH/$File/EUR0100 806.pdf.

Annan, Kofi, In larger freedom: towards development, security and human rights for all, Bericht des Generalsekretärs der VN, 2005, UN-Dok. A/59/2005.

Barry, John/Hirsh, Michael/Isikoff, Michael, The Roots of Torture, in: Newsweek, 24. Mai 2004, S. 16-24.

Bassiouni, Cherif, Legal Control of International Terrorism: A Policy Oriented Assessment, in: 43 Harvard International Law Journal 2002, S. 83-103.

Bassiouni, Cherif/Derby, Daniel, An Appraisal of Torture in International Law and Practice: The Need for an International Convention for the Prevention and Suppression of Torture, in: 48 Revue International de Droit Penal 1977, S. 17-114.

Baudrillard, Jean, Der Geist des Terrorismus. Herausforderungen des Systems durch die symbolische Gabe des Todes, in: Peter Engelmann (Hrsg.), Jean Baudrillard, Der Geist des Terrorismus, 2002, S. 11-37.

ders., Die Gewalt der Bilder. Hypothesen über den Terrorismus und das Attentat vom 11. September, in: Peter Engelmann (Hrsg.), Jean Baudrillard, Der Geist des Terrorismus, 2002, S. 65-78.

Bayefski, Anne, The UN Human Rights Treaty System: Universality at the Crossroads, 2001.

Ben-Yishai, Ron, Changing the Strategy to Combat Terrorism, in: 6 Strategic Assessment 2004, www.tau.ac.il/jcss/sa/v6n4p4Ben.html.

Bernhardt, Rudolf, Die Auslegung völkerrechtlicher Verträge, insbesondere in der neueren Rechtsprechung internationaler Gerichte, 1963.

Bingen, Dieter, Tausend Jahre wechselvoller Geschichte, in: Bundeszentrale für politische Bildung (Hrsg.), Polen, Informationen zur politischen Bildung Nr. 273, 2001, S. 3-24.

Blechschmidt, Peter, Zweifel, aber keine Beweise, in: Süddeutsche Zeitung, 25./26. November 2006, S. 7.

ders., „Schutzpflicht nicht erfüllt", in: Süddeutsche Zeitung, 19. Dezember 2006, S. 6.

Böckenförde, Ernst-Wolfgang, Der verdrängte Ausnahmezustand, in: Neue Juristische Wochenschrift 1978, S. 1881-1890.

Bonard, Paul, Modes of action used by humanitarian players: criteria for operational complementarity, 1999.

Borelli, Silvia, Casting light on the legal black hole: International law and detentions abroad in the "war on terror", in: Revue internationale de la Croix-Rouge/International Review of the Red Cross No. 857 (2005), S. 39- 68.

Bossuyt, Marc. J., Guide to the „Travaux Préparatoires" of the International Covenant on Civil and Political Rights, 1987.

Bothe, Michael, Friedenssicherung und Kriegsrecht, in: Wolfgang Graf Vitzthum (Hrsg.), Völkerrecht, 3. Aufl. 2004, S. 589-668.

Boulesbaa, Ahcene, The UN Convention on Torture and the Prospect of Enforcement, 1999.

Breuer, Marten, Die Begründung individueller Rechte in völkerrechtlichen Verträgen nichtmenschenrechtlicher Art, in: Gilbert Gorning/Burkhard Schöbener/Winfried Bausback/Tobias Irmscher (Hrsg.), Gedächtnisschrift für Dieter Blumenwitz, im Erscheinen.

Brown, David, Study Claims Iraq's 'Excess' Death Toll Has Reached 655,000, in: The Washington Post, 11. Oktober 2006, S. A12.

Bruha, Thomas, Gewaltverbot und humanitäres Völkerrecht nach dem 11. September 2001, in: 40 Archiv des Völkerrechts 2002, S. 383-421.

ders., Wege aus dem Niemandsland, in: Vereinte Nationen 2004, S. 73.

ders./Steiger, Dominik, Das Folterverbot im Völkerrecht, 2006.

Buergenthal, Thomas, To Respect and to Ensure: State Obligations and Permissible Derogations, in: Louis Henkin (Hrsg.), The International Bill of Rights – The Covenant on Civil and Political Rights, 1981, S. 72-91.

ders., Menschenrechtsschutz im inter-amerikanischen System, in: EuGRZ 1984, S. 169-189.

ders., International Human Rights in a nutshell, 2. Aufl. 1995.

Bukovsky, Vladimir, Torture's Long Shadow, in: The Washington Post, 18. Dezember 2005, S. B01.

Burgers, Herman/Danelius, Hans, The United Nations Convention against Torture. A Handbook on the Convention against Torture and Other Cruel, Inhuman or Degrading Treatment or Punishment, 1988.

Burgos, Hernan Salina, The application of international humanitarian law as compared to human rights law in situations qualified as internal armed conflict, internal disturbances and tensions, or public emergency, with special references to war crimes and political crimes, in: Frits Kalshoven/Yves Sandoz (Hrsg.), Implementation of International Humanitarian Law/Mise en œuvre du droit international humanitaire, 1989, S. 1-30.

Buscha, Joachim, Lexikon deutscher Konjunktionen, 1989.

Campbell, Duncan, US sends suspects to face torture, in: The Guardian, 12. März 2002, S. 4.

Center for Human Rights and Global Justice, Torture by Proxy: International and Domestic Law Applicable to "Extraordinary renditions", 2004, modified 2006, www.nyuhr.org/docs/TortureByProxy.pdf.

daß., Torture by Proxy: International Law Applicable to "Extraordinary renditions", Briefing Paper prepared for the All Party Parliamentary Group on Extraordinary Rendition, 2005, www.nyuhr.org/docs/APPG-NYU%20 Briefing %20Paper.pdf.

Cerone, John, The Military Commissions Act of 2006: Examining the Relationship between the International Law of Armed Conflict and US Law, ASIL Insights, 13. November 2006, Vol. 10, Issue 30, www.asil.org/insights/2006/ 11/insights061114.html.

Chaliand, Gérard/Blin, Arnaud, Zélotes et Assasins, in: dies., Histoire du Terrorisme: de l'Antiquité à al-Quaida, 2004, S. 59-101.

Chandrasekaran, Rajiv/Finn, Peter, US Behind Secret Transfer of Terror Suspects, in: The Washington Post, 11. März 2002, S. A01.

dies., US Bypasses Law in Fight against Terrorism, in: The International Herald Tribune, 12. März 2002.

Clarke, Richard A., Against All Enemies. Inside America's War on Terror, 2004.

Coates, Ken, A Season of Cruelty, in: Morning Star, 10. März 2003, S. 7.

Cziesche, Dominik/Hinrichs, Per/Mascolo, Georg/Röbel, Sven/Schimmöller, Heiner/Stark, Holger/Ulrich, Andreas/Wassermann, Andreas, „Die machen, was sie wollen", in: Der Spiegel, 12. Dezember 2005, S. 126-131.

de Zayas, Alfred-Maurice, United Nations High Commissioner for Human Rights, in: Rudolf Bernhardt (Hrsg.), Encyclopedia of Public International Law, Bd. IV, 2000, S. 1129-1132.

ders., Human Rights and indefinite detention, in: Revue internationale de la Croix-Rouge/International Review of the Red Cross No. 857 (2005), S. 15-38.

Delbrück, Jost, Proportionality, in: Rudolf Bernhardt (Hrsg.), Encyclopedia of Public International Law, Bd. III, 1997, S. 1140-1144.

ders., War, Effect on Treaties, in: Rudolf Bernhardt (Hrsg.), Encyclopedia of Public International Law, Bd. IV, 2000, S. 1367-1373.

Deutsches Institut für Menschenrechte (Hrsg.), Die „General Comments" zu den VN-Menschenrechtsverträgen, 2005.

Deva, Surya, Human Rights Violations by Multinational Corporations and International Law: Where from Here?, in: 19 Connecticut Journal of International Law 2003, S. 1-57.

Dinstein, Yoram, Right to Life, Physical Integrity, and Liberty, in: Louis Henkin (Hrsg.), The International Bill of Rights – The Covenant on Civil an Political Rights, 1981, S. 114-137.

Dodds, Paisley, FBI letter alleged abuse of Detainees, in: The Boston Globe, 7. Dezember 2004.

Doehring, Karl, Aliens, Expulsion and Deportation, in: Rudolf Bernhardt (Hrsg.), Encyclopedia of Public International Law, Bd. I, 1992, S. 109-112.

ders., Völkerrecht, 2. Aufl. 2004.

Duffy, Helen, The "War on Terror" and the Framework of International Law, 2005.

Düx, Heinz, Meinungen zur Folterdiskussion, in: Zeitschrift für Rechtspolitik 2003, S. 180.

Elder, David A., The Historical Background of Common Article 3 of the Geneva Convention of 1949, in: 11 Case Western Reserve Journal of International Law 1979, S. 37-69.

Fahl, Christian, Angewandte Rechtsphilosophie – „Darf der Staat foltern?", in: Juristische Rundschau 2004, S. 182-191.

Favoreu, Louis, Droits des libertés fondamentales, 2000.

Fenrick, William J., Should the Laws of War Apply to Terrorists?, Remarks, in: American Society of International Law, Proceedings of the 79th Annual Meeting, New York, 25.-27. April 1985, S. 112-114.

Fischer, Susanne, Terrorismus „bekriegen"? – Mittel und Wege europäischer Sicherheits- und Verteidigungspolitik, in: Österreichisches Studienzentrum für Frieden und Konfliktforschung (Hrsg.), Der Krieg der Armen? Der internationale Terrorismus in der neuen Weltordnung, 2005, S. 88-106.

Fitzpatrick, Joan, Jurisdiction of Military Commissions, in: 96 American Journal of International Law 2002, S. 345-354.

Frowein, Jochen Abr./Peukert, Wolfgang, Europäische Menschenrechtskonvention. EMRK-Kommentar, 2. Aufl. 1996.

Gasser, Hans-Peter, Prohibition of terrorist acts in international humanitarian law, in: Revue internationale de la Croix-Rouge/International Review of the Red Cross No. 253 (1985), S. 200-212.

ders., International Humanitarian Law and Human Rights Law in Noninternational Armed Conflict: Joint Venture or Mutual Exclusion, in: German Yearbook of International Law 2002, S. 149-162.

Giegerich, Thomas, Vorbehalte zu Menschenrechtsabkommen: Zulässigkeit, Gültigkeit und Prüfungskompetenz von Vertragsregimen – Ein konstitutioneller Ansatz, in: Zeitschrift für ausländisches Recht und Völkerrecht 55 (1995), S. 713-782.

ders., Extraterritorialer Menschenrechtsschutz durch U.S.-Gerichte: Sachwalterschaft für die internationale Gemeinschaft oder judizieller Imperialismus, in: Eckart Klein/Christoph Menke (Hrsg.), Menschheit und Menschenrechte, 2001, S. 73-82.

ders., Grund- und Menschenrechte im globalen Zeitalter: Neubewertung ihrer territorialen, personalen und internationalen Dimension in Deutschland, Europa und den USA, in: EuGRZ 2004, S. 758-777.

Goldsmith, Jack L./Posner, Eric A., Limits of International Law, 2005.

Goodman, Ryan/Jinks, Derek, Measuring the Effects of Human Rights Treaties, in: 14 European Journal of International Law 2003, S. 171-183.

Goodwin-Gill, Guy, The Refugee in International Law, 1996.

Gorning, Gilbert, Das „non-refoulement"-Prinzip, ein Menschenrecht „in statu nascendi". Auch ein Beitrag zu Art. 3 Folterkonvention, in: EuGRZ 1986, S. 521-529.

Graf Vitzthum, Wolfgang, Begriff, Geschichte und Quellen des Völkerrechts, in. ders. (Hrsg.), Völkerrecht, 3. Aufl. 2004, S. 1-77.

Grey, Stephen, Das Schattenreich der CIA. Amerikas schmutziger Krieg gegen den Terror, 2006.

Hailbronner, Kay, Art. 3 EMRK – ein neues europäisches Konzept der Schutzgewährung, in: Die Öffentliche Verwaltung 1999, S. 617-624.

Hailbronner, Kay/Randelzhofer, Albrecht, Zur Zeichnung der UN-Folterkonvention durch die Bundesrepublik Deutschland, in: EuGRZ 1986, S. 641-648.

Haratsch, Andreas, Die Allgemeine Erklärung der Menschenrechte – ein Ideal für alle Völker und Nationen, in: MRM Themenheft – 50 Jahre Allgemeine Erklärung der Menschenrechte, 1998, S. 23-33.

Harbury, Jennifer, Outline of Presentation of Torture, in: Reader zur Konferenz „Das Folterverbot und der „Kampf gegen Terror" – Rechtlos im Rechtsstaat, Berlin, 13./14. Oktober 2006, S. 18-24.

Hartung, Fritz, Die Entwicklung der Grundrechte seit 1776, in: Gerhard Commichau, Die Entwicklung der Menschen- und Bürgerrechte von 1776 bis zur Gegenwart, 6. Aufl. 1998, S. 15-33.

Hathaway, Oona A., The Promises and Limits of the International Law of Torture, in: Sanford Levinson (Hrsg.), Torture – A Collection, 2004, S. 199-212.

Heine, Peter, Terror in Allahs Namen. Extremistische Kräfte im Islam, 2004.

Heintze, Hans-Joachim, Konsequenzen der Konvergenz von Menschenrechtsschutz und humanitärem Völkerrecht, in: Horst Fischer/Ulrike Froissart/Wolff Heintschel von Heinegg/Christian Raap (Hrsg.), Krisensicherung und Humanitärer Schutz – Crisis Management and Humanitarian Protection. Festschrift für Dieter Fleck, 2004, S. 243-265.

ders., Europäischer Menschenrechtsgerichtshof und Durchsetzung der Menschenrechtsstandards des humanitären Völkerrechts, in: Zeitschrift für Rechtspolitik 2000, S. 506-511.

Heymann, Monika, Einseitige Interpretationserklärungen zu multilateralen Verträgen, 2005.

Higgins, Rosalyn, Introduction, in: J.P Gardner, Human Rights as General Norms and a State's Right to Opt Out, 1997, S. xv-xxix.

Hocké, Jean-Pierre, Effects of Disintegration of Government and Protection of Human Rights, in: Centre for Applied Studies in International Negotiations (Hrsg.), IPSA Study Group on Human Rights, Human Rights: From Theory to Practice, 1982, S. 199-221.

Hofmann, Bianca, Grundlagen und Auswirkungen des völkerrechtlichen Refoulement-Verbots (Studien zu Grund- und Menschenrechten, Bd. 3), 1999.

Hörbst, Günther, Abschiebung verantwortungslos, in: Hamburger Abendblatt, 26. Mai 2005.

Human Rights Watch, U.S.: 'Hague Invasion Act' Becomes Law, 3. August 2002, www.hrw.org/press/2002/08/aspa080302.htm.

Hummrich, Martin, Der völkerrechtliche Straftatbestand der Aggression, 2001.

ICRC, Commission of Experts for the Study of the Question of Aid to the Victims of Internal Conflicts, Genf, 25.-30. Oktober 1962.

Ipsen, Knut, Völkerrecht, 5. Aufl. 2004.

Jehl, Douglas/Johnston, David, Rule Change Lets C.I.A. Freely Send Suspects Abroad to Jails, in: The New York Times, 6. März 2005.

Jehl, Douglas, Iraq war intelligence linked to coercion, in: The New York Times, 9. Dezember 2005.

Jennings, Robert/Watts, Arthur (Hrsg.) Oppenheim's International Law, 9. Aufl., 1992.

Kadelbach, Stefan, Zwingendes Völkerrecht, 1992.

Kirgis, Frederic L., Alleged Secret Detentions of Terrorism Suspects, ASIL Insight, 14. Februar 2006, Vol. 10, Issue 3, www.asil.org/insights/2006/02/insights060214.html.

Klein, Eckart, Beihilfe zum Völkerrechtsdelikt, in: Ingo von Münch (Hrsg.), Staatsrecht – Völkerrecht – Europarecht, Festschrift für Hans-Jürgen Schlochauer, 1981, S. 425-438.

ders., Der innere Notstand, in: Josef Isensee/Paul Kirchhof (Hrsg.), Handbuch des Staatsrechts, Bd. VII, Normativität und Schutz der Verfassung – Internationale Beziehungen, 1992, S. 388-414.

ders., The Reporting System under the International Covenant on Civil and Political Rights, in: ders. (Hrsg.), The Monitoring System of Human Rights Treaty Obligations, 1998, S. 17-30.

ders., Individual Reparation Claims under the International Covenant on Civil and Political Rights: The Practice of the Human Rights Committee, in: Albrecht Randelzhofer/Christian Tomuschat (Hrsg.), State Responsibility and the Individual. Reparation in Instances of Grave Violations of Human Rights, 1999, S. 27-41.

ders., The Duty to Protect and to Ensure Human Rights Under the International Covenant on Civil and Political Rights, in: ders. (Hrsg.), The Duty to Protect and Ensure, 2000, S. 295-325.

ders., General Comments, in: Jörn Ipsen/Edzard Schmidt-Jortzig (Hrsg.), Recht – Staat – Gemeinwohl, Festschrift für Dietrich Rauschning, 2001, S. 301-311.

ders., Einige Betrachtungen zu General Comment No. 29 (2001) des Menschenrechtsausschusses, in: MenschenRechtsMagazin 2003, S. 126-131.

ders., Human Rights Committee, in: Helmut Volger (Hrsg.), A concise encyclopedia of the United Nations, 2002, S. 229-233.

ders., Die Internationalen und die Supranationalen Organisationen, in: Wolfgang Graf Vitzthum (Hrsg.), Völkerrecht, 3. Aufl. 2004, S. 245-356.

ders., A Comment on the Issue of Reservations to the Provisions of the Covenant Representing (Peremptory) Rules of General International Law, in: Ineta Ziemele, Reservations to Human Rights Treaties and the Vienna Convention Regime, 2004, S. 59-65.

ders., Der Schutz der Menschenrechte in bewaffneten Konflikten, in: Menschen-RechtsMagazin 2004, S. 5-17.

ders., Die Allgemeinen Bemerkungen und Empfehlungen der VN-Vertragsorgane, in: Deutsches Institut für Menschenrechte (Hrsg.), Die „General Comments" zu den VN-Menschenrechtsverträgen, 2005, S. 19-31.

ders., Impact of Treaty Bodies on the International Legal Order, in: Rüdiger Wolfrum/Volker Röben (Hrsg.), Developments of International Law in Treaty Making, 2005, S. 571-579.

ders., Menschenrechte und Ius Cogens, in: Jürgen Bröhmer/Roland Bieber/Christian Calliess/Christine Langenfeld/Stefan Weber/Joachim Wolf (Hrsg.), Internationale Gemeinschaft und Menschenrechte, Festschrift für Georg Ress, 2005, S. 151-163.

Kleine-Brockhoff, Thomas, „Die CIA hat das Recht, jedes Gesetz zu brechen", Interview mit *Michael Scheuer*, in: Die Zeit, 29. Dezember 2005.

Köck, Heribert Franz, Vertragsinterpretation und Vertragsrechtskonvention: zur Bedeutung der Art. 31 und 32 der Wiener Vertragsrechtskonvention 1969, 1976.

Kokott, Juliane, Das interamerikanische System zum Schutz der Menschenrechte, 1986.

dies., Fair Trial – the Inter-American System for the Protection of Human Rights, in: David Weissbrodt/Rüdiger Wolfrum (Hrsg.), The Right to a Fair Trial, 1998, S. 133-162.

Krajewski, Markus, Selbstverteidigung gegen bewaffnete Angriffe nicht-staatlicher Organisationen – Der 11. September 2001 und seine Folgen, in: 40 Archiv des Völkerrechts 2002, S. 183-214.

Kreiner, Paul, Einsatz in Freundesland – US-Agenten verschleppen Islamisten aus Italien, in: Der Tagesspiegel, 4. März 2005, S. 7.

ders., Beihilfe zur Verschleppung?, in: Der Tagesspiegel, 7. Juli 2006, S. 5.

Kretschmer, Bernhard, Folter in Deutschland: Rückkehr einer Ungeheuerlichkeit?, in: Recht und Politik 2003, S. 102-118.

Kretzmer, David, Targeted Killings of Suspected Terrorists: Extra-Judicial Executions of Legitimate Means of Defence, in: 16 European Journal of International Law 2005, S. 171-212.

Kreye, Andrian, Schlimmer als der Tod, Interview mit Bernhard Haykel, in: Süddeutsche Zeitung, 7./8. Mai 2004, S. 15.

Kühl, Kristian, Strafrecht Allgemeiner Teil, 4. Aufl. 2002.

Lalmalani, Sapna G., Extraordinary Rendition Meets the US-Citizen: United States' Responsibility Under the Fourth Amendment, in: 5 Connecticut Public Interest Journal 2005, S. 1-29.

Landler, Mark, German Court Challenges C.I.A. over Abduction, in: The New York Times, 31. Januar 2007.

Lauterpacht, Elihu/Bethlehem, Daniel, The Scope and Content of the Principle of Non-refoulement: Opinion, 28. Juni 2001, www.unhcr.org/protect/PROTECTION/3b33574d1.pdf.

Lillich, Richard B., Civil Rights, in: Theodor Meron (ed.), Human Rights in International Law, Legal and Policy Issue, S. 115-170.

Looschelders, Dirk/Roth, Wolfgang, Juristische Methodik im Prozeß der Rechtsanwendung. Zugleich ein Beitrag zu den verfassungsrechtlichen Grundlagen von Gesetzesauslegung und Rechtsfortbildung, 1996.

Mackay, Neil, These two men are experts on rendition: one invented it, the other has seen its full horrors, in: The Sunday Herald, 16. Oktober 2005.

Mahler, Claudia, Das Fakultativprotokoll der Konvention gegen Folter und andere grausame, unmenschliche oder erniedrigende Behandlung oder Strafe (CAT - OP), in: MenschenRechtsMagazin 2003, S. 183-186.

dies., Der Internationale Strafgerichtshof, in: dies./Norman Weiß (Hrsg.) Menschenrechtsschutz im Spiegel von Wissenschaft und Praxis, 2004, S. 292-320.

Malanczuk, Peter, Akehurst's Introduction to Modern International Law, 7. Aufl. 1997.

Mann, Frederick Alexander, The Doctrine of Jus Cogens in International Law, in: Horst Ehmke/Joseph Kaiser/Wilhelm Kewenig/Karl Meessen/Wolfgang Rüfner (Hrsg.), Festschrift für Ulrich Scheuner, 1973, S. 399-418.

Mascolo, Georg/Stark, Holger, Reif für die Insel, in: Der Spiegel, 24. November 2003, S. 40-42.

Mayer, Jane, Outsourcing Torture. The secret History of America's "extraordinary rendition" program, in: The New Yorker, 14. Februar 2005, www.newyorker.com/fact/content/articles/050214fa_fact6?050214fa_fact6.

Mazetti, Mark, Spy Agencies Say Iraq War Worsens Terrorism Threat, in: The New York Times, 24. September 2006.

McCoy, Alfred, Torture at Abu Ghraib followed CIA's manual, in: The Boston Globe, 14. Mai 2004.

ders., The Outcast of Camp Echo: The Punishment of David Hicks, in: The Monthly, Juni 2006.

ders., A Question of Torture, CIA Interrogation, from the Cold War to the War on Terror, 2006.

McGoldrick, Dominic, The Human Rights Committee. Its role in the development of the International Covenant on Civil and Political Rights, 1991.

Meron, Theodor, On the Inadequate Reach of Humanitarian and Human Rights Law and the Need for a New Instrument, in: 77 American Journal of International Law 1983, S. 589-606.

ders., Towards a Humanitarian Declaration on Internal Strife, in: 78 American Journal of International Law 1984, S. 859-868.

ders., Human Rights in Internal Strife: Their International Protection, 1987.

ders., Extraterritoriality of Human Rights Treaties, in: 89 American Journal of International Law 1995, S. 78-82.

ders., The Humanization of Humanitarian Law, in: 94 American Journal of International Law 2000, S. 239-278.

Meseke, Stephan, Der Tatbestand der Verbrechen gegen die Menschlichkeit nach dem Römischen Statut des Internationalen Strafgerichtshofs. Eine völkerstrafrechtliche Analyse, 2004.

Mole, Nuale, Issa v Turkey: Delineating the Extraterritorial Effect of the European Convention on Human Rights?, in: European Human Rights Law Review 2005, S. 86-91.

Momtaz, Djamchid, The minimum humanitarian rules applicable in periods of internal tension and strife, in: Revue internationale de la Croix-Rouge/International Review of the Red Cross No. 324 (1998), S. 455-462.

Morijn, John, UN Human Rights Treaty Body Reform. Toward a Permanent Unified Treaty Body, 2006, www.civitatis.org/pdf/untreatyreform.pdf.

Müller, Friedrich/Christensen, Ralph, Juristische Methodik. Grundlagen, Öfffentliches Recht, Bd. I, 9. Auflage 2004.

Müllerson, Rein, International Humanitarian Law in Internal Conflicts, in: 2 Journal of Conflict and Security Law 1997, S. 109-133.

Münkler, Herfried, Der Wandel des Krieges: von der Symmetrie zur Asymmetrie, 2. Aufl. 2006.

Musloff, Andreas, Krieg gegen die Öffentlichkeit. Terrorismus und politischer Sprachgebrauch, 1996.

Neuber, Harald, Die Folter hat System, in: Junge Welt, 14. Mai 2004, S. 8.

Neuhold, Hanspeter/Hummer, Waldemar/Schreuer, Christoph, Österreichisches Handbuch des Völkerrechts, Bd. 1, Textteil, 4. Aufl. 2004.

Nowak, Manfred, Die Europäische Konvention zur Verhütung der Folter, in: EuGRZ 1988, S. 537-542.

ders., CCPR Commentary, 2. Aufl. 2005.

O'Boyle, Michael, Torture and Emergency Powers und the European Convention on Human Rights: Irland ./. Vereinigtes Königreich, in: 71 American Journal of International Law 1977, S. 674-706.

O'Flaherty, Michael, Human Rights and the UN Practice before the Treaty Bodies, 2. Aufl. 2002.

Oeter, Stefan, Terrorismus und Menschenrechte, in: 40 Archiv des Völkerrechts 2002, S. 422-453.

Orentlicher, Diane F., Settling Accounts: The Duty to Prosecute Human Rights Violations of a Prior Regime, in: 100 Yale Law Journal 1991, S. 2537-2615.

Parry, John T., The Shape of Modern Torture: Extraordinary Rendition and Ghost Detainees, in: 6 Melbourne Journal of International Law 2005, S. 516-533.

Partsch, Karl Josef, Human Rights and Humanitarian Law, S. 910-912, in: Rudolf Bernhardt (Hrsg.), Encyclopedia of Public International Law, Bd. II, 1995, S. 910-912.

Pennegard, Ann-Marie Bolin, Article 5, in: Gudmundur Alfredsson/Asbjørn Eide (Hrsg.) The Universal Declaration of Human Rights, A Common Standard of Achievement, 1999, S. 121-146.

Pictet, Jean S. (Hrsg.), The Geneva Conventions of 12 August 1949: Commentary III Geneva Convention Relative to the Treatment of Prisoners of War, 1960.

Prantl, Heribert, Keine Panik, in: Süddeutsches Magazin, 26. Mai 2006, S. 8-14.

Priest, Dana, Memo lets CIA Detainees out of Iraq: Practice is called Serious Breach of Geneva Conventions, in: The Washington Post, 24. Oktober 2004, S. A01.

dies., CIA Holds Terror Suspects in Secret Prisons, in: The Washington Post, 2. November 2005, S. A01.

dies., Wrongful Imprisonment: Anatomy of a CIA Mistake, in: The Washington Post, 4. Dezember 2005, S. A01.

Priest, Dana/Gellman, Barton, U.S. Decries Abuse but Defends Interrogations, in: The Washington Post, 26. Dezember 2002, S. A01.

Priest, Dana/Stephens, Joe, Secret World of US-Interrogation: Long History of Tactics in Overseas Prisons Is Coming to Light, in: The Washington Post, 11. Mai 2004, S. A01.

Putz-Osterloh, Wiebke, Angst und Handeln aus psychologischer Sicht, in: Franz Bosbach (Hrsg.), Angst und Politik in der europäischen Geschichte, 2000, S. 1-11.

Rapaport, David, The four Waves of Rebel Terror and September 11, in: Charles W. Kegley (Hrsg.), The new Global Terrorism. Characteristics, Causes, Controls, 2003, S. 36-52.

Redgwell, Catherine J., Reservations to Treaties and Human Rights Committee General Comment Nr. 24 (52), in: 46 International and Comparative Law Quarterly 1997, S. 390- 412.

Reinicke, Stefan, Abu Ghraib – das sind wir, in: Die Tageszeitung, 15. Mai 2004, S. 3.

Richter, Alexander, Zammar in Damaskus vor Gericht, 19. Oktober 2006, www.tagesschau.de/aktuell/meldungen/0,,OID6015442_REF1,00.html.

Richter, Nicolas, „Ich bin ein Unschuldiger", Interview mit Khaled el-Masri, in: Süddeutsche Zeitung, 9. Dezember 2005, S. 2.

ders., „Wichtiger Zeuge wurde nicht gehört", in: Süddeutsche Zeitung, 13. Dezember 2005, S. 5.

Richter, Nicolas/Wernicke, Christian, El-Masri versus Tenet, in: Süddeutsche Zeitung, 7. Dezember 2005, S. 8.

ders., Sieben Millionen Dollar für Folter-Opfer, in: Süddeutsche Zeitung, 29. Januar 2007, S. 7.

Röhrs, Christine-Felice, Sie klagen an, in: Der Tagesspiegel, 14. November 2006, S. 3.

Roht-Arriaza, Naomi, State Responsibility to Investigate and Prosecute Grave Human Rights Violations in International Law, in: 78 California Law Review 1990, S. 449-513.

Rona, Gabor, When is a war not a war? - The proper role of the law of armed conflict in the "global war on terror", Offizielle Stellungnahme des IKRK, www.icrc.org/Web/Eng/siteeng0.nsf/iwpList575/3C2914F52152E565C1256 E60005C84C0.

Rubner, Jeanne, Annan kritisiert Geheimgefängnisse, in: Süddeutsche Zeitung, 9./10. Dezember 2006, S. 5.

Rückert, Sabine, Gequält, begafft, vergessen, in: Die Zeit, 16. November 2006, S. 17-20.

Sadat, Leila Nadya, Terrorism and the Rule of Law, in: 3 Washington University Global Studies Law Review 2004, S. 135-152.

Sandoz, Yves/Swinarski, Christophe/Zimmermann, Bruno (Hrsg.), Commentary on the Additional Protocols of 8 June 1977 to the Geneva Conventions of 12 August 1949, 1987.

Schäfer, Bernhard, Der Fall Banković oder Wie eine Lücke geschaffen wird, in: MenschenRechtsMagazin 2002, S. 149-163.

ders., „Guantánamo Bay" – Status der Gefangenen und habeas corpus (Studien zu Grund- und Menschenrechten, Bd. 9), 2003.

ders., Zum Verhältnis Menschenrechte und humanitäres Völkerrecht. Zugleich ein Beitrag zur extraterritorialen Geltung von Menschenrechtsverträgen (Studien zu Grund- und Menschenrechten, Bd. 13), 2006.

Schilling, Theodor, Internationaler Menschenrechtsschutz, 2004.

Schmahl, Stefanie, Der Menschenrechtsschutz in Friedenszeiten im Vergleich zum Menschenrechtsschutz im Krieg, in: Jana Hasse/Erwin Müller/Patricia

Schneider (Hrsg.), Humanitäres Völkerrecht. Politische, rechtliche und strafgerichtliche Dimensionen, 2001, S. 41-77.

dies., Specific Methods of Prosecuting Terrorists in National Law, in: Christian Walter/Silja Vöneky/Volker Röben/Frank Schorkopf (Hrsg.), Terrorism as a Challenge for National and International Law: Security versus Liberty?, 2004, S. 81-118.

dies., Derogation von Menschenrechtsverpflichtungen in Notstandslagen, in: Dieter Fleck (Hrsg.), Rechtsfragen der Terrorismusbekämpfung durch Streitkräfte, 2004, S. 125-146.

Schmalenbach, Kirsten, Multinationale Unternehmen und Menschenrechte, in: 39 Archiv des Völkerrechts 2001, S. 57-81.

Schmidt, Markus G., Reservations to United Nations Human Rights Treaties – The Case of the Two Covenants, in: J.P. Gardner (Hrsg.), Human Rights as General Norms and a State's Right to Opt Out. Reservations and Objections to Human Rights Conventions, 1997, S. 20-34.

ders., Reform of the United Nations Human Rights Programme – current challenges and trends, in: Eckart Klein/Helmut Volger (Hrsg.), Ein Jahr nach dem UN-Weltgipfel 2005. Eine Bilanz der Reformbemühungen (Potsdamer UNO-Konferenzen, Bd. 7), 2006, S. 45-61.

Schöpp-Schilling, Hanna Beate, Vorschläge zur Reform der UN-Vertragsausschüsse im Rahmen der Bemühungen um eine Reform der Vereinten Nationen, in: Eckart Klein/Helmut Volger (Hrsg.), Chancen für eine Reform der Vereinten Nationen (Potsdamer UNO-Konferenzen, Bd. 6), 2005, S. 18-30.

Schroeder, Friedrich-Christian, Der Begriff der Folter, in: Nestor Courakis (Hrsg.), Die Strafrechtswissenschaft im 21. Jahrhundert, Festschrift für Dionysios Spinellis, 2001, S. 983-1003.

Schröder, Meinhard, Verantwortlichkeit, Völkerstrafrecht, Streitbeilegung und Sanktionen, in: Wolfgang Graf Vitzthum (Hrsg.), Völkerrecht, 3. Aufl. 2004, S. 535-588.

Schwelb, Egon, Crimes Against Humanity, in: 23 British Yearbook of International Law 1946, S. 178-226.

Shephard, Michelle, RCMP wrong on Arar-Report, in: The Toronto Star, 19. September 2006.

Söderblom, Jason D., Guantánamo Bay – Trials of Suspected Taliban – Breaching Standards of International Human Rights Law and International Humanitarian Law, 4. Juni 2003, http://world-ice.com/Articles/Guantanamo.pdf.

Sontag, Susan, Real Battles and Empty Metaphors, in: The New York Times, 10. September 2002.

Spjut, Robert J., Torture Under the European Convention on Human Rights, in: 73 American Journal of International Law 1979, S. 267-272.

Stahn, Carsten, Der Weltstrafgerichtshof: Ein effektiver neuer Pfeiler im System des internationalen Menschenrechtsschutzes?, in: MenschenRechts-Magazin 1998, S. 106-114.

ders., International Law at Crossroads: the impact of September 11, in: Zeitschrift für ausländisches Recht und Völkerrecht 2002, S. 183-256.

Stark, Holger, Der vergessene Gefangene, in: Der Spiegel, 21. November 2005, S. 100-110.

Stavros, Stephanos, The Right to a Fair Trial in Emergency Situations, in: 41 International and Comparative Law Quaterly 1992, S. 343-365.

Steiger, Dominik, Buchsprechung: *Jack L. Goldsmith/Eric A. Posner,* Limits of International Law, 2005, in: Vereinte Nationen 2006, S. 128-129.

Stein, Torsten/Buttlar, Christian von, Völkerrecht, 11. Aufl. 2005.

Sturcke, James, Senate to investigate renditions abuses, in: The Guardian Unlimited, 14. November 2006, www.guardian.co.uk/usa/story/0,,1947647,00.html.

Suntinger, Walter, The Principle of Non-Refoulement, in: Austrian Journal of Public and International Law 1995, S. 203-225.

Tisdall, Simon/MacAskill, Ewen, America's Long War, in: The Guardian, 15. Februar 2005.

Tittemore, Brian D., Guantanamo Bay and the Precautionary Measures of the Inter-American Commission on Human Rights: A Case for International Oversight in the Struggle Against Terrorism, in: 6 Human Rights Law Review 2006, S. 378-402.

Tomuschat, Christian, The Duty to Prosecute International Crimes Committed by Individuals, in: Hans-Joachim Cremer (Hrsg.), Tradition und Weltoffenheit des Rechts, Festschrift für Helmut Steinberger, 2002, S. 315-349.

ders., Internationale Terrorismusbekämpfung als Herausforderung für das Völkerrecht, in: Die Öffentliche Verwaltung 2006, S. 357-369.

Triffterer, Otto, Das Folterverbot im nationalen und im internationalen Recht – Anspruch und Wirklichkeit, in: amnesty international (Hrsg.), Folter: Stellungnahmen, Analysen, Vorschläge zur Abschaffung, 1976, S. 125-169.

United Nations High Commissioner for Refugees, Handbook on Procedures and Criteria for Determining Refugee Status under the 1951 Convention and the 1967 Protocol Relating to the Status of Refugees, UN-Dok. HCR/IP/4/Eng/REV.1 Reedited, Geneva, Januar 1992, UNHCR 1979, www.unhcr.org/cgi-bin/texis/vtx/home/opendoc.pdf?tbl=PUBL&id=3d58e13b4.

van der Vyver, Johan D., Torture as Crime under International Law, in: 67 Albany Law Review 2003, S. 427-463.

Waldmann, Peter, Terrorismus – Provokation der Macht, 2. Aufl. 2005.

Watkin, Kenneth, Controlling the Use of Force: A Role for Human Rights Norms in Contemporary Armed Conflict, in: 98 American Journal of International Law 2004, S. 1-34.

Weiß, Norman, Überblick über die Erfahrungen mit Individualbeschwerden unter verschiedenen Menschenrechtsabkommen, in: 42 Archiv des Völkerrechts 2004, S. 142-156.

ders., Die UN-Konvention über die Rechte von Menschen mit Behinderungen – weitere Präzisierung des Menschenrechtsschutzes, in: MenschenRechtsMagazin 2006, S. 293-300.

Weissbrodt, David/Bergquist, Amy, Extraordinary Rendition: A Human Rights Analysis, in: 19 Harvard Human Rights Journal 2006, S. 123-160.

Weissbrodt, David/Hörtreiter, Isabel, The Principle on Non Refoulement: Article 3 of the Convention Against Torture and Other Cruel, Inhuman or Degrading Treatment or Punishment in Comparison with the Non-Refoulement Provisions of Other International Human Rights Treaties, in: 5 Buffalo Human Rights Law Review 1999, S. 1-73.

Whitlock, Craig, A Secret Deportation of Terror Suspects. Two Men Reportedly Tortured in Egypt, in: The Washington Post, 25. Juli 2004, S. A01.

Wieczorek, Judith, Unrechtmäßige Kombattanten und humanitäres Völkerrecht, 2005.

Wiesbrock, Katja, Internationaler Schutz der Menschenrechte vor Verletzungen durch Private, 1999.

Wittinger, Michaela, Die drei regionalen Menschenrechtssysteme. Ein vergleichender Überblick über die Europäische Menschenrechtskonvention, die Amerikanische Menschenrechtskonvention und die Afrikanische Charta der Menschenrechte und Rechte der Völker, in: Juristische Ausbildung 1999, S. 405-411.